中国法院2023年度案例

国家法官学院　最高人民法院司法案例研究院 / 编

金融纠纷

中国法制出版社
CHINA LEGAL PUBLISHING HOUSE

《中国法院2023年度案例》通讯编辑名单

序

法治是治国理政的基本方式，司法是法治体系的重要基石。党的二十大报告指出，要坚持走中国特色社会主义法治道路，建设中国特色社会主义法治体系、建设社会主义法治国家。加快建设公正高效权威的社会主义司法制度，努力让人民群众在每一个司法案件中感受到公平正义。人民法院始终坚持以习近平新时代中国特色社会主义思想为指导，深入学习贯彻习近平法治思想，围绕“公正与效率”这一主题，践行新时代能动司法理念，把加强司法案例研究作为加快建设公正高效权威社会主义司法制度，坚持为大局服务、为人民司法的重要途径，通过发布具有普遍指导意义的典型案例，统一法律适用，提高审判质效，提升司法公信力，努力让人民群众在每一个司法案件中感受到公平正义。

“中国法院年度案例系列”丛书，是国家法官学院和最高人民法院司法案例研究院精选全国各高级人民法院每年选送的优秀案例，深入挖掘典型案例内在价值编辑的实用精品丛书，旨在总结提炼典型案例的裁判规则和裁判方法，发挥司法规范、指导、评价、引领的重要作用，大力弘扬社会主义核心价值观，增强全民法治意识和法治素养，展现新时代我国司法领域新发展、新成就。

本丛书自2012年编辑出版以来，已连续出版12年，每年年初出版，受到读者广泛好评。本丛书出版之初有15个分册。近年来，为顺应审判执行实践需要，更加全面反映我国司法审判执行工作的发展进程，响应读者需求，2014年度新增金融纠纷、行政纠纷、刑事案例3个分册，2015年度将刑事案例调整为刑法总则案例、刑法分则案例2个分册，2016年度新增知识产权纠纷分册，2017年度新增执行案例分册，2018年度将刑事案例扩充为4个分册，2022年度将土地纠纷（含林地纠纷）分册改为土地纠纷（含环境资源案例）分册。在全国各级人民法院的大力支持下，丛书编委会现编辑出版《中国法院2023年度案例系列》丛书，共23个分册。

“中国法院年度案例系列”丛书以开放务实的态度、简洁明快的风格，追求“好读有用”，主要体现出以下特色：一是选编案例来源广泛、时效性强。

国家法官学院和最高人民法院司法案例研究院每年通过各高级人民法院汇集全国范围内上一年度审结生效的典型案例近万件，使该丛书有广泛的精选基础，可及时、定期提供全国范围内新近发生的多种类型的新型、疑难案例。二是由法官释理说法，全方位深度挖掘案例价值。大多数案例由主审法官撰写“法官后语”，深入阐释案例的裁判思路和相关考量，充分发挥典型案例在司法裁判、类案参考、法学研究、行为指引、宣示教育等方面的价值，力求引发读者的共鸣与思考，为读者提供借鉴和启迪。三是编排依次以案由和法律适用问题为序，方便读者检索。丛书充分体现“以读者为中心”的理念，每册内容主要根据案由分类编排，每个案例主要围绕法律适用问题，用一句话精要概括裁判规则、裁判思路或争议焦点，以其作为主标题，让读者能一目了然，迅速找到所检索的目标案例。四是注重裁判文书再加工，高度提炼案例内容。案例编写突出争议焦点以控制篇幅，剔除无关信息，尽可能在有限的篇幅内为读者提供更多与争议焦点、所查类案相关的有效、有益信息。

中国法制出版社始终全力支持“中国法院年度案例系列”丛书的出版，给了作者和编辑们极大的鼓励。2023 年，这套丛书将继续提供数据库增值服务。购买本书，扫描前勒口二维码，即可在本年度免费查阅往年同类案例数据库。我们在此谨表谢忱，并希望通过共同努力，逐步完善，做得更好，真正探索出一条编辑案例书籍、挖掘案例价值的新路径，更好地服务司法审判高质量发展、服务法治社会建设、服务学习研究法律的读者。

“中国法院年度案例系列”丛书既是法官、检察官、律师等法律工作者的办案参考和司法人员培训的实用教材，也是社会大众学法用法的经典案例读本，同时是教学科研机构与人员从事案例研究的良好系列素材。当然，案例作者和编辑在编写、编审过程中也难以一步到位实现最初的愿望，客观上会存在各种不足甚至错误，欢迎读者批评指正。我们愿听取各方建议，不断拓宽深化司法案例研究领域，立足新发展阶段，推动实现中国特色司法案例事业的高质量发展。

国家法官学院

最高人民法院司法案例研究院

2023 年 5 月

目　录

Contents

一、金融借款合同纠纷

二、储蓄存款合同纠纷

三、银行卡纠纷

（一）借记卡纠纷

（二）信用卡纠纷

四、融资租赁合同纠纷

五、委托理财合同纠纷

六、信托纠纷

七、保险纠纷

八、票据纠纷

九、其他

一、金融借款合同纠纷

1

贷款银行在未与借款人协商一致的情况下单方变更贷款利率执行标准是否构成违约

——张铁某诉某银行股份有限公司大连青泥洼桥支行金融借款合同案

【案件基本信息】

1. 裁判书字号

大连市中级人民法院（2021）辽02民终8195号民事判决书

2. 案由：金融借款合同纠纷

3. 当事人

原告（被上诉人）：张铁某

被告（上诉人）：某银行股份有限公司大连青泥洼桥支行（以下简称某行青泥洼桥支行）

【基本案情】

2014年11月10日，张铁某、某行青泥洼桥支行签订2014一手贷076号《个人购房借款/担保合同》，约定某行青泥洼桥支行向张铁某发放金额为512000元的个人一手住房购置贷款，贷款期限为360个月（2014年11月10日

—2044年11月10日)，贷款利率以贷款发放时适用的中国人民银行公布的同期同档次贷款利率为基准利率，/（上/下）浮/%确定。2014年11月至2015年12月，张铁某实际每月按年利率6.15%的标准向某行青泥洼桥支行支付利息；2016年1月至2020年10月，张铁某实际每月按年利率4.9%的标准向某行青泥洼桥支行支付利息。

2019年12月28日，中国人民银行发布〔2019〕第30号公告，内容为存量浮动利率贷款的定价基准转换为LPR①有关事宜，并要求转换工作原则上应于2020年8月31日前完成。

2020年2月12日，某银行股份有限公司发布《关于存量浮动利率个人贷款定价基准转换为LPR的通告》，告知本行客户在协商的基础上实行存量浮动利率个人贷款定价基准转换，同时通告了需实施转换工作的贷款范围及转换规则、转换渠道、转换时间。

2020年2月29日，某行青泥洼桥支行发布《关于某银行关于存量浮动利率个人贷款定价基准转换为LPR的通告》，称该行将在与客户协商的基础上实行存量浮动利率个人贷款定价基准转换。

2020年8月12日，某行青泥洼桥支行发布《关于某银行存量浮动利率个人住房贷款定价基准批量转换为LPR的公告》，称为简化客户操作，参照行业普遍做法，于8月25日起对批量转换范围内的个人住房贷款，统一调整为LPR定价方式，不接受转换规则的，应于2020年8月24日前进行自主转换，对转换结果有异议的，可于2020年12月31日前自助转回或与贷款经办行协商。

2020年8月，某行青泥洼桥支行在其记账系统当中把张铁某贷款的利率执行方式转换为LPR利率，即按LPR+10个基点的方式确定当期利率即年4.75%，并于2020年11月至2021年6月，按年4.75%的标准扣除了张铁某当月还款的利息。若按贷款发放时中国人民银行公布的同期同档次贷款利率为基准利率的方式确定案涉贷款2020年11月至2021年6月的利息利率，实际执行利率应为年利率4.9%。

---

① LPR是Loan Prime Rate的缩写，指贷款市场报价利率。以下不再另作提示。

张铁某因利率调整问题于2020年8月31日、2020年9月8日、2020年9月9日到某行青泥洼桥支行处面谈协商，但未达成一致意见。

张铁某随后向法院起诉，请求某行青泥洼桥支行给付违约金、抵押物侵权赔偿金及罚息、还款金额利息、剩余贷款赔偿、精神损害赔偿、证据材料复印费、通信费、误工费、通行费、律师费合计7698827.6元。

【案件焦点】

某行青泥洼桥支行能否单方变更合同履行方式。

【法院裁判要旨】①

辽宁省大连市中山区人民法院经审理认为：在未协商一致的情况下，某行青泥洼桥支行单方变更利率计算方式，确属违反合同约定履行合同，张铁某主张某行青泥洼桥支行违约有事实依据。但某行青泥洼桥支行的违约行为并未给张铁某造成履行合同期待利益减损，张铁某因向某行青泥洼桥支行提出异议、约见面谈等有交通费、停车费、通信费等的支出合理，某行青泥洼桥支行应给付适度赔偿，酌情确定金额为300元。判决：

一、某银行股份有限公司大连青泥洼桥支行于本判决发生法律效力后十日内向张铁某支付交通费、停车费、通信费，三项合计300元。如果未按本判决指定的期间履行给付金钱义务，按照《中华人民共和国民事诉讼法》第二百五十三条的规定，加倍支付迟延履行期间的债务利息；

二、驳回张铁某的其他诉讼请求。

某行青泥洼桥支行不服，提出上诉。

辽宁省大连市中级人民法院经审理认为：张铁某基于某行青泥洼桥支行进行案涉LPR利率定价基准转换构成违约提出诸项诉讼请求，某行青泥洼桥支行则主张进行案涉LPR利率定价基准转换不构成违约。对双方争议评析如下：首先，案涉《个人购房借款/担保合同》的约定的贷款利率应否进行调整。依照

---

① 本书【法院裁判要旨】适用的法律法规等条文均为案件裁判当时有效，下文不再对此进行提示。

中国人民银行发布的〔2019〕第30号公告第一条“本公告所称存量浮动利率贷款，是指2020年1月1日前金融机构已发放的和已签订合同但未发放的参考贷款基准利率定价的浮动利率贷款（不包括公积金个人住房贷款）。自2020年1月1日起，各金融机构不得签订参考贷款基准利率定价的浮动利率贷款合同”之规定，案涉《个人购房借款/担保合同》涉及贷款利率，属于调整范围，且依据该公告第二条“自2020年3月1日起，金融机构应与存量浮动利率贷款客户就定价基准转换条款进行协商，将原合同约定的利率定价方式转换为以LPR为定价基准加点形成（加点可为负值），加点数值在合同剩余期限内固定不变；也可转换为固定利率。定价基准只能转换一次，转换之后不能再次转换。已处于最后一个重定价周期的存量浮动利率贷款可不转换，存量浮动利率贷款定价基准转换原则上应于2020年8月31日前完成”之规定，案涉《个人购房借款/担保合同》所约定的贷款利率应当进行调整，且须在2020年8月31日之前完成。其次，某行青泥洼桥支行进行案涉LPR利率定价基准转换是否构成违约。当事人订立合同时不能预见案涉LPR利率定价基准需要转换，且合同中没有类似调整的约定，张铁某主张某行青泥洼桥支行进行案涉LPR利率定价基准转换构成违约缺少合同依据。且考虑某行青泥洼桥支行进行案涉LPR利率定价基准转换系落实中国人民银行政策，张铁某主张某行青泥洼桥支行进行案涉LPR利率定价基准转换构成违约缺少法律依据。再次，某行青泥洼桥支行进行案涉LPR利率定价基准转换的程序是否妥当。某银行股份有限公司于2020年2月12日发布的《关于存量浮动利率个人贷款定价基准转换为LPR的通告》及某行青泥洼桥支行于2020年8月12日发布的《关于某银行存量浮动利率个人住房贷款定价基准批量转换为LPR的公告》均充分考虑了借款人的自主决定权，并指出了救济途径。某行青泥洼桥支行进行案涉LPR利率定价基准转换均是依照程序进行，无证据认定程序存在瑕疵。最后，基于当事人订立合同时不能预见案涉LPR利率定价基准需要转换，合同未涉及类似调整的约定，且考虑进行LPR利率定价基准转换系落实中国人民银行政策的行为，审查标准不宜过于苛刻，但应受到《中华人民共和国民法总则》（中华人民共和国第十二届全国人民代表大会第五次会议于2017年3月15日通过、自2017年10月1日起施行）第八条“民事主体从事民事活动，不得违反法律，不得违背公序良俗”规范的“公序良俗原则”和“借款人应有权利保障”的约束。本案中，某行青泥洼桥支行告知张铁某的救济途径足以保障其权利，若认定某行青泥洼桥支行进行案涉LPR利率定价基准转换构成违约有违《中华人民共和国民法总则》第八条规范的“公序良俗原则”。综合上述分析，某行青泥洼桥支行进行的案涉LPR利率定价基准转换不构成违约。判决：

一、撤销大连市中山区人民法院（2021）辽0202民初1024号民事判决；

二、驳回张铁某的诉讼请求。

【法官后语】[①]

就审判实践而言，现阶段绝大部分金融借款合同纠纷产生的基础事由均为借款人未按约定履行还本付息的合同义务。但本案恰恰相反，借款人在诉前一直依约还款，现主张出借方存在擅自变更合同主要条款的违约行为，进而要求赔偿合同损失。本案所涉贷款属住房抵押贷款性质，诸如贷款金额、贷款期限、利率标准等事项均系借款人与出借人结合相关金融政策、通过协商的方式确定，而最终的协商结果亦通过合同条款予以固化。众所周知，严格按照合同约定内容履行义务是对商事合同主体最基本的要求，任何一方均不得随意更改合同履行方式。本案中，恰恰因为作为一审被告的某行青泥洼桥支行实施了单方变更贷款利率执行标准的行为，从而引发与借款人张铁某的诉讼。本案也是本市辖区内首例以LPR利率定价基准转换为背景发生的诉讼。

从中国人民银行及某银行股份有限公司发布的一系列公告可知，存量浮动利率贷款的定价基准利率转换为LPR是利率市场化政策推进过程中在央行统一指导下的政策性行为，某行青泥洼桥支行对案涉住房抵押贷款执行利率进行的调整亦属于本次调整的一部分。本案中，某行青泥洼桥支行并非未予提示且无理由

---

① 本书【法官后语】对此类法律问题涉及的法律法规等内容进行了时效性更新，下文不再对此进行提示。

变更利率执行标准，而是在与借款人多次协商无果的情况下按照央行公布的转换方式作出了最有利于借款人的变更行为，张铁某的合同利益没有受到损害。

在商事裁判过程中，除应按照已被确认合法有效的合同认定双方的权利义务外，亦应考虑到双方争议产生的政策性背景及行为后果，进而对是否构成违约作出认定。

编写人：辽宁省大连市中级人民法院　王歆

2

不合理加重借款方义务的电子格式条款无效

——某行广西分行诉吴小某金融借款合同案

【案件基本信息】

1. 裁判书字号

广西壮族自治区南宁市兴宁区人民法院（2021）桂0102民初633号民事判决书

2. 案由：金融借款合同纠纷

3. 当事人

原告：某行广西分行

被告：吴小某

【基本案情】

2019年1月22日，吴小某（甲方）拟向某行广西分行（乙方）申请“惠民贷”个人信用消费贷款，遂登录某银行手机银行App① 与该分行在线签署了

① App是英文的Application的缩写，指智能手机的第三方应用程序，下文对此不再提示。

《“惠民贷”产品服务协议》，该协议是某行广西分行提供的预先拟定的电子格式合同。协议约定：惠民贷基础日利率以贷款合同约定为准，甲方通过手机银行申请提款时，乙方可根据甲方资信情况不同，决定是否在基础日利率基础上给予折扣优惠，如给予折扣优惠，折扣优惠后的放款利率将在贷款合同中列明，系统界面中的利率数值按放款利率显示，乙方按放款利率发放贷款。就每笔贷款而言，贷款合同项下适用的贷款利率为固定利率，在贷款期限内不作调整，相应贷款按放款利率计收利息。若甲方贷款逾期，逾期期间，乙方将按服务协议约定的计收规则计收罚息和复利，即：乙方有权按罚息利率计收罚息和复利，逾期贷款罚息利率为服务协议项下对应贷款合同约定的基础日利率上浮50%。

2019年5月21日，吴小某再次登录某银行手机银行App在线与某行广西分行签署一份《“惠民贷”个人信用消费贷款合同》，约定：吴小某借款12000元，期限3个月，贷款基础日利率0.05%（折合年利率18%），放款利率为年利率11.16%；本合同项下贷款按本合同约定内容执行，本合同未作约定事宜，以《“惠民贷”产品服务协议》约定为准。合同签订后，某行广西分行于当日放款12000元，并通过手机银行向吴小某发布了借款凭证、《还本付息计划表》，记载贷款年利率为11.16%。贷款发放后，吴小某还清了第1期贷款本息。从2019年7月18日第2期开始，吴小某未还款。借款期限届满后，吴小某未依约还本付息，某行广西分行遂诉至法院，请求吴小某偿还拖欠的本金8036.97元、借期内利息116.04元及截至2021年3月19日的罚息3575.27元、利息复利52.03元、罚息复利794.22元（罚息、罚息复利以后另计），并主张借期内利息按年利率11.16%计算，逾期期间的罚息、复利均按基础日利率0.05%上浮50%（年利率27%）计算。吴小某抗辩罚息、复利过重。

【案件焦点】

某行广西分行主张的逾期贷款罚息利率是否过高，是否不合理地加重了借款人的责任，本案罚息利率应如何确定。

【法院裁判要旨】

广西壮族自治区南宁市兴宁区人民法院经审理认为：依法正确确定本案贷款利率是确定罚息利率的基础。虽然《“惠民贷”产品服务协议》约定了贷款基础日利率，但同时也约定了折扣优惠后的放款利率，并载于作为协议有效组成部分的借款凭证、《还本付息计划表》。服务协议约定放款利率的确定与吴小某申请贷款时的资信有关，没有约定与合同履行情况有关；既没有约定放款利率的适用条件仅限于在吴小某依约还款时才适用，也没有约定吴小某违约时贷款利率应当或只能是基础日利率。虽然协议约定“若甲方贷款逾期，逾期期间，乙方将按服务协议约定的计收规则计收罚息和复利”，但该约定是针对逾期期间而言，并未明确借款期限内的利率适用问题。实际上，从诉讼中某行广西分行的陈述和主张来看，在吴小某逾期还款时，其借款期限内适用的仍然是放款利率。因此，放款利率是某行广西分行审查了吴小某的资信情况后，以作为合同有效组成部分的借款凭证、还款计划表予以确定的实际执行的贷款利率。故本案贷款利率应以放款利率为准，而非以贷款基础日利率为准。

退一步言，对于贷款利率应是基础日利率还是放款利率，即使存在两种以上合理解释，由于相关协议条款为某行广西分行提供的格式条款，也应当作出不利于某行广西分行的解释，即本案贷款利率应以放款利率为准。

鉴于本案贷款利率应以放款利率为准，故本案罚息、复利依法应按贷款年利率 11.16%上浮 50%计算，即罚息利率为年利率 16.74%。某行广西分行主张，根据服务协议“逾期贷款罚息利率为服务协议项下对应贷款合同约定的基础日利率上浮 50%”的约定，罚息、复利应按基础日利率 0.05%上浮 50%（年利率 27%）计算。对该主张，本院依法不予支持。因为：1. 该约定的基础日利率并非实际执行的约定利率，该主张不符合《中国人民银行关于人民币贷款利率有关问题的通知》第三条的规定。2. 某行广西分行主张适用的约定，其项下的罚息年利率 27%高于本案应当且实际执行的罚息年利率 16.74%，已明显超出按中国人民银行规定计算的罚息利率上限，不合理地加重了吴小某的责任，该约定为某行广西分行提供的格式条款，故该约定依法无效。因此，对某行广西分行按照年利率 27%计算罚息、利息复利、罚息复利的主张，依法不予支持。

广西壮族自治区南宁市兴宁区人民法院依照《最高人民法院关于适用〈中华人民共和国民法典〉时间效力的若干规定》第一条第二款、第九条，《中华人民共和国合同法》第十六条、第四十条、第四十一条、第二百零四条、第二百零五条、第二百零六条、第二百零七条，《中华人民共和国民法典》第四百九十六条，《最高人民法院关于进一步加强金融审判工作的若干意见》第二条之规定，作出如下判决：

一、吴小某归还某行广西分行本金 8036.97 元、借期内利息 116.04 元、罚息和复利（罚息、利息复利、罚息复利均按年利率 16.74%计，分别以尚欠的每期本金、利息、罚息为基数，利息复利自逾期之日起至 2021 年 3 月 19 日，罚息、罚息复利自逾期之日起至实际清偿之日止）。利息、罚息、利息复利、罚息复利之和以不超过各期本金按年利率 24%计算的数额为限；

二、驳回某行广西分行的其他诉讼请求。

判决后，双方当事人均未上诉，本判决现已生效。

【法官后语】

近年来银行线上信贷的兴起，为客户提供了便捷高效的金融服务。由于合同由银行预先拟定，除少有可供选择的条款外，对其余格式条款借款人不得加以改变，合同订立环节不能充分公平地反映缔约双方的意志。因合同无法正常履行、各方权利义务失衡引发的矛盾纠纷不断通过诉讼渠道反映出来。

《中华人民共和国民法典》第四百九十六条第一款规定："格式条款是当事人为了重复使用而预先拟定，并在订立合同时未与对方协商的条款。"据此，格式条款应同时具备三个特征：一是事先拟好；二是反复使用；三是未经协商。电子信贷合同中的格式条款由银行预先拟定，具有定型化、单方制定不可协商的特点。根据《中华人民共和国民法典》第四百九十七条的规定，提供格式条款一方不合理地加重对方责任的，该格式条款无效。加重对方责任的格式条款属于与对方有重大利害关系的条款，即使格式条款提供方履行了提示和说明义务，但如该格式条款是不合理的，也将归于无效。对于不合理的界定，法律没有作出明确的规定。对格式条款内容公平性、合理性的审查标准是司法实践不可避免的问题，在具体案件中不仅需要从当事人的利益出发，也需从社会一般角度判断某项交易行为的价值要求和合理性，结合案件适用的法律规定，运用诚实信用原则，以及生活经验对格式条款的内容是否存在无效情形进行判断，才能达到真正、实质地维护格式合同相对人合法权益的目的。对于银行事先拟定的信贷类电子格式条款，如果存在过分加重借款方义务、损害借款方权益的情况时，应依法判定该条款无效。

本案中，《“惠民贷”个人信用消费贷款合同》约定了两个贷款利率：一为贷款基础日利率（折合年利率18%）；二为放款利率（年利率11.16%），该合同未约定贷款逾期如何处理，而是约定“本合同未作约定事宜，以《“惠民贷”产品服务协议》约定为准。”《“惠民贷”产品服务协议》系某行广西分行提供的预先拟定的合同文本，在订立协议时，除提款有效期、还款日之外，其他格式条款均未与借款人协商，其内容具有定型化特点，吴小某基本上没有选择的余地，在订约时居于相对弱势地位，提供格式条款的某行广西分行处于相对优势地位。服务协议约定：“逾期贷款罚息利率为服务协议项下对应贷款合同约定的基础日利率上浮50%。”该条款系某行广西分行为重复使用而提前拟定的格式条款。《中国人民银行金融消费者权益保护实施办法》已经明确规定，银行不得以通知、声明、告示等格式条款的方式作出含有规定金融消费者承担超过法定限额的违约金或者损害赔偿金内容的规定。《中国人民银行关于人民币贷款利率有关问题的通知》规定，逾期贷款罚息利率是在借款合同载明的贷款利率水平上加收30%—50%。某行广西分行拟定该条内容，意味着要求吴小某按双方没有实际执行的基础日利率上浮50%支付逾期期间的罚息和复利，而非按借款合同载明的实际执行的放款利率上浮50%支付罚息和复利，明显不合理地加重了吴小某的还款责任，损害了吴小某的权益，明显超出按中国人民银行规定计算的罚息利率上限，有违公平。根据《中华人民共和国民法典》第四百九十七条的规定，该格式条款无效，依法对吴小某不具有拘束力。对某行广西分行按照年利率27%计算罚息、利息复利、罚息复利的主张，依法不应得到支持。

编写人：广西壮族自治区南宁市兴宁区人民法院　王坚

3

金融机构在行权过程中违反合同附随义务的法律后果

——某银行上海分行诉刘耿某等金融借款合同案

【案件基本信息】

1. 裁判书字号

上海市黄浦区人民法院（2021）沪0101民初1182号民事判决书

2. 案由：金融借款合同纠纷

3. 当事人

原告：某银行上海分行

被告：刘耿某、马萍某、林碧某

【基本案情】

2013年11月27日，某银行上海分行与林耀某签订了《个人贷款借款合同》和《最高额抵押合同》。《个人贷款借款合同》约定，林耀某向某银行上海分行借款560万元，借款期限1年，如发生逾期，逾期罚息利率为贷款利率上浮50%。《最高额抵押合同》约定，林耀某以其自有的房产为上述债务提供抵押担保。同日，某银行上海分行与林耀某就上述两份合同办理了公证，并由上海市东方公证处（以下简称东方公证处）出具了具有强制执行效力的债权文书公证书。同时，为担保主借款合同的履行，刘耿某、马萍某、林碧某向某银行上海分行出具了《共同还款承诺书》，承诺对林耀某的上述贷款债务承担连带的共同还款责任，并就林耀某的全部债务无条件地作为第一债务人直接进行清偿。上述合同签订时，林耀某与林碧某是夫妻关系。

但在合同到期后，林耀某未能按约偿还债务。某银行上海分行据此向东方公证处申请出具执行证书，并同时对刘耿某、马萍某、林碧某提起诉讼。该起诉讼于2017年2月8日撤诉，诉讼期间法院未能向刘耿某、马萍某成功送达起诉状副本，仅对林碧某成功送达。

某银行上海分行在撤诉后，依据取得的执行证书向上海市闵行区人民法院申请对林耀某进行强制执行。证据显示，某银行上海分行此后的追偿重心放在了抵押房产的处置上，其在贷款债务逾期后并未对刘耿某及马萍某进行过有效的债务通知及催收行为。2020年6月1日，某银行上海分行最终获得了处置抵押房产的执行分配款，但该笔款项并未能完全覆盖债务。因此，某银行上海分行诉至法院，依据《共同还款承诺书》要求刘耿某、马萍某、林碧某就未受清偿的逾期利息2194944.03元承担共同还款责任。而刘耿某、马萍某、林碧某则辩称，《共同还款承诺书》约定的是保证责任，从借款逾期开始，无人通知其承担责任，故保证期间已经经过，其不必承担保证责任。此外，某银行上海分行的主要利益已经实现，主体债权已经得到清偿，在此情况下再主张逾期利息，于情理不合。

【案件焦点】

1. 案涉《共同还款承诺书》的性质是保证还是债务加入，以及各自涉及的期间是否经过；2. 某银行上海分行在行权过程中是否违反了基于诚实信用原则所产生的合同附随义务，以及对于最终责任分担的影响。

【法院裁判要旨】

上海市黄浦区人民法院经审理认为：虽然案涉《共同还款承诺书》在性质上属于债务加入，且所涉的时效期间因存在中断事由亦未经过，但由于某银行上海分行在对刘耿某、马萍某的行权过程中违反了基于诚实信用原则所产生的合同附随义务，因而对最终的责任分担产生了影响。

首先，从当事人的意思表示来看，承诺人明确承诺作为第一债务人直接向贷款人承担共同还款责任，这意味着债权人无须以主债务人的还款责任发生作为向承诺人主张还款的前提，承诺人即具有完全清偿债务的义务。此种未形成新的从债务、责任内容不具有补充性、义务履行无主次之分的意思表示，显属债务加入的意思表示。

其次，刘耿某、马萍某系基于担保目的而加入债务成为共同还款人，其并非贷款合同的缔约人，亦非借款实际使用人，若仅因其出具《共同还款承诺书》而于借款自然到期时推定其对全部债务履行及违约事实的明知，有违公平及诚实信用原则。此时，应基于诚实信用原则，根据合同性质、目的和交易习惯课以贷款债权人在合理期间内通知的义务。而某银行上海分行在贷款债务到期后近五年半的时间内有能力通知却未通知违约及还款的事实，以致两人错失了及时还款以减少违约损失的机会，违反了合同附随义务，对于逾期利息的发生及扩大具有一定的过错。而结合违约持续的时间、合理期间的认定、未履行通知义务的影响以及已经受偿的金额等事实，法院酌定刘耿某、马萍某仅需在半数范围内承担共同还款责任。

最后，林碧某应就剩余全部逾期利息承担还款责任。一方面，法院送达起诉状副本可视为某银行上海分行履行了通知义务；另一方面，基于夫妻共同债务，其亦需承担共同还款责任。

综上，上海市黄浦区人民法院判决如下：

一、被告林碧某应偿还原告某银行上海分行剩余全部逾期利息2194944.03元；

二、被告刘耿某、马萍某对判决主文第一项所确定的债务在1097472元的范围内承担共同还款责任；

三、原告某银行上海分行的其余诉讼请求，不予支持。

判决后，双方当事人均未上诉，本判决现已生效。

【法官后语】

金融机构在经营或投资时，往往会要求实际用资人寻求第三方提供差额补足、流动性支持等类似承诺文件，以达到增信目的。而相较于存在局限性的保证担保形式，金融机构更倾向于让担保人以债务加入的形式提供担保，以此消减因未积极主张权利而产生失权后果的负担。但相应地，此种新型担保形式也使得金融机构不再具有通知的积极性，这就导致债务加入人可能在不知情的情况下因时间的经过而错失及时止损的机会。这种因金融机构肆意行权而侵害债务人正当权益的现象在实践中已经具备一定普遍性和典型性。为了衡平债权人、主债务人和债务加入人之间的利益关系，必须探寻一条妥适的法律规制路径。而依据法律适用的逻辑结构，可能的规制途径有二：一是在法律行为定性层面限制债务加入的法律适用空间；二是对债权人的行权行为附加限制。

应予明确的是，通过限制债务加入的法律适用空间来达到衡平目的是不可取的。商主体选择有利于自己的担保形式本身并不违反诚实信用原则以及社会一般观念。并且，司法实践中对于债务加入和保证的区分也有着明确的标准，即以当事人的意思表示为核心，结合文义及交易结构，从债务加入人承担的债务与原债务系同一债务还是从债务、责任内容是否具有补充性、义务履行是否存在顺位等方面判断。若穷尽意思表示解释规则也无法认定时，则应推定为责任较轻的保证。可见，强行限制债务加入的法律适用不仅缺乏理论依据，也会破坏现有的法律结构。更为合适的规制路径应当是对债权人的行权行为附加合理的限制——基于诚实信用原则所生的合同附随义务。

在当前的司法实践中，若存在明确的债务履行期限，则债务人于期限届满时自动陷入迟延而无须另行催告，此即“期限代人催告”。然此规则的合理性系针对通过自主的意思表示引起债权债务关系的债务人而言，若系出于担保目的而加入债务承担共同还款责任的债务加入人，对其适用“期限代人催告”而于债务自然到期时推定其对整个债务履行及违约事实的明知，有违公平及诚实信用原则。此时，应当以民法典第五百零九条第二款为依据，基于诚实信用原则并参酌合同目的及交易习惯，课以债权人在合理期间内将债务履行及违约的事实通知债务加入人的附随义务。若债权人怠于履行该附随义务，并与损害的发生或扩大具有因果关系，则应在违约责任的认定上适用过失相抵规则，消减债务加入人的违约责任。此即诚实信用原则对个案法律适用的指导功能。

诚实信用原则虽然是民商事法律的基石，但为了避免司法裁判向一般规则逃逸，其对存在实质性利益失衡之案件的指导必须借助具体的法律规则进行。而附随义务正是随着债之关系的发展，基于诚实信用原则于特定情形下要求一方当事人有所作为或不作为，以维护相对人权益的义务，其于任何债之关系中均可发生，不受特定债之关系类型的限制，具备天然的“导体”属性。基于此种特性，合同附随义务规则的运用对于消解此类隐形侵害金融消费者权益的现象具有积极意义，从而具备类案适用的可行性。而这也是本案所追寻的目的。

编写人：上海市黄浦区人民法院　周晔

4

金融借款合同纠纷中，在借款人出现轻度违约情况下，银行主张解除合同，提前收回借款的裁判思路

——某银行股份有限公司衡阳分行诉蒋某、吴试某金融借款合同案

【案件基本信息】

1. 裁判书字号

湖南省衡阳市雁峰区人民法院（2021）湘0406民初1604号民事判决书

2. 案由：金融借款合同纠纷

3. 当事人

原告：某银行股份有限公司衡阳分行

被告：蒋某、吴试某

【基本案情】

2012年6月1日，蒋某、吴试某（借款人）因购房需要向某银行股份有限公司

公司衡阳市苏眼井支行（贷款人）（以下简称：某银行苏眼井支行）申请个人住房按揭贷款并签订了一份《个人一手住房贷款合同》。该合同约定：贷款金额为27万元；贷款期限为120个月，自贷款人实际放款日起算；贷款用途为借款人支付购房款；贷款利率采取浮动利率方式，浮动周期为12个月，从贷款人实际放款日起一年内，按实际放款日适用的中国人民银行公布的相应档次的法定贷款基准利率计息，每满一个浮动周期后，以重新定价日适用的中国人民银行公布的相应档次的法定贷款基准利率作为下一个浮动周期的适用利率；贷款按月结息和付息，每月的10日为还款日；若借款人未按约定期限还款，就逾期部分，从逾期之日起按逾期贷款罚息利率按日计收利息，直至清偿本息为止，逾期贷款罚息利率为本合同约定的贷款利率水平上加收50%；贷款偿还方式为按月等额本息还款；借款人以其所购房屋向贷款人提供抵押担保，担保范围为本合同项下借款人的全部债务，包括本金、利息、违约金、损害赔偿金、贷款人实现债权的费用（包括但不限于律师费、公证费、执行费、资产评估及处置费、鉴定费、公告费等）、因借款人违约而给抵押权人造成的损失和其他所有应付费用；借款人未按期归还贷款本息时，贷款人有权宣布合同项下贷款本息全部或部分提前到期、终止或解除本合同、要求借款人赔偿因其违约而给贷款人造成的损失，包括因实现债权而导致的律师费等相关费用；同日，蒋某、吴试某与某银行苏眼井支行签订《个人贷款抵押合同》，以其购买的某房屋，为主合同项下借款提供抵押担保，双方就该抵押房产在衡阳市房地产产权监理处办理了商品房抵押登记；合同签订后，某银行苏眼井支行按约将借款27万元付至指定账户。此后，两被告偿还了部分贷款，截至2021年7月27日，根据原告提供的贷款已还款明细清单显示，两被告已连续5期拖欠按揭贷款本息，其中拖欠逾期贷款本金16153.84元、利息1072.01元、罚息431.1元。在案件审理过程中，根据原告提供的贷款已还款明细清单（2021年10月20日打印）载明，两被告已经偿还了拖欠的贷款本息。

另查明，原告某银行股份有限公司衡阳分行为收回涉案债权，与某律师事务所签订了《委托代理协议》，该协议约定，代理费按照诉讼或仲裁标的的6%

计算。

再查明，某银行苏眼井支行隶属于某银行衡阳分行。

【案件焦点】

被告在原告起诉后已按照逾期利率的标准积极还清了拖欠的贷款本息，在有继续履行合同诚意的情况下，解除涉案合同的条件是否成就以及原告是否可以据此提前收回剩余贷款本息。

【法院裁判要旨】

湖南省衡阳市雁峰区人民法院经审理认为：某银行苏眼井支行隶属于某银行衡阳分行系其分支机构，故某银行衡阳分行作为诉讼主体参与诉讼符合法律规定。涉案《个人一手住房贷款合同》《个人贷款抵押合同》均系建立在双方自主自愿、协商一致的基础之上签订的，不违背法律、法规的强制性规定，合同合法有效，应受法律保护。某银行苏眼井支行依约履行了支付借款的义务，两被告在借款后未依约按期偿还借款本息，已经构成违约。在原告起诉后，两被告还清了拖欠的贷款本息。在此情况下，关于原告请求解除涉案贷款合同并提前收回未到期的贷款本息另对抵押物享有优先受偿权的诉讼请求能否得到支持。本院认为，首先，原告并未举证证明其于起诉前在合理期限内向被告提出解除合同并提前收回贷款的主张。两被告在起诉后已经按照合同约定的逾期利率标准积极还清了拖欠的贷款本息，有继续履行贷款合同的诚意，未给某银行衡阳分行造成实际损失。原告对此并未拒绝，视为接受了被告的补正行为。其次，住房按揭贷款是国家对于住房刚需群体的一项民生政策，在违约方违约程度较轻的情况下，为了维护交易稳定及保障住房当事人居住用房的权益，不宜轻易作出解除合同的裁判。故对某银行衡阳分行相关诉请，本院不予支持，涉案合同应继续履行；关于律师费的问题，因该费用尚未实际产生，某银行衡阳分行可在该笔费用实际产生后凭相关证据另行主张，故对某银行衡阳分行要求被告支付律师代理费的诉请，本院不予支持。关于本案的诉讼费问题，虽然本院综合考量本案具体情况作出不予解除涉案合同的裁判，但本案诉讼活动因被告贷款逾期而发生，违约方应为其不遵循诚实信用支付相应的违约成本，故涉案诉讼产生的诉讼费应由两被告共同负担。

综上所述，依照《中华人民共和国民法典》第六条、第七条，《中华人民共和国民事诉讼法》第六十四条第一款、第一百四十四条的规定，判决如下：

驳回原告某银行股份有限公司衡阳分行的诉讼请求。

判决后，双方当事人均未上诉，本判决现已生效。

【法官后语】

一、当前金融类案件的现状及裁判通例

目前，我国金融市场仍处于资金需求大于资金供给的阶段。近几年金融案件呈逐年增长趋势。主要涉及公民贷款，多用于购买住房、建材等领域。借款人中大多没有固定工资收入，受到外部环境的影响，违约现象较多。金融机构在遇到借款人违约后，不积极督促追讨贷款，而是以低廉的诉讼成本诉诸法院追讨不良贷款。同时该类案件的借款合同几乎都存在银行在若干情形下解除合同，可提前收回贷款的约定条款。在这种情况下，除因双方和解而撤诉或达成调解的案件外，实践中往往判决借款人归还全部借款。

二、对金融机构行使诉权的司法认知

在银行借款合同中，违约条款及后果是一个非常重要的法律条款。它不仅是借款人履行义务的规范，同时也是借款人在银行要求解除合同、提前收回贷款时有权对抗的依据。该违约条款并不违反现行合同法律以及金融规章规定的强制性规定，系有效的约定。条款亦并非一味加重借款人责任的无效格式条款，有其正当性。针对银行借款合同，因其具有不同于普通的商业合同这一特殊性，对该违约条款的考量上，亦有不妥之处。借款人在银行借款合同下负有的义务与维护金融债权安全以及保证社会经济秩序稳定之间存在密切关系，对此评价的标准，不能单纯从约定的合法性、合规性方面考查，还应考虑到借款人违约行为的性质，是否实质性地影响到了银行贷款债权的安全或可能发生偿债危机的实质性影响。同时审查银行在启动诉讼程序时，是否履行了合理的通知义务，并给予了一定的宽限期。金融机构在账户管理上有其特有的技术，当发现借款人即将出现符合银行提前收回贷款的情形下，应及时地履行通知义务，给予其一定的宽限期，让借款人在合同履行期限发生较大变更时，及时周转资金偿还银行贷款，避免引发不必要的诉讼。如银行在约定的违约情形即将成就或已经出现时，不履行通知义务，亦不给予一定的宽限期，只是处于观望之中，甚或接受了借款人的补正行为（如借款人支付了逾期分期款项及利息或偿还了大部分逾期款项，有继续履行贷款合同的诚意），又没有证据证实贷款债权存在不安全的情况下，则从维护合同稳定性方面考量，银行以违约条件已成就为由行使解除合同、提前收回贷款的权利，就应受到限制，同时也是对银行不作为行为的制裁。

三、借款人轻度违约时的裁判思路

法院受理金融借款合同纠纷案件后，不能单纯地审查借款合同中约定的违约条件是否已成就，应同时兼顾以下两个方面：一是债权的安全性。大多借款合同中都有抵押担保和保证人的担保，当违约条件成就时，并不代表该债权的安全性出现危机，更有甚者银行一边从保证人账户中扣取相关应还到期款项，一边起诉，辩称债权出现安全隐患，借款人失去偿还能力。人为地将借款人的还款和保证人的还款区分开来，否定了保证的作用。亦未提交相关借款人失去偿还能力的有利证据予以证实，不应得到支持。二是通知义务和宽限期机制的实施情况。审查银行是否在合理的期限内履行了通知义务，并给予了一定的宽限期。如果一味地选择躺平原则，从维护合同稳定性的方面分析，银行的诉请应受到限制。综上情形，法院审理时在调整尺度的价值取向把握上，不仅要遵循侧重于保护守约方的原则，而且要充分注意利益均衡，公平合理地调整双方的利益关系。轻度违约后积极补正，有继续履约的诚意，此时，继续维持合同效力有利于维护社会经济生活的稳定，有利于实现各方当事人签订合同的初始目的，创造最大化的社会价值。对于银行的诉请，不应予以支持。

编写人：湖南省衡阳市雁峰区人民法院　黄学锋

5

基于财政贴息资格签订的贷款合同不当然认定为无效

——农商行武隆支行诉李光某等金融借款合同案

【案件基本信息】

1. 裁判书字号

重庆市第三中级人民法院（2021）渝03民终1276号民事判决书

2. 案由：金融借款合同纠纷

3. 当事人

原告（上诉人）：农商行武隆支行

被告（被上诉人）：李光某、史禄某、马建某

【基本案情】

为了落实小额担保贷款政策，促进就业再就业工作，重庆市武隆区出台了小额担保贷款政策，对下岗失业人员、农民工、其他城镇登记失业人员等从事微利项目给予财政贴息。李光某为了享受财政贴息，提供了虚假的地址于2013年2月4日向相关行政部门审批取得了营业执照，取得营业执照后并未实际开办五金门市。李光某在不符合办理失业证的条件下，提供虚假资料于2012年11月27日向原武隆县就业服务管理局申请办理了失业证。李光某以此作为申请资料，向相关部门申请小额担保贷款。农商行武隆支行系根据李光某的申请，原武隆县巷口镇社会保障服务所、武隆县就业服务管理局、武隆县财政局审批同意意见，以及李光某提供的失业证、营业执照等资料和担保人提供的担保，最终审核同意为李光某发放小额担保贷款8万元，贷款期限1年，年利率为9%。审批完成后，2013年4月18日，农商行武隆支行作为贷款人、李光某作

为借款人、史禄某作为担保人，共同签订了《小额担保借款合同》，约定李光某向农商行武隆支行借款 8 万元，贷款期限从 2013 年 4 月 18 日至 2014 年 4 月 17 日，年利率 9%，未约定贴息相关内容。2013 年 4 月 18 日，农商行武隆支行向李光某发放了贷款 8 万元。贷款到期后，因李光某逾期未还款，农商行武隆支行向李光某进行了催收，并通知担保人史禄某履行担保责任，但均未果，农商行武隆支行于 2014 年 5 月 20 日向一审法院提起诉讼，史禄某于 2014 年 6 月 5 日向武隆县公安局提出控告称李光某获取案涉借款涉嫌诈骗。经农商行武隆支行申请，一审法院于 2014 年 6 月 19 日裁定准许其撤诉。武隆县公安局于 2015 年 2 月 13 日决定以李光某涉嫌贷款诈骗罪立案侦查，于 2019 年 3 月 7 日下达了《撤销案件决定书》。2021 年 3 月 3 日，农商行武隆支行再次提起本案诉讼。另查明，李光某未还清案涉借款，尚未向劳动就业部门提交结息清单申请贴息。

【案件焦点】

案涉《个人贷款合同》是否有效。

【法院裁判要旨】

重庆市武隆区人民法院经审理认为：李光某骗取由国家贴息的小额担保贷款的行为，属于故意提供虚假情况，隐瞒事实真相，使金融机构作出错误的意思表示与之订立合同，其行为构成欺诈，同时，该行为也直接损害了国家利益，且李光某的行为也扰乱了金融秩序，违反了财政贴息贷款的政策，损害了社会公共利益，故认定案涉《个人贷款合同》无效。重庆市武隆区人民法院判决如下：

驳回农商行武隆支行的诉讼请求。

农商行武隆支行不服一审判决，提起上诉。重庆市第三人民法院经审理认为：本案争议焦点之一为案涉《个人贷款合同》是否有效。首先，《个人贷款合同》约定的权利义务等合同内容主要为出借人农商行武隆支行向李光某发放借款，李光某按期还本付息及违约责任，史禄某提供连带责任保证担保。该合同未约定李光某应承担的贷款利息由财政全额或者部分补贴，与普通的贷款合同并无差异。其次，农商行武隆支行系根据李光某的申请，原武隆县社保、就业、财政部门的书面审批同意意见，李光某提供的失业证、营业执照等多项资料以及担保人提供的担保，最终审核同意向李光某发放借款，尽到了审慎注意义务。再次，李光某采取欺诈手段的主要目的是骗取财政利息补贴，而不是农商行武隆支行的贷款，其从农商行武隆支行获取贷款的行为本身并不必然损害国家利益。最后，根据《重庆市小额担保贷款办法》的规定，李光某只有在清偿本息后向劳动就业部门提出申请经审核同意后，承贷金融机构农商行武隆支行才可将财政划拨的贴息资金一次性划入借款人李光某的银行账户。李光某尚未还本付息，不具备享受财政贴息的条件，尚未实际获得财政贴息，尚未产生损害国家利益的结果。综上所述，创业担保贷款与商业银行其他贷款品种最大的区别是贷款本息结清之后，符合贴息条件的人员可以获得政府的贴息补助。本案涉及的国家财政贴息行为与小额借款担保合同是两个可以区分的法律关系，前者涉及行政补助法律关系，后者属民事法律关系。案涉《个人贷款合同》系出借人、借款人、保证人的真实意思表示，不违反法律、行政法规强制性规定，故应系有效合同。重庆市第三中级人民法院判决如下：

撤销一审判决，判令借款人李光某继续履行还款义务，担保人史禄某对李光某的还款义务承担连带清偿责任。

【法官后语】

财政贴息是指国家为了鼓励企业开发产品、采用先进技术或者鼓励个人创业、再就业，通过国家财政方式对使用某些特定用途银行贷款的企业或者个人，为其支付部分或者全部贷款利息，本质上属于行政给付行为。借款人采取欺骗手段获得财政贴息资格并向金融机构申请贷款的行为，具有双重属性，就违法取得财政贴息资格而言，属于行政法调整的范围。就基于财政贴息资格签订的贷款合同而言，并不因损害国家利益、社会公共利益而被认定无效。认定财政贴息贷款合同效力时，应当区分不同情形处理：

一、财政贴息约定为贷款合同的内容。此种情形下，就出借人而言，借款人享有的财政贴息资格成为出借人决定提供贷款的重要因素，借款人采取欺骗手段获得的财政贴息资格具有严重效力瑕疵，出借人因此陷入错误认识并基于错误认识作出与其真意不符的意思表示。就出借人而言，采取欺骗手段获得财政贴息资格后，向借款人提供虚假资料申请贴息贷款，意在追求借款人陷入错误认识并基于错误认识作出与其真意不符意思表示的结果。出借人意思表示的形成与表达上的不真实与借款人的欺诈行为具有相应的因果关系，且借款人的欺诈行为具有不正当性。因此，在财政贴息贷款约定为贷款合同的内容时，贷款合同系因借款人实施欺诈行为而订立，依法应当认定为可撤销的合同。在出借人不以诉讼或仲裁方式申请撤销时，合同应当继续有效，实施欺诈行为的借款人不享有撤销权。

二、财政贴息未约定为贷款合同的内容。在此种情形下的贷款合同与一般贷款合同无异，借款人按照合同约定对内向出借人履行还本付息义务，仅在完全履行完毕后，于外部可以向相关部门申请财政贴息。因此，借款人采取欺骗手段获得财政贴息的行为，对贷款合同的效力不产生影响，贷款合同本身合法有效。

本案准确界定了骗取财政贴息行为的双重属性，严格区分了财政贴息贷款的两种情形，审慎认定了贷款合同的效力形态，为类案的处理提供了可供遵循的裁判思路。同时，本案的处理结果积极保护了出借人的合法权益，维护了正常的金融秩序，保障了国家财政贴息政策的贯彻落实，充分发挥了司法服务大局、服务社会发展的基本职能。

编写人：重庆市武隆区人民法院　何开亮

6

迟延履行情形下合同约定解除权的行使及其审查

——某银行诉钟某、某置业公司金融借款合同案

【案件基本信息】

1. 裁判书字号

福建省厦门市海沧区人民法院（2021）闽0205民初333号民事判决书

2. 案由：金融借款合同纠纷

3. 当事人

原告：某银行

被告：钟某、某置业公司

【基本案情】

2016年12月13日，某银行（贷款人、抵押权人）与钟某（借款人、抵押人）、某置业公司（保证人）签订《借款合同》，约定：某银行向钟某提供借款419000元整，用于购买某处房产，借款期限自2016年12月13日起至2026年12月13日止。《借款合同》第九条约定，如钟某、某置业公司未按本合同的约定履行对某银行的还款义务/担保责任，某银行有权宣布本合同、钟某与某银行之间的其他合同项下尚未偿还的借款本息和其他应付款项全部或部分立即到期。有权终止或解除本合同，全部、部分终止或解除钟某与某银行之间的其他合同。2016年12月19日，某银行与钟某办理了某处房产预购商品房抵押权预告登记手续。某银行于同日向钟某发放借款419000元。

2020年2月、3月，钟某未偿还借款本息。2020年4月16日钟某偿还借款本息13556.19元，2020年5月21日偿还4528.69元，2020年6月27日偿还

4536.24元，2020年7月16日偿还3000元，2020年7月29日偿还1526.22元，2020年8月15日偿还421.03元，2020年8月16日偿还4104.32元，2020年9月15日偿还4524.45元，2020年12月11日偿还2600元，2020年12月30日偿还11082.39元。案件审理中，钟某于2021年1月19日偿还借款本息4510元，于2021年2月15日偿还4501.54元，于2021年3月15日偿还4501.54元。

某银行于2020年12月23日按《借款合同》约定地址分别向钟某、某置业公司邮寄《借款到期及解除借款合同通知书》《履行担保责任通知书》，宣布《借款合同》项下借款于2020年12月23日到期并解除《借款合同》，要求钟某于2020年12月25日前偿还借款本息及费用，要求某置业公司履行担保责任。后于2021年1月19日诉至本院，提出如上诉请。

【案件焦点】

钟某逾期还款行为是否足以构成解除《借款合同》。

【法院裁判要旨】

福建省厦门市海沧区人民法院经审理认为：一、某银行主张解除《借款合同》的依据为该合同第九条约定的如钟某未按本合同的约定履行对某银行的义务，某银行有权解除本合同，但该条款并未对钟某逾期还款超过多长时间某银行可以行使合同解除权作出明确、具体的规定。《借款合同》系某银行提供，在双方对该条款存在争议的情况下，应作出对某银行不利的解释，某银行据此主张解除《借款合同》，依据不充分。二、钟某在某银行起诉前，即于2020年12月30日前偿还了所欠全部借款本息，该行为表明其有还本付息的意愿。且后续钟某也偿还了至2021年3月的借款本息，某银行并未提供证据证明钟某丧失还款能力或恶意不履行还本付息的义务。三、钟某向某银行借款的目的为购买房产，并以房产作为借款的抵押。某银行作为抵押权人完全具有还款的保证，其贷款以收取利息目的可以实现。综上，钟某逾期还款的行为轻微违约，并未构成根本违约，且钟某仍按合同约定履行义务，合同具备继续履行的条件。为保证合同稳定性，维护交易安全，节约交易成本，本案《借款合同》不宜解除，双方应仍继续履行。某银行要求解除《借款合同》的诉讼请求，不予支持。

判决如下：

一、被告钟某于本判决生效之日起十日内支付原告某银行保全费1933.32元、律师代理费4000元；

二、被告某置业公司对上述第一项承担连带清偿责任；

三、驳回原告某银行的其他诉讼请求。

判决后，双方当事人均未上诉，本判决现已生效。

【法官后语】

银行按揭抵押借款合同作为典型借款合同，兼具了债权担保及分期履行的特征。针对延迟履行情形下的合同解除问题，银行提供的合同一般会明确约定解除合同事由的具体迟延履行情形或程度，如债务人连续或累计逾期多少期、或逾期达一定金额的，银行可行使合同解除权。

但实践中，仍有部分银行所用的合同范本对此类事由约定模糊，仅笼统表述为债务人迟延履行债务的，银行即可行使合同解除权，使此类事由异化为银行方的任意解除权，有损交易的稳定性，本案便是此一典型案例。在此类案件中，人民法院应主动强化对违约严重程度的审查，对约定过于宽泛的合同解除事由加以必要限制，保障合同的稳定性，维护交易安全，节约交易成本。

一、约定解除权的限制

民法典第五百六十二条第二款规定了合同的约定解除权，即“当事人可以约定一方解除合同的事由。解除合同的事由发生时，解除权人可以解除合同”。审判实践中，当事人在合同中约定解除权行使事由的，人民法院原则上应当尊重当事人的意思自治，严格把握自由裁量权的行使，不应轻易否定当事人约定的效力。

合同虽是当事人协商一致的产物，但如果解除合同事由约定得过于宽泛，无形中将极大增加合同解除的概率。如果审判实践中任由当事人约定的解除权事由发生即承认当事人行使合同解除权的效力，显然是对“当事人意思自治”的过于放任，也与“促进交易”这一合同立法的核心价值相悖。因此，即便是在意思自治原则下，亦有必要强化人民法院对违约行为严重程度的主动审查，特别是当事人在合同中对解除事由约定得模糊或过于宽泛时，人民法院应根据具体案件对约定解除权予以必要限制。

《全国法院民商事审判工作会议纪要》即持此观点，规定“合同约定的解除条件成就时，守约方以此为由请求解除合同的，人民法院应当审查违约方的违约程度是否显著轻微，是否影响守约方合同目的实现，根据诚实信用原则，确定合同应否解除。违约方的违约程度显著轻微，不影响守约方合同目的实现，守约方请求解除合同的，人民法院不予支持；反之，则依法予以支持”。

二、迟延履行情形下约定解除事由的审查标准

当合同约定的解除事由模糊或过于宽泛时，约定合同解除事由的司法审查标准即应以法定合同解除事由为参照。对此，相关法律规定采用“不能实现合同目的”作为法定解除的实质性判断标准。而“不能实现合同目的”的判断标准是违约结果的客观严重性，即是否实际剥夺了债权人的履行利益，使得当事人订立合同所追求的履行利益不能实现。

在迟延履行情形下，违约方的违约结果严重性应以履行期限对合同目的的实现是否有实质性影响为核心进行审查。就借款合同而言，债权人的合同目的在于收取预期利息以及回收本金，故一般情况下，债务人的迟延履行并不会导致债权人难以实现上述合同目的。尤其在银行抵押按揭借款合同中，存在以下特殊因素：其一，债务人的履行期限长达十数年，合同不存在重大期限利益；其二，在分期履行方式下，债务人每期的履行金额仅占借款总金额的极小比例，单期或数期迟延履行的违约程度相对较轻；其三，此类债权存在抵押物的担保，债权实现具有充分保障。上述因素有效弱化了债务人迟延履行分期债务行为的严重性，在此情况下，若有证据表明债务人具有履行意愿并具备持续履行能力，则应鼓励交易，不宜判决合同解除。

具体至本案，债务人在银行起诉前已偿还所欠全部借款本息，该行为表明

其有还本付息的意愿，且后续其也继续偿还了借款本息，并无证据表明债务人丧失还款能力或恶意不履行还本付息的义务。债务人向银行借款的目的为购买房产，并以房产作为借款的抵押，银行作为抵押权人完全具有还款的保证，其贷款以收取利息目的可以实现。故债务人逾期还款的行为轻微违约，并未构成根本违约，且债务人仍按合同约定履行义务，合同具备继续履行的条件。为保证合同稳定性，维护交易安全，节约交易成本，本案判决《借款合同》不宜解除，双方仍应继续履行。

编写人：福建省厦门市海沧区人民法院　颜思远　张玲玲

7

夫妻共同签订循环借款合同后，循环借款期内夫妻一方再次借款，该款是否系夫妻共同债务的认定

——某农村商业银行股份有限公司诉张芳某、万美某金融借款合同案

【案件基本信息】

1. 裁判书字号

四川省达州市中级人民法院（2020）川17民终1181号民事判决书

2. 案由：金融借款合同纠纷

3. 当事人

原告（被上诉人）：某农村商业银行股份有限公司

被告（上诉人）：张芳某

被告：万美某

【基本案情】

2014年3月，万美某以经营的钢材门市需要资金周转为由，向某农村商业

银行股份有限公司下属的琅琊支行申请借款700000元，并与其妻张芳某共同签署了贷款共同还款承诺书和抵押担保承诺书，承诺愿意遵守借款的有关规定，以共同收入及资产偿还借款直至还清本息，并以商业用房和住房为借款提供抵押担保。2014年3月20日，某农村商业银行股份有限公司与万美某、张芳某签订了《循环借款合同》，约定某农村商业银行股份有限公司向万美某、张芳某提供借款额度700000元，在额度支用有效期内，借款额度可以循环使用，只要未偿还的本合同项下的借款本金额不超过借款额度，借款人可以连续申请借款，不论借款的次数和每次的金额，但所申请的借款金额与未偿还的本合同项下的借款本金余额之和不得超过借款额度。支用有效期间为2014年3月20日至2019年3月19日。循环借款用途为经营钢材。同日，某农村商业银行股份有限公司与万美某、张芳某签订了《最高额抵押合同》，约定以万美某所有的房屋为借款提供抵押担保，就抵押担保物办理了抵押登记。合同签订后，某农村商业银行股份有限公司于2014年3月25日向万美某的账户发放循环借款700000元，借款到期日为2015年3月24日。万美某在借款期内偿还了借款本息，并于2015年4月7日再次循环借款700000元，借款到期日为2017年4月5日。第二次循环借款后，万美某、张芳某未能按期偿还借款本息，某农村商业银行股份有限公司于2017年4月7日向万美某发出逾期贷款催收通知书，通知其及时支付所欠的借款本金700000元及利息168446.9元，万美某于2017年4月30日签字确认。截至到2017年7月23日，累计偿还借款利息50268.15元。同时，万美某、张芳某于2017年1月10日在渠县民政局办理了离婚登记手续，但未将离婚的事实通知某农村商业银行股份有限公司。

【案件焦点】

夫妻共同签订循环借款合同后，循环借款期内夫妻一方再次借款，该款是否系夫妻共同债务。

【法院裁判要旨】

四川省渠县人民法院经审理认为：某农村商业银行股份有限公司按照合同

履行了出借义务，万美某、张芳某未按合同约定偿还借款本金和利息，其行为已构成违约，应当承担偿还借款本金700000元及利息、罚息的责任。《循环借款合同》约定在额度支用有效期内，可以多次循环借款，万美某、张芳某作为夫妻共同签署了还款承诺书，承诺在额度支用期限内对最高额700000元借款承担共同偿还责任，故某农村商业银行股份有限公司在万美某、张芳某夫妻关系存续期间将借款发放至万美某的账户，视应为对万美某、张芳某的发放，循环所借的款项应视为万美某、张芳某的夫妻共同债务，张芳某应与万美某对借款本息、罚息等承担共同偿还责任；某农村商业银行股份有限公司与张芳某、万美某签订了抵押合同，并办理了抵押登记手续，在抵押担保房屋依法处置后由某农村商业银行股份有限公司优先受偿，不足部分款项万美某、张芳某仍应继续履行清偿的责任。

四川省渠县人民法院依照《中华人民共和国合同法》第八条、第二百零五条、二百零六条、第二百零七条，《中华人民共和国担保法》第五十三条之规定，作出如下判决：

一、万美某、张芳某于本判决发生法律效力之日起十五日内支付原告某农村商业银行股份有限公司借款本金700000元及利息、罚息。其中，以借款本金700000元为基数从2015年4月8日起按合同约定的月利率计算支付至本金还清之日止的利息（应扣除已结清的利息50268.15元），并支付以700000元为基数从2017年4月6日起至借款还清之日止在月利率的基础上上浮30%的罚息；

二、如万美某、张芳某未按本判决第一项规定的期限偿还某农村商业银行股份有限公司的借款本金和利息、罚息，某农村商业银行股份有限公司在万美某所有的商业用房和住房担保抵押物依法处置后，享有优先受偿的权利，不足部分仍由二被告偿还。

张芳某不服一审判决，提出上诉。四川省达州市中级人民法院经审理同意一审法院裁判意见。

四川省达州市中级人民法院依照《中华人民共和国民事诉讼法》第一百七十条第一款第一项之规定，作出如下判决：

驳回上诉，维持原判。

【法官后语】

在婚姻自由、财产自由观念深入人心的今天，夫妻为了各自或者共同的目的从事经济活动，负债现象就显得十分普遍。对夫妻共同债务的认定不仅是对债权人合法权益的保护，也是对举债人配偶合法权益的保护。本案处理的重点在于夫妻为了从事经营活动共同签订循环借款合同后，在循环借款期内夫妻一方再次向银行申请借款，该款是否属于夫妻共同债务。

首先，夫妻共同债务的认定。夫妻共同债务具有财产关系的性质和人身关系的性质，而婚姻关系存续期间产生的债务未必都是共同债务，只有在婚姻关系存续期间，夫妻双方或者一方为维持共同生活所需家庭生活开支，或出于共同生活目的从事经营活动所引起的债务才能认定为夫妻共同债务。其中，“夫妻关系存续期间以一方名义所借债务”应如何认定呢？《最高人民法院关于审理涉及夫妻债务纠纷案件适用法律有关问题的解释》对此进行了明确规定，包括以下四种情形：1. 家庭日常生活需要所负的债务；2. 超出家庭日常生活需要，但用于夫妻共同生活；3. 超出家庭日常生活需要，但用于夫妻共同生产经营；4. 超出家庭日常生活需要，但基于夫妻双方共同意思表示的。该解释以债务使用目的为评判标准，通过举证责任的分配来调整夫妻共同债务的认定，既保护了债权人一方，也保护了未举债夫妻一方合法权益。

其次，循环借款合同的性质。循环借款合同常见于金融机构的放贷行为，主要指在合同期内借款人可获得一定的贷款额度，且可分次提款、循环使用，累计提款金额不得超过合同约定的最高额度。循环贷款的优点在于一次审批，有效期内随借随还，借款人可以自行搭配每次使用的金额，贷款归还后可以继续循环使用，直至达到最高余额或借款期满。金融机构按合同约定履行了放贷义务后，借款人也应当按合同约定履行按期还款付息的义务。本案中，夫妻双方与银行签订了《循环借款合同》，在合同约定的期限内不论是一次性提款达到最高额或是分次提款后总额达到最高额，只要归还了最高额的贷款仍可多次提款，无须要再另行签订合同。

最后，循环借款合同的责任主体。借款合同一般为要式合同，金融机构与借款人形成循环借贷合意后，一般会采取书面形式确定双方的权利义务。根据合同的相对性原则，循环借款合同关系的责任主体原则上是在借款合同上署名的人。本案中，在夫妻关系存续期间共同签订循环借款合同后，在合同期内一方再次借款产生的债务的责任主体如何确定呢？该笔借款应当属于夫妻双方共同意思表示下的共同债务，由夫妻双方共同承担偿还责任。理由如下：夫妻双方以从事生产经营需要资金周转为由向银行贷款，对于该贷款的用途夫妻双方是明确知晓的，《循环借款合同》明确了借款合同的性质为循环借款，同时约定了借款期限和夫妻双方应承担的责任，即《循环借款合同》的效力及于整个合同期限。在合同期限内，夫妻一方在第一次提款满额并偿还后，再次提款的行为应系原合同的继续履行，出借人与夫妻之间的法律关系和合同权利义务并未发生改变，故夫妻双方应对该笔债务承担共同偿还责任。

编写人：四川省渠县人民法院　杨惠

8

抵押房产办理预告登记，权利人享有优先受偿的情形

——某银行诉刘吉某等金融借款合同案

【案件基本信息】

1. 裁判书字号

福建省福州市连江县人民法院（2021）闽0122民初3611号民事判决书

2. 案由：金融借款合同纠纷

3. 当事人

原告：某银行

被告：刘吉某、冯文某、松某公司

【基本案情】

2015年1月5日，某银行（贷款人、抵押权人）与刘吉某（借款人、抵押人）、冯文某（抵押人）、松某公司（保证人）签订了一份《个人购房借款/担保合同》，约定：贷款人根据借款人的申请，同意向其发放个人购置住房贷款40万元；本合同项下贷款用于购买某房产；本笔贷款的担保方式为保证、抵押；贷款期限120个月，实际放款日与到期日以借款凭证为准。借款凭证为本合同的组成部分，与本合同具有同等法律效力；还款方式为按月等额本息还款；借款人未按合同约定日期（包括被宣布提前到期）偿还的贷款，贷款人有权按罚息利率按日计收利息；对不能按时支付的利息，按罚息利率计收复利。罚息利率按在贷款利率基础上加收50%确定；保证人承担阶段性连带责任，保证人对合同项下全部贷款本金、利息、罚息、复利、违约金、补偿金、贷款人实现债权的费用和借款人所有其他应付费用承担连带保证责任；借款人连续三个月或累计六次未按时足额偿还贷款本息，构成借款人违约，贷款人有权解除本合同，有权要求借款人赔偿因其违约给贷款人造成的损失等。刘吉某、冯文某自愿提供某房产作为抵押担保；抵押担保范围包括本合同项下全部贷款本金、利息、罚息、复利、违约金、补偿金、贷款人实现债权的费用和借款人所有其他应付费用。

2015年1月12日，某银行办理了预售商品房预告登记。2015年1月27日，某银行向刘吉某指定交易账户发放贷款40万元，借款执行年利率6.15%。借款后刘吉某多次逾期，故某银行起诉至法院，请求法院判令解除借款担保合同；刘吉某、冯文某共同归还尚欠款项；松某公司承担连带清偿责任；以及在刘吉某、冯文某拒不协助办理抵押登记情况下对抵押房产折价或拍卖、变卖所得款优先受偿。

另查明，1. 案涉房产于2017年4月13日办理了首次登记。2. 2014年12月25日，冯文某向某银行出具《共同还款确认书》，确认自愿为上述借款承担共同还款责任。

【案件焦点】

不动产抵押预告登记效力的认定，应以不动产是否已经办理首次登记为判断要件，从而区分抵押权预告的法律效果，以及明确开发商承担的责任范围。

【法院裁判要旨】

福建省福州市连江县人民法院经审理认为：某银行与刘吉某、冯文某、松某公司之间成立的《个人购房借款/担保合同》，没有违反法律、法规禁止性规定，系双方真实意思表示，对双方具有法律约束力，依法予以保护。某银行依约向刘吉某指定交易账户发放贷款，刘吉某未按合同约定还款，已构成违约。虽然本案双方合同约定还款期限尚未到期，但是由于刘吉某违约，某银行有权依据约定解除合同，故某银行主张依法解除合同，理由充分，依法予以支持。冯文某向某银行出具《共同还款确认书》，故某银行主张刘吉某、冯文某共同偿还借款本金188094.22元及利息（含罚息、复利），理由充分，依法予以支持。刘吉某、冯文某自愿以某房产为本合同项下所有债务提供抵押担保并办理了抵押预告登记。根据《最高人民法院关于适用〈中华人民共和国民法典〉有关担保制度的解释》第五十二条第一款的规定："当事人办理抵押预告登记后，预告登记权利人请求就抵押财产优先受偿……经审查已经办理建筑物所有权首次登记，且不存在预告登记失效等情形的，人民法院应予支持，并应当认定抵押权自预告登记之日起设立。"现案涉房屋已于2015年1月12日完成首次登记，且不存在预告登记失效的情形，故某银行对案涉房屋的抵押权于预告抵押登记之日起即设立，某银行主张对抵押房产折价或拍卖、变卖所得款优先受偿，理由充分，依法予以支持。

关于松某公司的保证担保责任是否应当免除的问题。案涉《按揭贷款业务合作协议》《个人购房借款/担保合同》签订于《最高人民法院关于适用〈中华人民共和国民法典〉有关担保制度的解释》施行前，此时关于抵押权预告登记是否具备抵押权正式登记的效力以及抵押权的设立时间问题，法律没有明确规定。银行为保障其权利，通常会在按揭贷款合同中约定开发商的阶段性保证截止至诉争房产的抵押登记手续办理完毕之日，其合同目的在于督促开发商尽早履行办理产权初始登记的义务，以便银行的抵押权可以尽早设立，抵押权设立后，银行依法享有对房产处置价款的优先权，开发商的阶段性保证责任也因此免除。即开发商的保证担保与诉争房产的抵押担保应当是非此即彼的关系。现根据《最高人民法院关于适用〈中华人民共和国民法典〉有关担保制度的解释》第五十二条之规定，某银行的抵押权自预告登记之日起设立，其对案涉房屋处置所得价款享有优先受偿权，签订合同的目的已经实现。此时，因买受人刘吉某怠于履行办证义务而让开发商继续承担担保责任，与合同目的不符，也加重了开发商的保证责任，有违公平。故松某公司的连带担保责任应予以免除。

福建省连江县人民法院依照《中华人民共和国民法典》第一百七十六条、第二百二十一条、第四百一十条、第五百六十二条、第五百七十七条、第六百六十七条、第六百七十六条、第一千零六十四条第一款的规定，作出如下判决：

一、解除某银行与刘吉某、冯文某、松某公司签订的《个人购房借款/担保合同》；

二、刘吉某、冯文某应在本判决生效之日起十日内归还某银行借款本金188094.22元，并支付利息（包括罚息、复利，自2020年6月30日起至款项还清之日止，按双方合同约定计算，已归还的利息2559.85元应当予以扣除）；

三、某银行对刘吉某、冯文某名下抵押房产拍卖、变卖所得价款，在本判决第二项所确定的债务范围内享有优先受偿权；

四、驳回某银行其他诉讼请求。

判决后，双方当事人均未上诉，本判决现已生效。

【法官后语】

抵押权预告登记也称预登记，是指在抵押登记暂时无法办理时当事人为确保将来取得抵押权而办理的一种特殊登记。在预售商品房抵押中，贷款发放时商品房尚未竣工交付，通常无法办理正式抵押登记，只能办理预告登记，因此，抵押权人享有的抵押权只是一种期待权，该预告登记并未使银行获得现实的抵押权，而是待房屋建成交付借款人后银行就该房屋设立抵押权的一种预先的排他性保全。在《最高人民法院关于适用〈中华人民共和国民法典〉有关担保制度的解释》施行前，此时关于抵押权预告登记是否具备抵押权正式登记的效力以及抵押权的设立时间问题，法律没有明确规定，实践中对于不动产抵押权预告登记是否具有优先受偿效力、开发商承担的保证担保责任是否应当免除的问题，也存在不同观点。

《中华人民共和国民法典》第二百二十一条与《最高人民法院关于适用〈中华人民共和国民法典〉有关担保制度的解释》第五十二条规范了抵押权预告登记与抵押权登记之间的衔接与关系。以预售商品房是否办理了建筑物所有权首次登记为判断要件，即房地产开发商在建筑物竣工验收后就建筑物所有权办理的首次登记，将抵押权预告登记的法律效果进行区分。对于商品房已经办理建筑物所有权首次登记，且不存在预告登记失效等情形的，人民法院应予支持，并应当认定抵押权自预告登记之日起设立，抵押权预告登记具有抵押权设立的效果，预告登记权利人可享有优先受偿的权利。

本案中，首先审查抵押财产是否为建筑物所有权首次登记。案涉房产已于2017年4月13日办理了首次登记。

其次审查是否存在抵押权预告登记失效的情形。《中华人民共和国民法典》第二百二十一条第二款规定，预告登记后，债权消灭或者自能够进行不动产登记之日起90日内未申请登记的，预告登记失效。“能够进行不动产登记”是指具备了办理抵押登记的条件，但实践中一般只有房地产开发商明确知情，抵押人及其权利人可能并不知情，因此在认定预告登记时，应以抵押人或权利人主观上知道或者应当知道能够进行抵押登记之日作为计算90日的起点。本案某银行因借款人不按期履行还款义务而诉至法院，经法院审查，债权依法成立。刘吉某、冯文某未到庭参加诉讼，案涉房产只是登记在开发商名下，还未转移登记至借款人刘吉某名下，故权利人还无法办理正式的抵押权登记。由此认定该案不存在抵押权预告登记失效的情形。

最后审查松某公司的保证担保责任是否应当免除的问题。根据合同约定，松某公司提供阶段性保证责任，即其仅在双方签订借款合同之日起至诉争房产的抵押登记手续办理完毕之日止，其合同目的在于督促开发商尽早履行办理产权初始登记的义务，以便银行的抵押权可以尽早设立，抵押权设立后，银行依法享有对房产处置价款的优先权，开发商的阶段性保证责任也因此免除。即开发商的保证担保与诉争房产的抵押担保应当是非此即彼的关系。某银行的抵押权自预告登记之日起设立，其有权以案涉房屋处置所得价款优先受偿债权，签订合同的目的已经实现。此时，因买受人刘吉某怠于履行办证义务而让开发商继续承担担保责任，与合同目的不符，也加重了开发商的保证责任，有违公平。故松某公司的连带清偿责任应予以免除。

借款合同制度是实现资本市场繁荣不可或缺的重要手段，担保制度则是市场交易活动得以高效、便捷、安全运行的重要保证。抵押担保作为金融借款合同中常用的担保方式之一，抵押权是否能够成立并生效，抵押担保能否真正发挥其担保债权实现的作用，已成为金融审判实践中需要高度关注的问题。同时，明确开发商的保证责任范围，也能够使双方均对预抵押登记行为存在合理预期，也是依法平等保护市场主体、优化营商环境的必然要求。

编写人：福建省福州市连江县人民法院　吴婷艳

9

商品房抵押贷款合同抵押权效力的认定

——某行广西区分行诉梁某、彭健某金融借款合同案

【案件基本信息】

1. 裁判书字号

广西壮族自治区南宁市兴宁区人民法院（2021）桂0102民初10313号民事判决书

2. 案由：金融借款合同纠纷

3. 当事人

原告：某行广西区分行

被告：梁某、彭健某

【基本案情】

2009年6月1日，某行广西区分行与梁某、彭健某、某房地产公司签订《个人房产抵押贷款合同》，约定梁某、彭健某向某行广西区分行贷款人民币781000元，贷款期限30年，梁某、彭健某每月按等额本息偿还贷款，贷款用于梁某、彭健某向某房地产公司购买某套房产，梁某、彭健某以上述房产为贷款提供抵押担保，某房地产公司为梁某、彭健某向某行广西区分行贷款提供连带责任保证。如发生对梁某、彭健某还款能力有或可能有重大不利影响的诉讼、仲裁、行政措施、财产保全措施、强制执行措施或其他重大不利事件的，某行广西区分行有权单方面宣布《个人房产抵押贷款合同》项下已发放的贷款本金全部提前到期，要求梁某、彭健某立即偿还所有到期贷款本金并结清利息。

合同签订后，某行广西区分行于2009年6月4日向梁某、彭健某发放贷款781000元。2009年7月10日，案涉房产办理了预购商品房抵押权预告登记手续，预告登记权利人为某行广西区分行。

2010年6月23日，房产管理局向某房地产公司核发相关住宅及商铺的《商品房现售备案证明》。

2013年5月16日，案涉房产被南宁市西乡塘区人民法院查封。

2021年8月4日，某行广西区分行作出《债务提前到期通知书》，以抵押房产被采取财产保全强制措施为由，单方面宣布《个人房产抵押贷款合同》项下已发放的贷款本金提前到期，要求梁某立即偿还所有到期贷款本金并结清利息。

【案件焦点】

1. 已办理抵押权预告登记的抵押房产的抵押权效力如何认定；2. 抵押房产被法院查封是否构成根本性违约，某行广西区分行能否宣布《个人房产抵押贷款合同》提前到期。

【法院裁判要旨】

广西壮族自治区南宁市兴宁区人民法院经审理认为：某行广西区分行与梁某、彭健某、某房地产公司签订的《个人房产抵押贷款合同》是各方当事人的真实意思表示，合同内容没有违反法律、行政法规的强制性规定，合法有效，各方当事人均应恪守履行。

关于某行广西区分行能否宣布贷款合同提前到期，要求梁某、彭健某偿还全部贷款本息的问题。虽然《个人房产抵押贷款合同》约定，抵押房屋出现财产保全措施事件，某行广西区分行有权单方面宣布《个人房产抵押贷款合同》项下已发放的贷款本金全部提前到期，某行广西区分行可以要求被告梁某、彭健某立即偿还所有到期贷款本金并结清利息，但在《个人房产抵押贷款合同》履行过程中，梁某、彭健某均能按时还贷，并未出现逾期还款的情况，故抵押房屋被查封事由的出现，就违约程度而言属于显著轻微，并不构成梁某、彭健某存在根本性违约。查封事由的出现，并不影响某行广西区分行实现合同目的。根据诚实信用原则，某行广西区分行以抵押房屋被查封为由要求宣布《个人房产抵押贷款合同》提前到期，要求梁某、彭健某立即偿还所有贷款本金并结清利息，不予支持。

关于涉案房屋抵押权。根据《中华人民共和国民法典》第二百二十一条的规定，预告登记是为保障当事人将来实现物权，故抵押预告登记是在抵押登记暂时无法办理时当事人为确保将来取得抵押权而办理的一种特殊登记，其目的是在能够办理抵押登记时，预告登记权利人能够获得较之其他担保物权人或者债务人更加优先的顺位。就本案而言，抵押房屋于 2009 年 7 月 10 日办理了抵押权预告登记，房产管理局于 2010 年 6 月 23 日向某房地产公司核发相关住宅及商铺的《商品房现售备案证明》，故抵押房屋已于 2010 年 6 月 23 日具备办理抵押登记的条件。由于本案并不存在抵押预告登记失效的情形，如梁某、彭健某出现不能按时偿还贷款本息导致《个人房产抵押贷款合同》解除情形的，某行广西区分行有权就其享有的债权对涉案房屋的处置价款享有优先受偿权。如前所述，由于梁某、彭健某未构成根本性违约，法院不支持某行广西区分行提出的宣布《个人房产抵押贷款合同》提前到期，要求梁某、彭健某偿还全部贷款本金并结清利息的诉讼请求。

广西壮族自治区南宁市兴宁区人民法院依照《中华人民共和国民法典》第七条的规定，作出如下判决：

驳回某行广西区分行的诉讼请求。

判决后，双方当事人均未上诉，本判决现已生效。

【法官后语】

在商品房抵押贷款业务中，银行处于优势地位，其在与借款人订立合同时，往往将诸如诉讼、仲裁、行政措施、财产保全措施、强制执行措施等可能影响其债权实现的事由约定为银行享有解除合同权利的条件，并在借款人购买商品房上设定抵押预告登记。在合同约定的上述解除合同条件成就时，银行以此为由请求解除合同，并要求确认对抵押房产处置价款享有优先受偿权。由于抵押权预告登记所登记的并非现实的抵押权，而是将来发生抵押权变动的请求权，该请求权具有排他效力。就本案而言，银行作为房屋抵押预告登记的权利人，在未办理房屋抵押权设立登记之前，其享有的是当抵押登记条件成就或约定期限届满时对抵押房屋办理抵押权的请求权。由于在合同履行过程中，涉案房屋于 2013 年被法院查封，即便商品房已具备办理抵押登记的条件后，银行与梁某、彭健某亦无法办理现实的抵押登记手续，故应参照《最高人民法院关于适用〈中华人民共和国民法典〉有关担保制度的解释》第五十二条第一款“当事人办理抵押预告登记后，预告登记权利人请求就抵押财产优先受偿，经审查存在尚未办理建筑物所有权首次登记、预告登记的财产与办理建筑物所有权首次登记时的财产不一致、抵押预告登记已经失效等情形，导致不具备办理抵押登记条件的，人民法院不予支持；经审查已经办理建筑物所有权首次登记，且不存在预告登记失效等情形的，人民法院应予支持，并应当认定抵押权自预告登记之日起设立”之规定，认定如梁某、彭健某出现不能按时偿还贷款本息导致《个人房产抵押贷款合同》解除情形的，某行广西区分行有权就其债权对涉案房屋的处置价款享有优先受偿权。由于梁某、彭健某从未出现逾期还贷的情况，虽然梁某、彭健某提供贷款抵押的房屋被查封，但就违约程度而言，属于显著轻微，不影响银行放贷合同目的的实现，因此梁某、彭健某的违约行为不构成根本性违约，银行要求提前宣布《个人房产抵押贷款合同》到期，不应得到支持。

编写人：广西壮族自治区南宁市兴宁区人民法院　黄莉

10

抵押权人已取得优先受偿权的，阶段性担保责任自预告登记之日解除

——某行金堂支行诉周乌某、某房产公司金融借款合同案

【案件基本信息】

1. 裁判书字号

四川省成都市中级人民法院（2021）川01民终16466号民事判决书

2. 案由：金融借款合同纠纷

3. 当事人

原告（上诉人）：某行金堂支行

被告（被上诉人）：周乌某、某房产公司

【基本案情】

2011年11月，某行金堂支行与某房产公司签订《按揭贷款业务合作协议》，约定由某行金堂支行为某房产公司开发的案涉楼盘的购房者提供贷款，在借款人办妥正式抵押登记手续（不含抵押预告登记）并将《房屋他项权证》交某行金堂支行收押之前，某房产公司为借款人提供偿还贷款本息的阶段性连带责任保证。同时，某行金堂支行承诺，自收到某房产公司交付的房屋产权证

之日起90日内办妥《房屋他项权证》，自办妥《房屋他项权证》之日起或某行金堂支行接收产权证起90日后（以先到日期为准），某房产公司不再承担上述担保责任。2013年4月3日，周乌某（借款人、抵押人）、某房产公司（保证人）与某行金堂支行签订《个人购房借款/担保合同》，约定某行金堂支行向周乌某发放贷款59万元，用于购买案涉房屋，贷款的担保方式为抵押、保证。案涉房屋所在建筑物于2014年5月29日取得建筑物所有权首次登记。2014年7月17日案涉房屋办理了商品房抵押预告登记，至今未办理不动产权登记亦未办理正式抵押登记。目前，案涉房屋于2017年10月16日、2019年7月24日、2020年4月8日被其他法院限制登记。周乌某逾期未还款，某房产公司也未履行阶段性担保责任。故某行金堂支行提起本案诉讼。

【案件焦点】

1. 按揭购房合同签订及抵押预告登记办理于民法典及其司法解释施行前的，是否可溯及适用《最高人民法院关于适用〈中华人民共和国民法典〉有关担保制度的解释》第五十二条规定，确认预抵押登记的顺位效力；2. 在预抵押权人已取得案涉房屋抵押权的情形下，保证人的阶段性担保责任是否应予解除。

【法院裁判要旨】

四川省成都市金堂县人民法院经审理认为：依据《最高人民法院关于适用〈中华人民共和国民法典〉有关担保制度的解释》第五十二条“当事人办理抵押预告登记后，预告登记权利人请求就抵押财产优先受偿……经审查已经办理建筑物所有权首次登记，且不存在预告登记失效等情形的，人民法院应予支持，并应当认定抵押权自预告登记之日起设立”的规定，故案涉房屋的抵押权已于2014年7月17日有效设立。而某房产公司为周乌某案涉借款提供阶段性连带责任保证，既然案涉房屋的抵押权已于2014年7月17日设立，则某行金堂支行已取得优先受偿权，某房产公司的阶段性担保责任解除。

四川省成都市金堂县人民法院依照《最高人民法院关于适用〈中华人民共和国民法典〉有关担保制度的解释》第五十二条之规定，作出如下判决：

一、周乌某向某行金堂支行偿还借款本息；

二、某行金堂支行对案涉房屋享有抵押权；

三、驳回某行金堂支行其他诉讼请求。

某行金堂支行不服一审判决，提起上诉。四川省成都市中级人民法院经审理认为：关于抵押权。案涉房屋于 2014 年 7 月 17 日办理了预购商品房抵押预告登记，当时的法律、司法解释未对预告登记权利人可否就抵押物享有优先受偿权作出规定，而 2021 年 1 月 1 日施行的《最高人民法院关于适用〈中华人民共和国民法典〉有关担保制度的解释》第五十二条对此做出了明确规定。案涉房屋符合上述法律规定中可认定抵押权自预告登记之日起设立的情形，故某行金堂支行抵押权自预告登记日起设立。关于阶段性担保，《按揭贷款业务合作协议》中约定，某行金堂支行自接收产权证之日起 90 日内办妥《房屋他项权证》，自办妥《房屋他项权证》之日起或接收产权证起 90 日后，某房产公司不再承担连带担保责任。该约定的目的是保障银行的抵押权与开发商的阶段性担保有效衔接，降低银行信贷资金敞口风险。本案中，某行金堂支行的抵押权已于 2014 年 7 月 17 日设立，银行信贷敞口风险已不存在，从各方约定的真实意思及阶段性担保的合同目的考量，应当解除某房产公司阶段性保证担保责任。

四川省成都市中级人民法院依据《中华人民共和国合同法》第二百零五条、第二百零六条、第二百零七条，《最高人民法院关于适用〈中华人民共和国民法典〉时间效力的若干规定》第三条，《最高人民法院关于适用〈中华人民共和国民法典〉有关担保制度的解释》第五十二条，判决：

驳回上诉，维持原判。

【法官后语】

在《最高人民法院关于适用〈中华人民共和国民法典〉有关担保制度的解释》施行前，并无法律、司法解释对不动产抵押预告登记的顺位效力作出规定。此前，实践中主流观点普遍认为，抵押预告登记不能直接产生设立抵押权的效果，因此，预抵押权人不能据此请求行使优先受偿权。但从法解释学的角度看，预告登记的目的在于保障当事人将来实现物权，即使抵押人在办理抵押预告登记后对标的物进行了处分，只要具备办理抵押登记的条件，预告抵押权人即可申请办理，并主张其抵押权自预告登记之日设立，从而获得较之其他担保物权人或者其他债权人更为优先的顺位。由此可见，对按揭购房合同签订及抵押预告登记办理于民法典及相关司法解释施行前的案件，原则上应依据《最高人民法院关于适用〈中华人民共和国民法典〉时间效力的若干规定》第三条，溯及适用《最高人民法院关于适用〈中华人民共和国民法典〉有关担保制度的解释》第五十二条第一款规定，承认抵押预告登记的顺位效力。

开发商的阶段性担保系为降低银行信贷资金敞口风险而设置，顾名思义，其与房屋抵押担保不是重合关系而应是前后衔接关系。只要抵押权能够实现，银行的信贷资金风险就已得到有效控制，此时，无必要也不应当再要求开发商承担阶段性担保责任。现《最高人民法院关于适用〈中华人民共和国民法典〉有关担保制度的解释》第五十二条第一款明确规定了抵押预告登记的顺位效力，故从开发商为预售商品房提供阶段担保的真实意思及合同目的考量，若预抵押权人已自抵押预告登记之日起享有优先受偿权，该阶段性担保责任应自预告登记之日解除。可以预见，虽然法律已经进行明确规定，但银行与开发商修改阶段性担保合同模板还需一定周期，现阶段该类案件进入诉讼的数量还在持续增加。

另外，在该类纠纷中，时常出现案涉房屋在办理抵押预告登记后被多个法院查封的情形，执行局曾就是否能将预抵押登记权人视为第一顺位提出异议。对此，我们认为，《最高人民法院关于适用〈中华人民共和国民法典〉有关担保制度的解释》第五十二条明确了不动产抵押预告登记的顺位保全效力，虽然案涉房屋上可能存在多个法院查封，但预告登记设立在先，预告登记权人的优先受偿权不应因在后的查封而受影响，既然《最高人民法院关于适用〈中华人民共和国民法典〉有关担保制度的解释》已经对抵押预告登记的顺位效力进行了明确规定，执行中的处理方式也应当做相应调整。

编写人：四川省成都市中级人民法院　张俊　崔艺捷

11

抵押预告登记权利人在符合规定条件时有权就抵押财产优先受偿

——某行西乡塘支行诉陆依某、房产公司金融借款合同案

【案件基本信息】

1. 裁判书字号

广西壮族自治区南宁市西乡塘区人民法院（2020）桂0107民初13997号民事判决书

2. 案由：金融借款合同纠纷

3. 当事人

原告：某行西乡塘支行

被告：陆依某、房产公司

【基本案情】

2017年1月23日，某行西乡塘支行（贷款人）与陆依某（借款人）、房产公司（保证人）签订《个人一手住房贷款合同》，约定由借款人向贷款人贷款522000元用于购买住房，贷款期限30年/360个月，房屋地址为×××；借款人以本合同项下贷款所购房屋（以下简称抵押物）向贷款人提供抵押担保；抵押担保范围为本合同项下借款人全部债务，包括本金、利息（包括利息、复利、罚息）、违约金、损害赔偿金、贷款人实现债权的费用（包括但不限于诉讼费、律师费、公证费、执行费等）、因借款人违约而给贷款人造成的损失和其他所有应付费用；保证人提供阶段性连带责任保证担保；本合同项下保证期间为借款人债务履行期届满（包括贷款提前到期的情形）之日起两年；合同还约定了

贷款利息、罚息计算方式及违约责任等。

合同签订后，某行西乡塘支行依约于2017年2月6日向陆依某提供案涉贷款，借款期限为30年，月利率为4.08‰。

2017年11月30日，陆依某与某行西乡塘支行就上述约定的抵押物办理预售商品房抵押权预告登记，抵押权人为某行西乡塘支行，义务人即房屋所有人为陆依某。至开庭时，因抵押物被法院查封，案涉抵押物未能办理正式抵押登记手续，但已办理建筑物所有权首次登记。

陆依某未依约按时足额归还贷款本息，截至2020年11月13日，陆依某尚欠某行西乡塘支行全部未还本金496747.3元，利息24139.35元，罚息1171.18元。至开庭时，陆依某仍未依约向某行西乡塘支行偿还贷款本息。

某行西乡塘支行为实现本案债权，聘请律师事务所提起诉讼，支出律师代理费23882元。

某行西乡塘支行提出要求陆依某归还贷款本息、律师费，以抵押物优先受偿，并要求房产公司承担保证责任的诉讼请求。陆依某未作答辩。房产公司辩称其应对案涉抵押物拍卖、变卖价款行使优先受偿权后未获清偿的差额部分承担连带清偿责任。

【案件焦点】

仅办理抵押预告登记的房屋，抵押预告登记权利人是否有权就抵押财产优先受偿。

【法院裁判要旨】

广西壮族自治区南宁市西乡塘区人民法院经审理认为：某行西乡塘支行与陆依某、房产公司签订的《个人一手住房贷款合同》是合同当事人的真实意思表示，不违反法律、行政法规的强制性、禁止性规定，合法有效，各方当事人均应恪守履行。某行西乡塘支行已履行发放贷款本金的义务，陆依某未按期足额偿还贷款本息，其行为已构成违约，应承担相应的违约责任。故某行西乡塘支行要求陆依某偿还尚欠贷款本息及律师费的诉讼请求，合法有据，法院予以支持。

房产公司的阶段性连带保证责任尚未免除，某行西乡塘支行要求房产公司对陆依某的上述债务承担连带保证责任，合法有据，法院予以支持。房产公司承担保证责任后，有权向陆依某追偿。

本案抵押物已办理了抵押权预告登记及建筑物所有权首次登记，且没有证据证明存在抵押预告登记失效等情形，某行西乡塘支行要求以抵押物折价或以拍卖、变卖该抵押物所得价款优先受偿于法有据，法院予以支持。

广西壮族自治区南宁市西乡塘区人民法院依照《中华人民共和国民法典》第三百九十二条、第三百九十四条、第三百九十五条、第四百一十条、第四百六十五条、第五百零九条、第五百七十七条、第五百八十五条第一款、第六百六十七条、第六百七十四条、第六百七十五条、第六百七十六条、第六百八十八条、第六百九十一条、第六百九十二条、第七百条，《中华人民共和国民事诉讼法》第一百四十四条，《最高人民法院关于适用〈中华人民共和国民法典〉时间效力的若干规定》第一条第三款，《最高人民法院关于适用〈中华人民共和国民法典〉有关担保制度的解释》第五十二条第一款之规定，判决如下：

一、陆依某偿还某行西乡塘支行贷款本金496747.3元；

二、陆依某支付某行西乡塘支行利息、罚息（计算方式：截至2020年11月13日利息为24139.35元、罚息为1171.18元，此后的利息、罚息按《个人一手购房贷款合同》约定的计算方法计至陆依某实际清偿之日止）；

三、陆依某支付某行西乡塘支行律师费23882元；

四、房产公司对陆依某的上述一、二、三项债务承担连带保证责任，房产公司承担保证责任后，有权向陆依某追偿；

五、某行西乡塘支行有权以陆依某抵押的×××房产折价或以拍卖、变卖该抵押物所得价款优先受偿。

判决后，双方当事人均未上诉，本判决现已生效。

【法官后语】

抵押权预告登记，即为保全一项以将来发生不动产物权变动为目的的请求权的不动产登记,[①] 最常见于预购商品房按揭贷款领域,是一种“债权公示行为”,该制度的设立旨于保障债权人将来实现不动产物权,对房屋所有权人处分抵押物的权利加以限制,防范按揭贷款业务的信贷风险。

对预告登记权利人是否有权就抵押财产优先受偿的问题,在民法典施行前并无明确规定,在理论界和司法实践中颇有争议。支持方认为,预告登记一定意义上可以等同于抵押登记,抵押权已设立;在预告登记权利人并无过错,或者房屋所有权人拒不办理抵押登记时,预告登记权利人对抵押物享有优先受偿权。反对方则认为,登记是不动产物权设立的法定要件,抵押权预告登记并非抵押登记,仅赋予了预告登记权利人请求办理抵押登记的权利,但不能以此认定抵押权已设立,行使优先受偿权的条件未成就。另外抵押权预告登记的本质属性仍为债权性质,将抵押预告登记视为抵押权登记,并认为抵押权已设立的观点,既混淆了预告登记与本登记之间的界限,也混淆了债权与物权之间的界限。[②] 以上审判思路,均无法协调法律规定与实践需求之间的关系。支持预告登记权利人享有抵押权,有违关于预告登记及抵押登记的立法规定,但却符合实践需要;而否定预告登记权利人享有抵押权,虽符合法律规定,但不符合实践需求。[③] 此外,否定预告登记权利人享有优先受偿权,会导致预告登记与诉讼保全之间的效力冲突。预告登记权利人的权利与诉讼保全债权人的权利顺位是以登记先后为准还是同顺位按各自债权比例受偿?类似冲突在法院案件中屡见不鲜,各地法院对此类案件同案不同判现象较为严重。再者,否定抵押权预告登记权利人享有优先受偿权,会加重开发商的负担,因为如银行无法享有优先受偿权,最快实现债权的方式就是要求开发商承担担保责任。

此类案件的处理对按揭贷款及商品房交易市场的发展会产生重大影响,受

---

① 最高人民法院物权法研究小组编著:《〈中华人民共和国物权法〉条文理解和适用》,人民法院出版社2007年版,第103页。

② 夏正芳、顾韬:《抵押权预告登记纠纷案件的相关问题》,载《人民司法·应用》2017年第31期。

③ 林秀榕、陈光卓:《抵押权预告登记权利人无过错时对商品房优先受偿》,载《人民司法》2016年第14期。

到包括购房人、银行、开发商在内的社会各界人士的广泛关注。2021 年 1 月 1 日起施行的《最高人民法院关于适用〈中华人民共和国民法典〉有关担保制度的解释》（以下简称担保制度解释）第五十二条第一款对预告登记权利人可就抵押财产优先受偿的条件作出了明确规定，即抵押财产已经办理建筑物所有权首次登记、预告登记的财产与办理建筑物所有权首次登记时的财产一致，且不存在预告登记失效等情形的，法院对预告登记权利人就抵押财产优先受偿的请求应予支持，并应当认定抵押权自预告登记之日起设立。笔者认为，该法律规定并非突破抵押预告登记的债权属性，而是放宽了对抵押预告登记法律关系中各方当事人的约束，顺应了现实需求，创设了预告登记可设立抵押权效力的条件，在完全符合以上三个条件的情况下，办理抵押登记的条件事实上已经成就。该法律规定重新规范了抵押预告登记与抵押权登记之间的衔接关系，从根本上解决了抵押人不配合等种种原因导致无法办理抵押登记的现实困难，保护了抵押预告登记的顺位效力，为守约方大多为按揭贷款银行的物权提供了有力保障，遏制了债务人的失信行为，有利于保护各方当事人的利益，更好地维护合同稳定和市场交易安全。

回归到本案中，笔者认为，法院判决债权人可就已办理建筑物所有权首次登记的抵押物折价或以拍卖、变卖该抵押物所得价款优先受偿，该裁判规则有利于统一同类案件的裁判尺度，对相关司法解释新规下的此类案件审判实践具有较强的参考和指导意义。

编写人：广西壮族自治区南宁市西乡塘区人民法院　许晓彤

12

因开发商一房二卖导致商品房买卖合同无法继续履行的，剩余购房贷款应由开发商向银行偿还

——某行南宁新城支行诉梁红某、房地产公司金融借款合同案

【案件基本信息】

1. 裁判书字号

广西壮族自治区南宁市青秀区人民法院（2021）桂0103民初1621号民事判决书

2. 案由：金融借款合同纠纷

3. 当事人

原告：某行南宁新城支行

被告：梁红某、房地产公司

【基本案情】

梁红某为购买×××房产与房地产公司签订《商品房买卖合同》，并办理了商品房买卖合同登记备案。为支付前述房屋购房款，梁红某与某行南宁新城支行签订《个人购房借款合同》，向某行南宁新城支行借款166000元，并约定以前述房屋作为抵押担保。房地产公司为梁红某的前述借款提供连带责任保证，保证期限自借款合同签订之日起至办理正式抵押登记手续之日止。后某行南宁新城支行依约向梁红某发放了贷款。因梁红某未依约偿还贷款本息，某行南宁新城支行提起本案诉讼，请求：1. 被告梁红某偿还原告借款本金91524.51元；2. 被告梁红某向原告支付利息1290.71元、罚息24.6元、复利10.63元（暂计至2020年8月11日，此后按合同约定计至清偿之日止）；3. 被告梁红某承担

本案的律师费4642元；4. 被告房地产公司对上述债务承担连带清偿责任；5. 原告对抵押房屋处置价款享有优先受偿权；6. 本案诉讼费用由两被告负担。被告梁红某、房地产公司经依法传唤，无正当理由均未到庭参加诉讼。

房地产公司另与案外人石某签订《商品房买卖合同》，又将前述房屋售予石某。石某以房地产公司一房二卖为由另案向本院提起诉讼，请求确认房地产公司与梁红某签订的《商品房买卖合同》无效，并要求撤销相应的商品房买卖合同登记备案。本院依法受理石某与梁红某、房地产公司、某行南宁新城支行撤销权纠纷一案后，经审理作出（2018）桂0103民初15594号民事判决书，驳回了石某的全部诉讼请求。石某不服一审判决，上诉至南宁市中级人民法院，南宁市中级人民法院作出（2020）桂01民终15105号民事判决书，认定房地产公司与梁红某、石某签订的两份《商品房买卖合同》均为合法有效；因房地产公司已将房屋交付给石某，且房屋租金由石某收取、物业等费用亦由石某交纳，根据公平原则，应优先履行石某与房地产公司签订的《商品房买卖合同》。遂判决撤销一审判决，并撤销房地产公司与梁红某就前述房屋办理的商品房买卖合同登记备案。该案判决于2022年1月21日发生法律效力。

【案件焦点】

某行南宁新城支行主张的剩余贷款本息应由谁偿还。

【法院裁判要旨】

广西壮族自治区南宁市青秀区人民法院经审理认为：根据已发生法律效力的南宁市中级人民法院（2020）桂01民终15105号民事判决书，因应优先履行石某与房地产公司签订的《商品房买卖合同》，房地产公司与梁红某办理的商品房买卖合同登记备案手续被判决撤销。基于《商品房买卖合同》合同标的物的唯一性，梁红某已无法取得房屋，其与房地产公司签订的《商品房买卖合同》事实上已无法继续履行，必然导致解除的相应法律后果。梁红某与某行南宁新城支行签订《个人购房借款合同》的合同目的系为获得贷款以向房地产公司支付《商品房买卖合同》项下的购房款，因此《个人购房借款合同》的合同目的亦无法实现，在梁红某已多次未依约偿还贷款本息的情况下，《个人购房借款合同》亦难以继续履行。原告主张提前收回剩余贷款本息，于法有据。关于还款主体的问题，在梁红某因房地产公司原因已无法取得房屋的情况下，仍由梁红某承担剩余贷款本息的偿还责任将显失公平。根据《最高人民法院关于审理商品房买卖合同纠纷案件适用法律若干问题的解释》（2020 年修正）第二十一条第二款“商品房买卖合同被确认无效或者被撤销、解除后，商品房担保贷款合同也被解除的，出卖人应当将收受的购房贷款和购房款的本金及利息分别返还担保权人和买受人”的规定，判决如下：

一、被告房地产公司向某行南宁新城支行偿还借款本金 91524.51 元；

二、被告房地产公司向某行南宁新城支行支付利息、罚息、复利（计算方法：截至 2020 年 8 月 11 日，利息为 1290.71 元、罚息为 24.6 元、复利为 10.63 元，此后至债务实际清偿之日止，按《个人购房借款合同》约定的利率计算）；

三、被告房地产公司向原告某行南宁新城支行赔付律师费 4642 元；

四、驳回原告某行南宁新城支行的其他诉讼请求。

判决后，双方当事人均未上诉，本判决现已生效。

【法官后语】

按揭购房是当前房地产市场交易的普遍形式，它包含了购房者（借款人）、开发商、银行三方之间的权利义务关系，购房者（借款人）与银行之间的《个人购房借款合同》以及购房者（借款人）与开发商之间的《商品房买卖合同》在履行过程中往往相互影响，特定情况下需要综合考虑三方之间的两种合同关系的履行情况。《最高人民法院关于审理商品房买卖合同纠纷案件适用法律若干问题的解释》第二十一条第二款规定：“商品房买卖合同被确认无效或者被撤销、解除后，商品房担保贷款合同也被解除的、出卖人应当将收受的购房贷款和购房款的本金及利息分别返还担保权人和买受人。”适用该条款的前提条件是商品房买卖合同已被确认无效或者被撤销、解除。一房二卖的情形并不必然导致开发商与购房者签订的《商品房买卖合同》无效。在合同均为有效的情况下，购房者基于现实选择，往往均要求开发商继续履行己方合同交付房屋。由于合同标的物——房屋的唯一性，必然导致其中一方购房者无法取得房屋，其相应的《商品房买卖合同》因合同目的无法实现已无法继续履行。此时对于此方购房者而言，虽然其与开发商订立的《商品房买卖合同》、与银行订立的《个人购房借款合同》均为合法有效，也不存在上述司法解释规定的合同无效，或者被撤销、解除的情形，表面上看并不符合适用上述司法解释的前提条件，但在此方购房者因开发商的过错而实际上不能取得房屋的情况下，仍要求其继续偿还银行贷款显然是不公平的。在这一情况下，则应当不拘于上述司法解释的文义解释，而应当从立法价值的角度出发，更好地平衡购房者（借款人）、开发商、银行三方之间的权利义务关系。如上所述，由于未能取得房屋一方购房者的《商品房买卖合同》已无法继续履行，则将产生合同解除的相应法律后果；购房者（借款人）与银行签订的《个人购房借款合同》的合同目的系为获得贷款以向开发商支付购房价款，在购房者（借款人）未能取得房屋的情况下，《个人购房借款合同》的合同目的亦无法实现，无法继续履行，亦将产生合同解除的相应法律后果。为减少当事人诉累，从《商品房买卖合同》及《个人购房借款合同》的实际履行情况综合考虑，应当适用《最高人民法院关于审理商品房买卖合同纠纷案件适用法律若干问题的解释》第二十一条第二款的规定，判决由开发商向银行偿还剩余贷款本息，购房者（借款人）不再承担偿还剩余贷款本息的责任。

编写人：广西壮族自治区南宁市青秀区人民法院　郭慧敏

13

不动产登记生效主义的例外与担保物权善意取得的认定

——某行岱岳支行诉陈坤某等金融借款合同案

【案件基本信息】

1. 裁判书字号

山东省泰安市中级人民法院（2021）鲁09民再149号民事判决书

2. 案由：金融借款合同纠纷

3. 当事人

原告（再审申请人）：某行岱岳支行

被告（再审被申请人）：陈坤某、王洪某、冯宗某、张某、金龙公司

【基本案情】

2007年3月30日，某行岱岳支行作为贷款人与借款人即被告陈坤某、王洪某及抵押人即被告冯宗某、张某与保证人即被告金龙公司共同签订个人借款、担保合同，约定贷款人根据借款人的申请，同意向其发放个人综合消费贷款。冯宗某、张某自愿为该借款以一套共有房产提供抵押担保，并办理了不动产抵押权登记。陈坤某、王洪某未按约定及时偿付借款本息，原告要求被告偿还本金及利息，依法处置抵押物，并就抵押物价值优先受偿。一审法院经审理后支持了原告的诉讼请求，但经监督机关泰安市岱岳区人民检察院提出检察建议并经再审一审法院查明，泰安市泰山区人民法院于2016年3月10日作出（2012）泰山民重初字第41号民事判决，判决涉案房屋归白某世所有，含本案涉案房产在内的十四套房产非冯宗某实际购买，但在办理房产过户时，一并过户到了冯宗某、张某名下，并办理了抵押贷款，因贷款不到期，暂时不能向十四户房产

购买人办理过户手续，待条件成熟时由冯宗某负责办理过户手续。此外，中国银保监会泰安监管分局向白某世出具信访答复意见书中亦说明某行岱岳支行在办理涉案抵押贷款时，存在未实地调查抵押房产等不尽职情况，调查结论与实际明显不符。监督机关请求依法再审纠正原判，再审一审法院支持监督机关的再审理由并改判，某行岱岳支行不服，提出上诉。

【案件焦点】

1. 冯宗某、张某的抵押行为是否属无权处分；2. 不动产登记簿是否具有绝对的证明力；3. 上诉人是否尽到了审慎的注意义务；4. 涉不动产登记的争议可否在民事诉讼中加以解决。

【法院裁判要旨】

山东省泰安市岱岳区人民法院经审理认为：原、被告对抵押物到房管部门办理了抵押登记手续，符合相关法律规定，应予支持。故而作出（2012）岱商初字第 636 号民事判决第三项：原告某银行泰安岱岳支行有权对被告冯宗某、张某共有的住房一套折价或者是拍卖、变卖上述抵押物的价款优先受偿。

山东省泰安市岱岳区人民法院再审认为：对于房屋所有权等不动产物权归属的认定，一般情况下登记权利人即可认定为实际权利人，但有证据证明实际出资购房人不是登记权利人时，亦要根据实际出资等情况确定房屋产权的归属。白某世已经付款购买并实际占有涉案房产，冯宗某、张某并非该涉案房屋的真实权利人，故其将该房屋抵押给原审原告某行岱岳支行的行为属于无权处分行为。同时，原审原告某行岱岳支行作为专业金融机构，应当对作为抵押物的房屋进行充分的现场调查，以查明抵押物是否存在真实的权利人等情况，从而避免错误接受已出售给案外人的房屋作为抵押物。本案中某行岱岳支行未能提交证据充分证明其对涉案房屋进行了审慎调查，故其未尽到专业金融机构审慎、合理的注意义务，其亦不能适用善意取得制度获得涉案房屋的抵押权。故而判决：撤销山东省泰安市岱岳区人民法院（2012）岱商初字第 636 号民事判决第三项。

某行岱岳支行不服再审判决，提出上诉。山东省泰安市中级人民法院经审理认为：关于冯宗某、张某的抵押行为是否属无权处分，某行岱岳支行是否尽到了审慎的注意义务与再审一审法院观点一致。

关于不动产登记簿是否具有绝对的证明力，物权法第十六条规定，不动产登记簿是物权归属和内容的根据，不动产登记簿上记载的权利人一般会被推定为不动产物权的享有者。但同时，物权法第十七条、第十九条又分别规定了“不动产登记簿确有错误”“不动产登记簿记载的事项错误”的情形。法律一方面认可了不动产登记簿在确认物权归属和内容方面具有极高的证明力，另一方面也承认现实中确实存在不动产登记簿记载的物权权属和内容与其真实情况不一致的情形。

关于涉不动产登记的争议可否在民事诉讼中加以解决，不动产登记性质具有复合性，一方面，不动产登记是当事人不动产物权发生变动意思表示推动之结果，属民事行为。另一方面，因承担不动产登记的机构在性质上是国家行政机关，又具有行政行为的特点。涉不动产登记的行政诉讼，诉讼标的针对的是登记行为本身，亦即在行政诉讼中人民法院审查的是登记行为的合法性。而不动产权属之争属民事诉讼的范畴。也就是说，当事人之间或第三人对被登记的不动产物权或原因行为等民事法律关系产生争议，此争议实质上存在于当事人之间，当事人与登记机构之间并无实质争议，故可以通过民事诉讼程序加以解决。

综上，泰安市中级人民法院作出判决：

驳回上诉，维持原判。

【法官后语】

本案确定了如下规则的适用：其一，阐明不动产登记生效主义例外情形的具体条件。该案例判决一方面承认不动产登记簿属于公文书证，由于其对不动产物权归属的证明是通过法律上的权利推定这一方式完成的，故不动产登记簿上有关不动产物权记载事项，在确定不动产物权归属方面的证明力方面远高于其他证据的证明力；而另一方面又确定不动产登记簿登记的权利状态是一种拟制事实，并不总能必然反映真实不动产物权关系，如果当事人能够提供购房合同、流水、发票或者法院判决书、裁定书等，能够证明自己对涉案不动产享有权利，则应确认该当事人为真实权利人。因此，在民事诉讼中，应当根据民事诉讼法及其司法解释对于证据规则及证明责任的规定，来综合认定不动产物权的归属。

其二，阐明不动产善意取得中“善意”的认定。《最高人民法院关于适用〈中华人民共和国民法典〉物权编的解释（一）》第十四条第一款规定：受让人受让不动产或动产时，不知道转让人无处分权，且无重大过失的，应当认定受让人为善意。因此，在当事人主张对不动产善意取得时，应考虑该当事人的“善意”，即是否不知道转让人无处分权且无重大过失。该司法解释的第十五条规定了认定不动产受让人知道转让人无处分权的情形，如果真实权利人有证据证明不动产受让人应当知道转让人无处分权的，应当认定受让人具有重大过失。因此，应考虑受让人的过失从而认定受让人的善意，同时也启示银行等金融机构，在设定担保物权时，应尽到审慎的注意义务，除应查验不动产登记簿外，还应通过实地考察、查找生效判决书、裁定书等方式，查验涉案不动产的真实权利状况，否则应承担不动产权利灭失的风险。

其三，确认不动产登记的复合性导致由此引发的诉讼就应当根据诉讼标的而区分民事或行政诉讼程序。我国不动产登记制度具有复合性，不动产登记是不动产物权的公示方式，是当事人不动产物权发生变动的意思表示推动的结果，不能把不动产物权登记理解为国家对不动产物权关系进行的干预，解释为行政权力对不动产物权的授权或确认；另外，根据《不动产登记暂行条例》的规定，我国承担不动产登记的机构在性质上是国家行政机关，就其履行不动产登记的法定职责及所遵循的程序而言，不动产登记又具有行政行为的特点。涉不动产登记民事诉讼的诉讼标的应当是针对不动产物权的归属或原因行为（基础法律关系）；涉不动产登记行政诉讼的诉讼标的针对的是登记行为本身，当事人之间或第三人对被登记的不动产物权或原因行为等民事法律关系产生争议，此争议实质上存在于当事人之间，当事人与登记机构之间并无实质争议，故应当通过民事诉讼程序加以解决。因登记机构违反法律规定拒绝登记或登记程序不合法导致错误登记等违反法定程序，而在当事人与登记机构之间产生的纠纷，如果登记机构对应予登记的事项不予登记或对于错误的登记不予更正，当事人可以提起行政诉讼。根据行政诉讼法的规定，在涉及登记的行政诉讼中，当事人申请一并解决相关民事争议的，人民法院可以一并审理。这一规定是完善民事争议和行政争议交叉时的处理机制，便于纠纷的一次性解决，方便当事人诉讼，并未改变相关争议的民事纠纷性质。

编写人：山东省泰安市中级人民法院　于群

14

抵押权推定设立后，开发商的阶段性担保责任应予以免除

——某行长乐支行诉邱秀某等金融借款合同案

【案件基本信息】

1. 裁判书字号

福建省福州市长乐区人民法院（2021）闽 0112 民初 263 号民事判决书

2. 案由：金融借款合同纠纷

3. 当事人

原告：某行长乐支行

被告：邱秀某、饶兰某、房地产公司

【基本案情】

2014 年 9 月 26 日，某行长乐支行与邱秀某、饶兰某、房地产公司签订《个人住房借款合同》。合同约定：邱秀某、饶兰某向某行长乐支行借款 56 万元，用于购置×××房产；邱秀某、饶兰某以该房产及其占用范围内的土地使用

权提供抵押担保，抵押人应当在下列两个日期中的先到之日办妥抵押登记，并将他项权证交贷款人收执：自贷款发放之日起三十六个月或抵押物能够进行不动产登记之日起三个月；房地产公司为上述贷款提供阶段性担保，保证方式为连带责任保证，保证期间为本合同保证条款生效之日起至抵押登记已办妥且抵押财产的他项权利证书、抵押登记证明文件正本及其他权利证书由贷款人核对无误、收执之日止。合同签订后，某行长乐支行于2014年10月28日依约向邱秀某发放贷款56万元并将全部款项转入其指定的房地产公司银行账户。2014年10月31日，某行长乐支行与邱秀某、饶兰某就上述抵押物在长乐市房地产交易管理所办理了预购商品房抵押权预告登记。邱秀某、饶兰某借款后按约还款至2018年6月29日，此后再未按约还款。2020年4月16日，某行福州城东支行向邱秀某邮寄《宣布贷款提前到期催收通知书》，宣布合同项下未到期的借款提前到期，并要求借款人立即偿还借款本息。2015年5月14日，长乐市房地产交易管理所向房地产公司出具的《×××开放项目初始登记办结证明》载明案涉房产在内的开发项目初始登记事项已获批准，准予登记。后房地产公司向邱秀某、饶兰某邮寄了《关于催促立即办理不动产权证手续的通知函》《律师函》，要求其前往房地产公司办理房屋不动产权证相关手续。某行长乐支行因本案诉讼实际支出了律师代理费4212.45元。为此，某行长乐支行诉至福州市长乐区人民法院，请求：1. 判令邱秀某、饶兰某归还某行长乐支行贷款本息合计571190.26元，其中贷款本金499487.32元、利息71702.94元（利息包括罚息，暂计至2020年11月10日，此后利息按合同约定计至全部本息清偿之日止）；2. 三被告承担本案某行长乐支行支出的律师费16849.8元；3. 某行长乐支行有权就邱秀某、饶兰某提供的抵押物即房产及土地使用权的拍卖、变卖所得价款优先受偿上述债权；4. 房地产公司为邱秀某、饶兰某的上述债务承担连带清偿责任。

【案件焦点】

在抵押权推定设立的情况下，开发商的阶段性担保责任是否应予免除。

【法院裁判要旨】

福建省福州市长乐区人民法院经审理认为：本案借款及担保的事实发生于民法典施行前，但作为借款人、担保人的被告逾期还款的违约事实持续至现在，故本案适用民法典的规定。双方签订的《个人住房借款合同》，意思表示真实，未违反法律、行政法规的强制性规定。合同签订后，长乐支行依约履行了贷款人的合同义务，借款人应依约按期履行还本付息义务。故长乐支行主张要求邱秀某、饶兰某偿还借款本息（含罚息、复利）以及支付律师代理费之诉讼请求，于法有据，本院予以支持。案涉房产已办理首次登记，且不存在预告登记失效等情形，故抵押权已自预告登记之日设立，长乐支行可就该房产行使抵押权。房地产公司为贷款提供阶段性连带责任保证担保，根据案涉《个人住房借款合同》关于“保证期间为本合同保证条款生效之日起至抵押登记已办妥且抵押财产的他项权利证书、抵押登记证明文件正本及其他权利证书由贷款人核对无误、收执之日止”内容可见，系对保证人保证责任终止所附解除条件而约定，与保证期间无关。现因案涉房产抵押权已设立，房地产公司的保证责任已因满足约定条件而终止。故对原告要求房地产公司承担连带保证责任的请求，不予支持。

福建省福州市长乐区人民法院依照《最高人民法院关于适用〈中华人民共和国民法典〉时间效力的若干规定》第一条第三款，《中华人民共和国民法典》第二百二十一条第一款、第三百八十六条、第三百九十四条、第四百一十条，《最高人民法院关于适用〈中华人民共和国民法典〉有关担保制度的解释》第五十二条等规定，作出如下判决：

一、邱秀某、饶兰某于本判决生效之日起十日内偿还某行长乐支行借款本金499487.32元，并偿付借款利息（含复利，暂计至2020年11月10日为71702.94元，之后利息按《个人住房借款合同》约定的标准计算至款项实际还清之日止）；

二、邱秀某、饶兰某于本判决生效之日起十日内赔偿某行长乐支行所支出的律师代理费4212.45元；

三、邱秀某、饶兰某未履行上述判决第一项、第二项确定的义务时，某行长乐支行有权就抵押房产及其占用范围内的土地使用权折价、拍卖、变卖所得价款优先受偿；

四、驳回某行长乐支行的其他诉讼请求。

判决后，双方当事人均未上诉，本判决现已生效。

【法官后语】

在现行担保制度背景下，笔者认为在抵押权推定设立的情况下，开发商的阶段性担保责任应予以免除。具体分述如下：

一、目的性角度：以开发商阶段性保证担保解决贷款风险敞口期问题

开发商阶段性保证担保设立的初衷是以开发商保证担保降低因正式产权登记未完备导致的债权清偿风险，进而促使开发商及时竣工、验收、交付房屋，并积极协助办理产权登记手续。保证期间一般自购房人抵押贷款合同生效起至房屋竣工并办理产权登记和他项权证时止。当案涉房产已办理首次登记，且不存在预告登记失效等情形，抵押权已自预告登记之日设立，债权人的贷款风险可以通过对房产的优先受偿等途径获得救济，其与开发商签订合同的目的已经实现，开发商的担保责任即可免除。

二、实质性角度：阶段性担保系“附解除条件”的约定

民法典第六百九十二条第一款规定：“保证期间是确定保证人承担保证责任的期间，不发生中止、中断和延长。”即保证期间为固定期间。若合同约定保证期间至抵押登记已办妥且抵押财产的他项权利证书、抵押登记证明文件正本及其他权利证书交由贷款人核对无误并收执之日止，从字面理解双方似乎约定了保证期间，但该期间可能因抵押证未能办妥而延长，时间上具有不确定性，这与前述规定不符，故应认定阶段性担保为“附解除条件”的约定，解除条件为债权人已能够就抵押物享有优先受偿权。据此，在抵押权推定设立时，自预告登记时抵押权设立并生效，并产生保证合同约定自动失效的法律后果。

三、整体性角度：开发商阶段性保证责任与抵押优先受偿权为非此即彼的关系

开发商以保证人身份为银行债权提供保证，符合法律中关于“保证”的规

定，即“人保”，其保证方式为连带责任保证。在债权人抵押权推定设立后，则产生了“物保”。根据民法典第三百九十二条的规定，被担保的债权既有债务人自己提供的物的担保又有人的担保的，在没有约定或者约定不明确的情况下，债权人应当先就该物的担保实现债权。在抵押权已推定设立的情形下，债权人在权利认定、债权实现上均无障碍，即已实际满足“先物保”的条件，此时免除开发商阶段性保证责任符合上述“先物再人”的立法精神。

四、原则性角度：抵押权推定设立后要求开发商继续承担保证担保责任有违公平原则

民法典第六条规定：“民事主体从事民事活动，应当遵循公平原则，合理确定各方的权利和义务。”在抵押权已推定设立的情形下，债权人即已经取得了案涉房屋的抵押权，在办理抵押预告登记之日（抵押权生效之日）至办妥他权证之日（或移交他权证之日）一般需间隔半年以上，在购房人（借款人）不办理产权证以及不配合或怠于办理正式抵押登记时，将造成抵押权设立登记无法完成。若机械地按照合同文义将办妥或移交他权证之日作为保证期间届满之日，同时判令开发商承担保证担保责任，无疑加重了开发商负担，有违公平。

具体到本案，争议焦点为在抵押人尚未按约定办妥抵押他项权证书等证明文件的情况下，房地产公司是否应当就邱秀某、饶兰某的债务向某行长乐支行承担保证担保责任。笔者认为，尽管《个人住房借款合同》约定房地产公司的保证期间为本合同保证条款生效之日起至抵押登记已办妥且抵押财产的他项权利证书、抵押登记证明文件正本及其他权利证书交由贷款人核对无误并收执之日止，但是鉴于法律制度的变化，在双方对合同条款的真实意思存在争议的情况下，无论从阶段性担保的目的性角度、实质性角度、整体性角度还是原则性角度出发，均应理解为房地产公司保证期间自贷款发放之日起至抵押权生效之日止，而不应拘泥于担保期间截止至某行长乐支行领取或占有他项权证之日的文义约定。

编写人：福建省福州市长乐区人民法院　林娟　刘志峰

15

抵押预告登记效力及阶段性担保责任认定

——某银行股份有限公司佛山三水支行诉潘文某、房地产公司金融借款合同案

【案件基本信息】

1. 裁判书字号

广东省佛山市中级人民法院（2021）粤06民终8260号民事判决书

2. 案由：金融借款合同纠纷

3. 当事人

原告（上诉人）：某银行股份有限公司佛山三水支行（以下简称某银行）

被告（被上诉人）：潘文某、房地产公司

【基本案情】

2017年12月1日，某银行与房地产公司签订《某银行广东省分行一手购房贷款业务银企合作协议》，约定双方就房地产公司开发的“×××”地产项目的个人购房贷款业务进行合作；房地产公司为某银行向合作项目的购房人所发放个人住房贷款提供连带保证担保；保证期限自某银行向该购房人发放借款之日起至该购房人取得房地产权利证书，并办妥以某银行为抵押权人的抵押登记手续止。

2018年3月23日，潘文某与某银行签订《个人购房担保借款合同》，双方约定：某银行向潘文某提供购房贷款53万元，借款期限为30年，自2018年4月1日起至2048年3月31日止；本息按月偿还；潘文某以所购的×××1004号房产为贷款债务提供抵押担保。该合同签订后，当事人就约定的抵押房产办理了预告登记。

自2020年8月1日起，潘文某出现逾期还贷行为。2021年1月7日，某银行提起本案诉讼，主张潘文某提前偿还全部欠款本息，该行对抵押房产享有优先受偿权，房地产公司对潘文某的债务承担连带清偿责任。

【案件焦点】

1. 某银行对抵押房产是否有权优先受偿；2. 房地产公司对本案债务是否应承担连带保证责任。

【法院裁判要旨】

广东省佛山市中级人民法院经审理认为：《个人购房担保借款合同》虽于民法典实施前成立，但约定的还款时间持续至民法典实施后，且缔约当事人在民法典施行后因合同履行的还款情况产生争议，依《最高人民法院关于适用〈中华人民共和国民法典〉时间效力的若干规定》第一条第三款、第二十条之规定，本案应适用民法典的相关规定。《个人购房担保借款合同》约定的抵押房产已办理建筑物所有权首次登记，且不存在预告登记失效等情形，依据《最高人民法院关于适用〈中华人民共和国民法典〉有关担保制度的解释》第七十一条及第五十二条第一款关于"当事人办理抵押预告登记后，预告登记权利人请求就抵押财产优先受偿，经审查存在尚未办理建筑物所有权首次登记、预告登记的财产与办理建筑物所有权首次登记时的财产不一致、抵押预告登记已经失效等情形，导致不具备办理抵押登记条件的，人民法院不予支持；经审查已经办理建筑物所有权首次登记，且不存在预告登记失效等情形的，人民法院应予支持，并应当认定抵押权自预告登记之日起设立"的规定，预告登记权利人某银行对抵押房产享有抵押权。依《某银行广东省分行一手购房贷款业务银企合作协议》所作约定，房地产公司为某银行向潘文某发放的案涉住房贷款提供连带保证担保。该合同的条款虽列载房地产公司的保证责任免除以形式上满足"购房人取得房地产权利证书，并办妥以某银行为抵押权人的抵押登记手续"之条件加以判断，但某银行与房地产公司的缔约目的实为在前者对购房者所购房产享有抵押权之前，前者对购房者发放的贷款债权可通过由后者提供连带保证担保的方式，保障得以实现，故应以某银行对相应房产实质上享有抵押权作为认定房地产公司的保证责任之免除条件，而不应囿于合同条款约定的前述形式条件。某银行依法已对购房人潘文某提供的抵押房产享有抵押权，房地产公司的保证责任由此得以免除。据此，改判某银行对抵押房产享有优先受偿权，驳回该行要求房地产公司承担连带保证责任的诉请。

【法官后语】

原物权法第二十条确立了不动产预告登记制度，司法实践运用该规定产生的争论集中体现为预告登记权利人对抵押物是否享有优先受偿权。民法典第二百二十一条延续了原物权法的规则创设，《最高人民法院关于适用〈中华人民共和国民法典〉有关担保制度的解释》第五十二条第一款确立了预告登记权利人对抵押财产是否享有优先受偿权的审查规则，该规定起到止争作用，但司法实践中仍需注意以下问题。

一、预告登记权利人享有抵押权的审查认定问题

《最高人民法院关于适用〈中华人民共和国民法典〉有关担保制度的解释》第五十二条第一款规定，已办理建筑物所有权首次登记，且不存在预告登记失效等情形的，预告登记权利人对已办理预告抵押登记的建筑物享有抵押权。该审查规则虽较为具体、明确，但有观点认为，如支持预告登记权利人对未登记在购房者名下的房产优先受偿，则相当于拍卖、变卖开发商的房产，继而引发一系列问题，故房产是否登记在购房者名下亦为审查情形之一，此可由条文所列法定情形后的“等”字所涵盖。笔者认为，该顾虑在《最高人民法院关于适用〈中华人民共和国民法典〉有关担保制度的解释》公布前较为常见，但第五十二条第一款的立法目恰恰在于通过赋予预告登记强大的法律效力，以化解此前认定预告登记具有抵押效力的诸多类似困扰，由此，前述担忧现已无必要。依该规定，房产所有权登记要求仅为已办理首次登记，登记在开发商或购房者名下则在所不论。在认定预告登记是否失效方面，民法典第二百二十一条第二款规定：“预告登记后，债权消灭或者自能够进行不动产登记之日起九十日内未申请登记的，预告登记失效。”对于“自能够进行不动产登记之日”的认定，

有观点认为是指房产登记在购房者名下，办理抵押登记客观条件具备之日。笔者认为，实践中，房屋通常首次登记在开发商名下，至于房屋后续何时登记在购房者名下，一般仅开发商、购房者知情。预告登记转为抵押登记于贷款人而言，意味其贷款债权得以由担保物权提供保障，其对手续办理通常积极性较高。但若购房者下落不明或故意拖延，开发商亦拒不配合，贷款人则不能及时获取信息，导致抵押登记延误办理。此情形下，如认定预告登记失效，于贷款人不公。故在认定预告登记是否失效时，应以预告登记权利人主观知道或应知可办理抵押登记之日作为起算时点。

二、开发商阶段性担保责任的衔接问题

开发商与贷款人约定开发商为购房贷款债务提供阶段性连带保证担保，保证责任自发放借款日起，至购房人办妥以贷款人为抵押权人的抵押登记手续止。在抵押登记办妥时，开发商的保证责任依约当然免除，但贷款人以其他形式取得抵押权情形下，保证责任可否免除，往往未作约定。对能否基于贷款人依法对预告抵押房产取得抵押权，而免除开发商的保证责任，有观点认为，预告登记与抵押登记形式有别，在办妥抵押登记前，开发商仍须承担保证责任。笔者认为，前述约定结合商品房按揭市场运作模式，可判定此种担保设立的初衷及开发商与贷款人真实缔约目的为，在贷款人取得抵押权前，由开发商提供连带保证以保障贷款债权实现，故在贷款人非通过办妥抵押登记取得抵押权，而是依法对预告抵押房产享有抵押权的情形下，仍应认定开发商的保证责任予以免除。如拘泥于开发商与贷款人所作约定字面意思，以抵押登记未办妥，开发商担保责任免除的形式条件不具备为由，认定开发商仍须承担保证责任，则无疑加重了开发商的责任，有悖开发商签订合同预期，且不利于商品房按揭市场秩序稳定。为能妥善处理支持预告登记权利人享有抵押权，与开发商阶段性担保责任认定相衔接的问题，司法裁判中须注意，该问题的审查不以开发商出庭提出相应抗辩为前提。

编写人：广东省佛山市中级人民法院　刘金玲

16

预购商品房抵押预告登记的效力认定及司法审查标准

——某农商行东兴支行诉罗某等金融借款合同案

【案件基本信息】

1. 裁判书字号

四川省内江市东兴区人民法院（2021）川1011民初4361号民事判决书

2. 案由：金融借款合同纠纷

3. 当事人

原告：某农商行东兴支行

被告：罗某、刘正某、房地产公司

【基本案情】

2015年8月23日，借款人（购房人）罗某、贷款人东兴城区信用社、抵押人罗某、保证人房地产公司共同签订《个人购房担保借款合同》一份，借款金额为200000.00元，用于购房，借款期限为2015年8月25日至2045年8月24日，借款利率执行年利率7.38%。阶段性保证担保保证人为房地产公司，阶段性保证人自本合同签订之日起，至借款人取得房地产权利证书并办妥以贷款人为抵押权人的抵押登记手续的情况完成之日止，为借款人的债务承担连带保证责任。保证方式为连带责任保证担保，保证期间为每期还款日起两年，保证担保范围和抵押担保范围均为借款本金、利息、罚息、复利以及实现债权等费用。并约定逾期罚息，计收复利情形。罗某分别在借款人、保证人、抵押人处签字捺印，刘正某在保证人处签字捺印，房地产公司在保证人处加盖公司印章，东兴城区信用社在贷款人处加盖印章。

2015年8月24日，罗某出具《借款借据》一份，罗某在该借款借据的借款人处签字捺印。2015年8月27日，东兴城区信用社向罗某的尾号为3222的银行账户转款200000.00元。发放贷款后，罗某偿还了部分借款本息，截至2019年1月21日，罗某尚欠借款本金189429.04元，此后其未再按约偿还借款本息。

2015年8月26日，涉案房屋办理了预告登记，预告登记权利人为罗某，预告登记义务人为房地产公司，预告登记业务种类为预购商品房预告，共有情况为单独所有。同日，涉案房屋办理了预购商品房抵押预告登记，预告登记权利人为东兴城区信用社，预告登记义务人为罗某，预告登记业务种类为预购商品房抵押预告，并备注约定期限为2015年8月25日至2045年8月24日。

2017年8月18日，某农村商业银行股份有限公司开业，某农村信用合同联社自行终止，其债权债务转为某农商行债权债务。2018年3月20日，某农商行授权某农商行东兴支行对原东兴信用联社法人机构管辖的营业网点（包含东兴城区信用社）的债权债务进行管理，包括但不限于贷款催收、贷款诉讼及申请执行、贷款收回等。

【案件焦点】

1. 被告罗某、刘正某应否偿还案涉借款本息；2. 案涉预购商品房抵押预告登记的效力认定。

【法院裁判要旨】

四川省内江市东兴区人民法院经审理认为：首先，本案《个人购房担保借款合同》《借款借据》中均载明借款人为罗某，且在借款发放后罗某亦按约偿还了部分借款本息，故案涉借款的实际借款人应为被告罗某。其次，本案当事人对案涉借款的本金、利率、借款期限、违约责任等进行了约定，原告已按约发放了借款，被告罗某自2019年1月21日起未按约如期偿还借款本息，其行为已构成违约，依法应承担相应的违约责任。原告依据双方合同约定，依法主张《个人购房担保借款合同》提前到期，于法有据，本院予以支持。同时，原告诉请被告罗某偿还借款本金 189429.04 元及利息（自 2019 年 1 月 21 日起至付清本息之日止，按照《个人购房担保借款合同》约定的利率、计息方式等进行计算的利息、罚息、复利），符合合同约定和法律规定，本院予以支持。

根据已查明的事实，涉案房屋已于 2015 年 8 月 26 日办理预告登记以及预购商品房抵押预告登记。当时的法律、司法解释未对预告登记权利人可否就抵押物享有优先受偿权作出规定，对于原告的抵押预告登记可适用民法典及其司法解释的相关规定。另外，根据《最高人民法院关于适用〈中华人民共和国民法典〉有关担保制度的解释》第五十二条的规定，涉案房屋未办理首次登记，原告可在涉案房屋具备办理抵押登记条件时，再单独行使抵押权。

依照《最高人民法院关于适用〈中华人民共和国民法典〉时间效力的若干规定》第三条、《最高人民法院关于适用〈中华人民共和国民法典〉有关担保制度的解释》第五十二条、《中华人民共和国民事诉讼法》第一百四十四条、《最高人民法院关于适用〈中华人民共和国民事诉讼法〉的解释》第九十条之规定，作出如下判决：

一、2015 年 8 月 23 日签订的《个人购房担保借款合同》提前到期；

二、被告罗某于本判决生效之日起十日内向原告偿还借款本金 189429.04 元及利息（自 2019 年 1 月 21 日起至付清本息之日止，按照《个人购房担保借款合同》约定的利率、计息方式等进行计算的利息、罚息、复利）；

三、驳回原告的其他诉讼请求。

判决后，双方当事人均未上诉，本判决现已生效。

【法官后语】

在我国房地产开发过程中，为了给房地产开发企业提供更多的融资手段，《中华人民共和国城市房地产管理法》等法律法规允许房地产开发企业将正在建设中的房屋预先出售给承购人，这就是所谓的“商品房预售”。在商品房预售中，用于预售的正在建设的房屋是“预购商品房”（亦称“预售商品房”），出售预购商品房的房地产开发企业为“预售人”，购房者为“预购人”。预购人以预购商品房抵押时，因预购商品房尚未建造完毕或正在建造，房地产开发企业没有办理房屋所有权首次登记，预购人无法办理房屋所有权转移登记。此时，预购人如果要抵押预购的商品房，双方可以约定办理预购商品房抵押权的预告登记。

在民法典施行前，当时的法律、司法解释对抵押预告登记的效力未作明确规定。当债务人不履行到期债务或发生当事人约定的实现抵押权的情形时，作为债权人的抵押权预告登记权利人是否就抵押财产享有优先受偿权，这是司法实践中争议较大的问题。如果持肯定的观点，抵押权预告登记权利人就有将抵押财产变价并优先受偿的权利，即便抵押人破产或抵押财产被强制执行，预告登记权利人的利益也不受影响。反之，如果否定抵押权预告登记权利人的优先受偿权，则其只能作为普通债权人参与破产的分配或强制执行中的财产分配，其利益难以得到保障。

抵押权预告登记确实不同于抵押权登记，如果一概承认抵押权预告登记权利人具有优先受偿权，将导致抵押权预告登记与抵押权登记的混淆。根据《最高人民法院关于适用〈中华人民共和国民法典〉有关担保制度的解释》第五十二条的规定，只有在满足特定的条件下方才承认抵押权预告登记权利人就抵押财产享受优先受偿权，即不动产登记机构已经办理建筑物所有权首次登记、预告登记的财产与办理建筑物所有权首次登记时的财产一致并且预告登记并未失效。在满足这些条件的情形下，抵押权的预告登记转为抵押权登记已经不存在任何法律上的障碍，因此，完全应当认可抵押权预告登记权利人在债务人不履行债务或发生约定的事由时，抵押权预告登记的权利人享有优先受偿权。在抵押权预告登记权利人请求行使抵押权的情形下，经审查发现，预告登记权利人仍不具备办理抵押登记条件的，人民法院自应驳回其诉讼请求。

本案系民法典施行前的法律事实引起的民事纠纷案件，当时的法律、司法解释对抵押预告登记的效力未作明确规定，而民法典及其司法解释对此有相关规定，故本案依法应适用民法典及其司法解释的相关规定。在本案中，涉案房屋已经办理抵押预告登记，但至今并未办理首次登记，且该房屋现亦不具备办理抵押登记的条件，故原告诉请对涉案房屋享有优先受偿权，缺乏事实和法律依据，依法应不予支持。需要说明的是，尽管预告登记权利人的诉讼请求被驳回，但这并不意味着预告登记本身无效或者已经失效，因此在具备办理抵押登记条件时，预告登记权利人仍可再次请求行使抵押权。

编写人：四川省内江市东兴区人民法院　何　文

17

抵押物部分共有人去世是否依职权追加继承人参加诉讼

——某银行诉王某等金融借款合同案

【案件基本信息】

1. 裁判书字号

山东省潍坊市昌乐县人民法院（2021）鲁 0725 民初 2888 号民事判决书

2. 案由：金融借款合同纠纷

3. 当事人

原告：某银行

被告：王某、吴某、秦某

【基本案情】

2019 年 5 月 30 日，吴某某与原告签订《个人借款合同》，约定：吴某某可于 2019 年 5 月 30 日至 2024 年 5 月 29 日内向原告借款数额为 230000 元，借款用途为种植，在约定的借款数额、借款期限内随借随还、循环使用。被告王某在借款人处签字捺印。2019 年 5 月 30 日，吴某某、被告王某与原告签订《最高额抵押合同》。吴某某、被告王某以名下的位于昌乐县房产提供抵押担保，并办理抵押权登记手续。2019 年 5 月 30 日，吴某某、被告王某向原告借款 230000 元，还款日期为 2020 年 5 月 29 日。同日，原告向吴某某指定账户汇入

230000 元。该笔借款发放后，案涉借款尚欠借款本金 230000 元，自 2020 年 1 月 21 日欠息。

吴某某于 2020 年 1 月 12 日去世，无遗嘱或遗赠协议，被告王某系吴某某妻子，被告秦某系吴某某母亲，被告吴某系吴某某儿子，被告吴某提交书面声明放弃吴某某遗产继承权。

【案件焦点】

抵押物部分共有人去世后法院起诉借款人偿还借款并请求对抵押物确定优先受偿权时未列明继承人为当事人，法院是否可依职权追加继承人参加诉讼。

【法院裁判要旨】

山东省潍坊市昌乐县人民法院经审理认为：原告某银行与吴某某、被告王某签订的《个人借款合同》《最高额抵押合同》，系各方真实意思表示，合法有效，依法予以确认。原告某银行已按约向吴某某发放了贷款，吴某某应按约还款付息。《最高人民法院关于审理涉及夫妻债务纠纷案件适用法律有关问题的解释》第一条规定："夫妻双方共同签字或者夫妻一方事后追认等共同意思表示所负的债务，应当认定为夫妻共同债务。"被告王某在《最高额保证合同》《最高额抵押合同》上签字捺印，案涉借款系夫妻共同债务。《最高人民法院关于适用〈中华人民共和国民法典〉婚姻家庭编的解释（一）》第三十六条规定："夫或者妻一方死亡的，生存一方应当对婚姻关系存续期间的夫妻共同债务承担清偿责任。"原告主张吴某某去世后被告王某对该笔债务承担清偿责任，本院予以支持。被告王某未按约定返还原告借款本息属违约行为，应按照合同约定承担违约责任。吴某某、被告王某以不动产为该笔借款提供担保并办理抵押权登记手续，案涉抵押财产系吴某某、被告王某夫妻共有财产，原、被告未提供吴某某与被告王某关于案涉抵押财产的约定，案涉抵押财产一半应为被告王某所有，吴某某去世后案涉抵押财产二分之一系遗产，被告王某、秦某、吴某系第一顺序继承人，被告吴某提交书面申请放弃继承，被告王某、秦某未提交书面申请放弃继承，视为接受继承，被告王某、秦某系案涉抵押财产二分之一的继承人，原告主张对抵押物享有优先受偿权，符合法律规定，予以支持。判决如下：

一、被告王某偿还原告某银行借款本金230000元及利息、罚息、复利；

二、原告某银行对吴某某、被告王某名下不动产（以不动产登记证明载明为准）享有优先受偿权（以不动产登记证明和最高额抵押合同载明为限）。

判决后，双方当事人均未上诉，本判决现已生效。

【法官后语】

本案主要涉及抵押物部分共有人去世后法院起诉借款人偿还借款并请求对抵押物确定优先受偿权时未列明继承人为当事人，法院是否可依职权追加继承人参加诉讼的问题。

随着金融风险的增加，金融机构在发放借款时一般采取多人进行保证并由借款人提供抵押担保，并由借款人配偶进行签字，穷尽措施增加风险预防指数，将借款认定为夫妻共同债务。随着经济的快速发展以及不可预测事件的频频发生，借款人或者抵押人去世也成为金融机构经常面临的风险通常考量因素。金融纠纷借款案件涉及当事人广泛，部分借款人或担保人去世的案件逐渐增加，是否列明继承人参加诉讼成为债权人面临的一大考验难题，在审理该类案件时是否追加继承人参加诉讼应根据以下审判思路进行把握。

1. 夫妻共同借款的一方去世后，金融机构只起诉另一方承担清偿责任，法院是否可依职权追加继承人参加诉讼。《最高人民法院关于适用〈中华人民共和国民法典〉婚姻家庭编的解释（一）》第三十六条规定："夫或者妻一方死亡的，生存一方应当对婚姻关系存续期间的夫妻共同债务承担清偿责任。"原告可主张借款人的配偶对婚姻关系存续期间的夫妻共同债务承担清偿责任，金融借款合同纠纷和被继承人债务清偿纠纷系两个法律关系，可以不合并审理，债权人没有起诉部分债务人的继承人在继承遗产范围内偿还欠款，系原告对自己诉讼权利的放弃。因系对自己权利的处分，在案件被告不能清偿时，债权人可以另行起诉被继承人债务清偿纠纷，法院不应主动追加被继承人的继承人参加诉讼，为被继承人的债务承担清偿责任。

被继承人去世时留有遗嘱将遗产交给配偶外继承人或没有遗嘱法定继承，通过继承分配遗产后，在执行过程中被继承人配偶财产无法清偿债务，或者被继承人配偶放弃继承，致使无力偿还欠款，债权人是否能够重新起诉？因金融借款合同纠纷与被继承人债务清偿纠纷系不同的法律关系，不符合一事不再审原则，债权人可以另行以被继承人债务清偿纠纷进行诉讼。若债权人未提出被继承人债务清偿纠纷，而是对被继承人配偶放弃继承的行为提起债权人撤销纠纷，是否应支持？当事人放弃继承，不属于撤销权纠纷范畴，如同夫妻一方放弃继承，配偶不能以侵犯夫妻共同财产进行起诉，因放弃行为未对现有财产造成损害，且继承遗产不属于预期收益。

2. 抵押物部分共有人去世法院是否可依职权追加继承人参加诉讼的问题。《中华人民共和国民事诉讼法》第五十九条第二款规定：“对当事人双方的诉讼标的，第三人虽然没有独立请求权，但案件处理结果同他有法律上的利害关系的，可以申请参加诉讼，或者由人民法院通知他参加诉讼。人民法院判决承担民事责任的第三人，有当事人的诉讼权利义务。”因原告通过诉讼程序要求对抵押物优先受偿，抵押物的所有人系继承人及原告起诉的被告，虽然不是遗产继承纠纷案件，但在确定当事人诉讼主体资格时也应按照继承遗产纠纷案件处理，被继承人未明确放弃实体权利的，应列为诉讼人。在审理抵押权优先受偿时，原告若没有追加继承人，只列明抵押物的部分共有人为被告但申请对整个抵押物享有优先受偿权，若在提示原告应追加继承人为被告原告不同意时，法院应依职权追加继承人为被告参加诉讼，否则可能侵害继承人的诉讼权利。《中华人民共和国民法典》第一千一百四十五条规定：“继承开始后，遗嘱执行人为遗产管理人；没有遗嘱执行人的，继承人应当及时推选遗产管理人；继承人未推选的，由继承人共同担任遗产管理人；没有继承人或者继承人均放弃继承的，由被继承人生前住所地的民政部门或者村民委员会担任遗产管理人。”继承人即使提交书面申请放弃证明，但其未向遗产管理人即村民委员会提交书面放弃声明并将遗产交由村民委员会管理，仍应将其列为被告。即使遗产继承完毕，因遗产未变更登记，根据《中华人民共和国民法典》第二百三十条、第二百三十二条的规定，因继承取得物权的，自继承开始时发生效力，但依据法律规定需要办理登记的不动产物权，未经登记不发生物权效力，在判决时列明物权登记上的所有人即可。

综上，涉及抵押物部分共有人去世后法院起诉借款人偿还借款并请求对抵押物确定优先受偿权时未列明继承人为当事人，法院应依职权追加继承人参加诉讼，这样有利于维护第三人的正当权益。因不能归责于第三人的事由未参加诉讼，但有证据证明发生法律效力的判决、裁定、调解书的部分或者全部内容错误，损害其民事权益的，第三人可以自知道或者应当知道其民事权益受到损害之日起六个月内，提起第三人撤销权之诉。本案旨在确定诉讼参加人时应充分考虑案涉法律关系是否涉及利害关系人，法院应积极追加利害关系人，避免利害关系人的实体权利和诉讼遭受损害，让人民群众在每一个司法案件中感受到公平正义。

编写人：山东省潍坊市昌乐县人民法院　刘文强

18

过失相抵原则在金融借款合同纠纷中的适用

——某银行北京分行诉马某金融借款合同案

【案件基本信息】

1. 裁判书字号

北京金融法院（2021）京74民终196号民事判决书

2. 案由：金融借款合同纠纷

3. 当事人

原告（被上诉人）：某银行北京分行

被告（上诉人）：马某

【基本案情】

2013年11月19日，马某向某银行北京分行提交《生意人卡（生意红）申请表》，申请贷款500000元用于购进酒类产品，申请循环额度期限60个月。某银行北京分行依约分笔发放贷款。在该贷款无法偿还的情况下，某银行北京分行起诉马某偿还案涉金融借款合同项下借款及利息。在生效的（2018）京01刑终14号刑事判决书中查明，某银行北京分行基于与海某某公司的长期合作关系而向该公司下游经销商户提供的经营性贷款……贷款和还款的主体为经销商户，款项的用途为向海某某公司支付货款……海某某公司及徐某生为了解决自身的资金周转困难，利用金融机构提供的上述融资渠道，指使海某某公司的业务人员引诱经销商户在无实际需求的情况下向金融机构办理贷款，或超越自身经营需求和还款能力办理高额贷款，并将所得款项的绝大部分用于自身经营，并未根据贷款协议的约定向经销商户供货，……海某某公司、徐某生犯骗取贷款罪。马某据此辩称，借款发生在海某某公司与某银行北京分行之间，自己不承担还款责任。一审认为马某向某银行北京分行提交的《生意人卡（生意红）申请表》、双方签订的《个人信用贷款核准通知书（额度）》《个人信用贷款核准通知书（单笔）》合法有效，当事人应严格遵守并履行。某银行北京分行作为贷款方已依约履行了放款义务，马某作为借款方亦应依约履行还本付息义务，故判决马某偿还某银行北京分行借款本金和相应利息、罚息、复利。宣判后，马某提起上诉。本院经审理查明，某银行北京分行在放贷及贷后管理过程中，对马某和海某某公司之间经营基础交易材料和贷款用途等未尽到审慎审查义务，对贷款损失的造成存在一定的过错，应承担相应责任。北京金融法院二审认定：马某与某银行北京分行金融借款合同合法有效，马某应履行还款责任，但对贷款损失，某银行北京分行在其过错的范围内，承担10%责任。故撤销一审判决，依法改判。

【案件焦点】

1. 马某与某银行北京分行之间签订的《生意人卡（生意红）申请表》《个

人信用贷款核准通知书（额度）》《个人信用贷款核准通知书（单笔）》的效力如何认定；2. 某银行北京分行在放贷过程中是否存在过错，是否应承担相应的责任。

【法院裁判要旨】

北京市东城区人民法院经审理认为：马某向某银行北京分行提交的《生意人卡（生意红）申请表》、双方签订的《个人信用贷款核准通知书（额度）》《个人信用贷款核准通知书（单笔）》（以上共同构成个人信用贷款合同，下称信贷合同）均系双方当事人的真实意思表示，合同内容未违反国家法律及行政法规的强制性规定，应属有效，当事人应严格遵守并履行合同约定的义务。某银行北京分行作为贷款方已依约履行了放款义务，马某作为借款方亦应依约履行还本付息义务。现该笔贷款的还款期限已经届满，马某拖欠某银行北京分行借款本金 223383.23 元和相应利息、罚息、复利至今未还，其行为已构成违约，故某银行北京分行有权要求马某立即偿还尚欠借款本金及按照合同约定的相应利息、罚息、复利。

诉讼中，马某以贷款所有手续均由案外人海某某公司员工办理，某银行北京分行以办理信用卡为名欺骗马某办理贷款，所贷款项由海某某公司使用，亦由海某某公司还款，真实的借款关系发生在某银行北京分行与海某某公司之间，马某不应当承担还款责任为由提出抗辩。根据本案查明事实，本案所涉信贷合同明确约定贷款人是某银行北京分行，借款人是马某，借款用途为购进酒类产品，支付方式为受托支付给供货酒水的海某某公司。合同签订后，贷款人某银行北京分行依约将款项划入借款人马某的账户，后又依照双方约定的受托支付方式，某银行北京分行将该笔款项转至海某某公司名下。上述资金流转的过程，符合双方合同约定的借款用途和支付方式。依据合同相对性，涉案合同仅在某银行北京分行、马某之间产生约束力，至于马某允许海某某公司使用借款属另一法律关系，在此不予审理；且依据涉案的信贷合同约定，某银行北京分行将贷款划付至马某交易对象账户即完成了贷款发放义务，即视为马某已经提取和使用了贷款本金，至于款项是否是其本人全部实际使用，并不影响借贷事实的认定。马某虽提交证人证言证明涉案的贷款手续系由海某某公司员工办理，但其未提交证据证明其签订涉案合同是受胁迫或受欺诈所为，以及某银行北京分行在办理审核案涉贷款时对海某某公司采用商户名义进行贷款并改变贷款用途是明知的，在贷款人正常签订合同并发放贷款的情况下，仅凭借款人申请贷款的手续系由他人办理的事实，不足以否定既已形成的借贷关系的合法性以及借款人对贷款人应尽的合同义务。且根据生效刑事判决认定的事实及北京银保监局信访事项答复意见书查明的内容，虽然海某某公司骗取贷款构成犯罪，但是并无证据证明发放贷款的金融机构即某银行北京分行参与海某某公司骗贷等不法行为，且骗取贷款也并非某银行北京分行的目的。据此，马某在向某银行北京分行申请该笔贷款时是用于自己向海某某公司支付酒款的，不能因涉案的贷款最终进入海某某公司账户，就认定实际使用人为海某某公司，更不能认定某银行北京分行对实际使用人系海某某公司为明知。故对该项辩称，法院不予采信。

马某辩称，某银行北京分行贷款模式核查存在重大过错、马某并无贷款需求，因该理由并不影响案件事实之认定，故对该项辩称，法院不予采信。马某辩称北京好某瑞百货店从未对外经营等意见，未提交相关证据，故对该项辩称，法院不予采信。马某辩称，其在空白申请书上签字，对合同内容并不知情。对此法院认为，马某作为完全民事行为能力人，其对合同的签订与否具有决定权，在合同签订时，其应阅读合同内容，了解其权利及义务，而不是在签订合同后以不知情为由进行抗辩，对此法院不予采信。马某辩称，某银行北京分行发放贷款所涉及银行卡并非由马某本人开户，具体开户事宜马某毫不知情，根据法院查明情况，系马某将自己的身份证交予他人，由他人代为办理的银行卡，马某作为完全民事行为能力人，应认识到将身份证交予他人的后果，而不是在他人代办银行卡且已收到案涉贷款后以不知情为由进行抗辩，对此法院亦不予采信。

综上，马某并未提出合法有效的抗辩事由免除其向某银行北京分行偿还涉案合同约定的义务，马某依法应当向某银行北京分行偿还全部贷款，并按《生意人卡（生意红）申请表》中个人信用贷款条款的约定支付拖欠贷款至实际付清之日止的相应利息、罚息、复利。

综上，依照《中华人民共和国合同法》第一百零七条、第一百九十七条、第二百零五条、第二百零六条、第二百零七条，《中华人民共和国民法通则》第一百三十五条，《中华人民共和国民法总则》第一百八十八条，《最高人民法院关于审理民事案件适用诉讼时效制度若干问题的规定》（法释〔2008〕11号）第五条之规定判决：

马某于判决生效后十日内偿还某银行北京分行借款本金223383.23元和相应利息、罚息、复利（其中截至2018年3月29日的利息37083.96元、罚息147389.58元、复利96579.53元，自2018年3月30日起至实际清偿之日止利息、罚息、复利，按双方签订的个人信用贷款合同约定的标准计算）。

马某不服原审判决，提起上诉。北京金融法院经审理认为：本案首先解决的争议焦点在于马某与某银行北京分行之间的信贷合同的效力如何认定。根据《中华人民共和国合同法》第五十二条的规定，合同无效的情形包括：（1）一方以欺诈、胁迫的手段订立合同，损害国家利益；（2）恶意串通，损害国家、集体或者第三人利益；（3）以合法形式掩盖非法目的；（4）损害社会公共利益；（5）违反法律、行政法规的强制性规定。本案中，根据刑事判决认定的事实来看，海某某公司及徐某生为了解决自身的资金周转困难，指使海某某公司的业务人员引诱经销商户在无实际需求的情况下向金融机构办理贷款，或超越自身经营需求和还款能力办理高额贷款，从而骗取了金融机构的贷款。而某银行北京分行在与马某签订涉案信贷合同时，按照正常的放贷程序进行了办理，并未参与海某某公司及徐某生的骗取贷款的不法行为。从信贷合同实际履行情况来看，某银行北京分行发放了贷款至马某的账户，后该账户款项被转至海某某公司处，而海某某公司也实际向马某发出部分货物，只是后续海某某公司未再继续向马某发货。因此，某银行北京分行应为被欺诈的一方，根据《中华人民共和国合同法》第五十四条及《中华人民共和国民法总则》第一百四十八条的规定，某银行北京分行对信贷合同享有撤销权。然而某银行北京分行并未行使撤销权。因此，本案涉及的信贷合同应为合法有效。关于某银行北京分行主张的利息、罚息、复利，法院认为，最高人民法院于 2017 年 8 月 4 日颁布的《关于进一步加强金融审判工作的若干意见》规定，严格依法规制高利贷，有效降低实体经济的融资成本。金融借款合同的借款人以贷款人同时主张的利息、复利、罚息、违约金和其他费用过高，显著背离实际损失为由，请求对总计超过年利率 24%的部分予以调减的，应予支持，以有效降低实体经济的融资成本。经本院核算，某银行北京分行主张的利息、罚息、复利之和明显超过了年利率 24%，法院予以调整。以此计算，截至 2018 年 3 月 29 日，马某尚欠借款本金 223383. 23 元、利息 37083. 96 元、罚息和复利为 133636. 48 元。超出该金额的部分，法院不予支持。

关于马某对借款一无所知，承担责任于理不符的上诉意见，法院认为，马某虽表示其对借款毫不知情，但马某作为完全民事行为能力人，其签署涉案信贷合同时完全忽略合同内容而仅根据指示在合同上签字，又将其身份证交由他人保管，其未能尽到审慎义务，为海某某公司及徐某生骗取某银行北京分行的贷款提供了便利，对此，马某以自己毫不知情为由拒还贷款，于理不合。至于实际签署地点是北京好某瑞百货店还是北京玛某婷百货店，从照片内容看，并未明确载明实际地点，但无论是北京好某瑞百货店还是北京玛某婷百货店签署的涉案信贷合同，对于信贷合同的成立并生效并不产生实质影响。故对于马某该上述意见，本院不予采信。

关于马某提出的某银行北京分行依据与海某某公司之间的合作关系发放贷款，并要求一审法院调取某银行北京分行与海某某公司之间的合作协议的上诉意见，法院认为，某银行北京分行与海某某公司之间的合作关系不影响某银行北京分行与马某之间的信贷合同关系，两者系两个独立的、不同的法律关系，因此马某的该意见没有法律依据，不予支持。马某提出的某银行北京分行未向其进行过催收从而认为某银行北京分行明知信贷合同相对方为海某某公司的上诉意见，法院认为，根据本案审理中查明的事实，某银行北京分行曾在 2013 年、2014 年电话进行过催收，在 2018 年发送过催收函件，其间也曾经发送过催收短信，马某对此予以认可，故马某的该上诉意见，与事实不符，本院不予采信。

关于马某认为某银行北京分行存在严重过错却无须承担任何责任，明显不公，其作为金融机构应承担更重的注意义务的上诉意见。本院认为，虽然北京银保监局认为某银行北京分行在审核中存在一定的问题，但也明确未发现充分证据证明某银行北京分行存在明知海某某公司存在重大风险，也未发现某银行北京分行纵容协助海某某公司以办理信用卡为名共同欺骗马某办理贷款等情况；从合同履行上来看，某银行北京分行已实际向马某发放了涉案贷款，马某也实际使用了部分贷款，因此，上述问题不足以构成马某拒绝还款的抗辩事由。但《最高人民法院关于当前形势下审理民商事合同纠纷案件若干问题的指导意见》第十条规定，人民法院在计算和认定可得利益损失时，应当综合运用可预见规则、减损规则、损益相抵规则以及过失相抵规则等，从非违约方主张的可得利益赔偿总额中扣除违约方不可预见的损失、非违约方不当扩大的损失、非违约方因违约获得的利益、非违约方亦有过失所造成的损失以及必要的交易成本。通过北京银保监局的信访回复可以看出，某银行北京分行在审批贷款过程中存在着未对《经销合同》《商品销售合同》等相关资料进一步核实，未采取有效方式对贷款资金使用及还款资金来源进行跟踪检查和监控分析，违反了《个人贷款管理暂行办法》第三十一条、第三十五条的规定，也未见某银行北京分行将贷款文件直接交予马某的记录。结合在（2019）京0101民初22190号民事案件开庭审理过程中，马某申请海某某公司的原员工陈某作为证人出庭作证的陈述可以看出，在贷款办理过程中，某银行北京分行的工作人员在办理贷款过程中也从未向马某进行必要的提示说明。根据上述原则，某银行北京分行虽然不存在违约情形，但其在贷款审核过程中存在一定的过失，应就此承担相应的损失，故本院酌定为某银行北京分行承担10%的责任。

关于马某认为信贷合同系格式条款的问题，虽然信贷合同系某银行北京分行提供，但其中重要内容均系手动填写，故其以格式条款为由拒绝还款的上诉理由，缺乏依据，本院不予支持。

综上所述，马某的上诉请求部分成立，予以支持。依据《中华人民共和国民事诉讼法》第一百七十条第一款第二项之规定，判决如下：

一、撤销北京市东城区人民法院（2020）京0101民初20377号民事判决；

二、马某于判决生效后十日内偿还某银行北京分行借款本金201044.91元和利息33375.56元、截至2018年3月29日罚息、复利120272.83元，并自2018年3月30日起至实际付清之日止，以借款本金223383.23元为基数，年利率24%的标准计算，以此计算的2018年3月30日之后的罚息、复利由马某承担90%；

三、驳回某银行北京分行的其他诉讼请求。

【法官后语】

本案涉及过失相抵原则在金融借款合同纠纷中的运用。在以往的金融借款合同纠纷中，虽然认定了银行存在一定的过失，但往往判决银行承担责任的较少。本案综合全案，运用过失相抵原则，让银行承担了部分责任。

过失相抵，是指如被害人本人就其自身损害的发生或结果的扩大具有过失时，法院裁判可以按实际情况根据一定的标准减轻或免除加害人的赔偿责任，从而在双方当事人之间合理公平地分配损害的一种制度。

过失相抵原则一般适用于侵权行为中，我国民法典出台前，民法通则第一百三十一条、《最高人民法院关于审理人身损害赔偿案件适用法律若干问题的解释》第二条，侵权责任法第二十六条对此作了相应的规定。我国民法典第一千一百七十三条明确规定，被侵权人对同一损害的发生或者扩大有过错的，可以减轻侵权人的责任。

过失相抵原则的应用，归根结底在于法律的公平精神与侵权行为法的责任自负原则；当受害人的过错与加害人的过错共同导致损害的发生，或者受害人的过错导致损害进一步扩大时，如果要求加害人就并非自己行为所导致的损害承担赔偿责任，不仅违背了公平精神，也不符合责任自负的原则。

一、过失相抵原则的特征

过失相抵原则具有以下几个特征：

一是他人的侵权行为是受害人遭受损害的原因。也就是说侵权行为与损害结果具有一定的因果联系，这是适用过失相抵原则的前条和必要条件。

二是过失相抵是双方当事人对侵权损害的发生或者扩大都有过错的法律后果。也就是说，因为双方当事人均有过错，造成了损害的发生或损害结果的扩大，故而过失相抵才产生了适用的价值。假如仅一方责任导致损害的发生或扩大，不能构成过失相抵。

三是过失相抵的法律效果是减轻或者免除加害人的赔偿责任。

二、过失相抵与双方违约的区别

我国民法典第五百九十二条对过失相抵和双方违约都进行了规定，第一款规定了双方违约的责任承担，第二款规定了过失相抵的规则，容易造成一定的混淆。

双方违约，指的是在双务合同中，合同双方当事人都违反了合同义务且都构成违约，即每一方的违约行为都对违约后果的发生具有原因力。双方违约违反的是约定义务而非法定义务。而在合同履行中，只是当事人一方违约行为造成对方损失，构成合同责任中的也有过失的，可以适用过失相抵原则。二者的区别在于，过失相抵情形下，受害人的过错行为不一定是违约行为，甚至可能不构成违约行为，而双方违约则一定是双方对于合同义务的违反；在过失相抵情形下，双方的过错行为是导致受害人损害的共同原因，而双方违约，通常是双方导致对方损害、彼此受损；在法律效果上，过失相抵导致的是损害赔偿请求权的部分或全部消灭，双方违约是各方承担各自的违约责任，可能发生相互赔偿，也可能发生相互抵销。

三、在金融借款合同纠纷中运用过失相抵原则应考虑的因素

对于过失相抵原则的把握以及更进一步地运用该原则对双方的过错尤其是原告的过错进行考察，应当成为司法机关在审理合同案件中的一个审判重点。

在我们审理金融借款合同纠纷案件中，对于过失相抵原则的运用，应当考虑以下几个方面：

一是金融机构过错的正确认定。民法典第五百九十二条第二款规定，当事

人一方违约造成对方损失，对方对损失的发生有过错的，可以减少相应的损失赔偿额。在金融借款合同纠纷案件中，对于金融消费者违约情形的认定较为简单。但是对于金融机构是否存在过错的认定，总的来说，过去的审判实践是持宽容态度的。一般情况下，只要金融机构尽到了基本的审核义务，就不会对金融机构加以苛责。但实际上，金融机构在贷款发放的审核中、贷款用途的监管中往往重形式审查而忽视实质审查。如马某案中，银行方面发放的系经营性贷款，其对于申请经营性贷款的主体，一方面未能发现申请贷款主体的资质问题，另一方面仅仅审核了相关的经销合同而未按规定进一步审核经营实际情况。从这一点来说，金融机构在发放贷款过程中未尽到严格审核义务，放任了刑事犯罪行为的发生，或者说为刑事犯罪间接地创造了一系列的便利条件。因此，对于金融机构过错的认定，从金融机构的义务上来讲，应当要求更高一些，更严格一些。

二是金融机构对于损害发生具有可控性。在实践中，违约行为与损害后果之间往往不是一一对应的关系，常常会出现一因多果或者一果多因的情况，因此我们常常会去比较原因力的大小，从而进一步确认双方的责任比例。如果一方当事人在损害发生上具有较强的防控能力，这一方当事人往往会承担更多的责任和义务。在金融借款合同纠纷中，金融机构作为放贷方，在贷款发放和后续跟踪过程中往往具有较强的审核能力，也能够做到这一点，因此无论是金融监管机构还是法律，都赋予了金融机构在风险防控等方面更强的法律义务。

三是金融消费者责任减轻或免除的有限性。过失相抵原则应用于金融借款合同纠纷中，并不能完全免除受害方的损失。在合同视角下，违约一方作为首要责任方，如果过多地减轻其责任或者免除其责任，也违背了公平原则，也不符合合同严格责任的要求。因此，我们将过失相抵原则运用于金融借款合同纠纷案件的审理中，不宜免除或过多地减轻金融消费者的责任，而应通过该种方式对金融机构起到一定的警示作用，并进一步督促金融机构切实履行法律义务，严控各种风险。

编写人：北京金融法院　李方

19

债务人放弃诉讼时效抗辩权对其他连带债务人不产生法律效力

——某农村信用合作联社诉李某、敖某金融借款合同案

【案件基本信息】

1. 裁判书字号

贵州省六盘水市中级人民法院（2022）黔02民再42号民事判决书

2. 案由：金融借款合同纠纷

3. 当事人

原告（被上诉人、再审被申请人）：某农村信用合作联社（以下简称信用社）

被告（被上诉人、再审被申请人）：李某

被告（上诉人、再审申请人）：敖某

【基本案情】

李某、敖某于2011年4月8日登记结婚，于2016年4月27日调解离婚。

2012年12月10日，婚姻关系存续期间，李某与信用社签订《农户小额信用贷款最高额循环借款合同》借款，约定：借款金额为50000元，借款月利率为7.00‰，到期日期为2013年12月9日，并对罚息和复利进行了约定。明确贷款委托代理人为敖某，与持证人关系为夫妻，委托代理人与持证人共同承担债权债务。李某作为借款人，敖某作为委托代理人在《农户小额信用贷款最高额循环借款合同》上签字捺印。同日，信用社向李某发放了借款，李某在借款借据中签字确认，2017年9月13日，李某在信用社发出的农村信用社催收到

（逾）期贷款通知书上签字捺印，对贷款余额、欠息金额、贷款利率等予以确认，并承诺于2018年12月31日前结清所有欠款。信用社认为连带债务人应该共同偿还借款本息，遂提起本案诉讼。敖某认为本案对其已过诉讼时效，不应当承担偿还责任。

【案件焦点】

1. 诉讼时效届满后的同意履行行为是否能构成诉讼时效中断；2. 上述行为所产生的效力是否及于其他连带债务人。

【法院裁判要旨】

贵州省盘州市人民法院经审理认为：案涉借款属于夫妻共同债务，信用社在超过诉讼时效期间后向李某发出催收通知书，李某在该通知书上签字并承诺于2018年12月31日前结清欠款。应视为对原债务的重新确认，诉讼时效因此重新计算。故，信用社对李某的债权未过诉讼时效。因二被告是共同债务人，根据《最高人民法院关于审理民事案件适用诉讼时效制度若干问题的规定》第十五条“对于连带债务人中的一人发生诉讼时效中断效力的事由，应当认定对其他连带债务人也发生诉讼时效中断的效力”的规定，信用社的债权经李某重新确认并依法发生诉讼时效中断的效力，李某的签字效力及于敖某。判决：由李某、敖某共同偿还借款本息。

敖某不服一审判决，提起上诉。贵州省六盘水市中级人民法院判决：驳回上诉，维持原判。

敖某不服二审判决申请再审。贵州省高级人民法院经审查后指令贵州省六盘水市中级人民法院再审。贵州省六盘水市中级人民法院经审理认为：案涉借款本息已超过诉讼时效，成为自然债务。根据《最高人民法院关于超过诉讼时效期间借款人在催收通知单上签字或盖章的法律效力问题的批复》及《中华人民共和国民法通则》第四条、第九十条的精神，案涉借款本息诉讼时效期间届满后，李某在信用社发出的催收通知书上签名并承诺还款的行为，应视为李某对所欠借款本息的重新确认，在信用社与李某之间重新建立新的债权债务关系，该债权债务关系受法律保护。因敖某对超过诉讼时效期间的借款本息未作出同意履行的意思表示，且李某同意还款的行为所产生的法律后果依法不能约束敖某，故案涉借款本息已转化为李某的个人债务，信用社请求敖某在本案中承担责任，由于信用社向敖某主张债权已经超过诉讼时效，丧失了向人民法院请求权利保护的胜诉权，故对敖某认为信用社向其主张权利已经超过诉讼时效的再审理由，予以支持。综上，一审认定事实清楚但适用法律错误，应予改判。判决：

一、撤销原一、二审判决；

二、由李某向信用社偿还借款本息；

三、驳回信用社对敖某的诉讼请求。

【法官后语】

本案系因针对法律规定的诉讼时效届满后，连带债务的一方债务人作出同意履行的意思表示，其放弃诉讼时效利益的行为是否对其他连带债务人产生法律效力，其他连带债务人是否享有诉讼时效抗辩权而引发的诉讼。司法实践中对此有截然不同的观点。有观点认为，根据《最高人民法院关于审理民事案件适用诉讼时效制度若干问题的规定》第十五条的规定，一方债务人作出同意履行的意思表示，不仅中断了该债务人的诉讼时效，对其他连带债务人也同样发生诉讼时效中断的效力。本案的一、二审法院亦是持同样观点。另一种观点认为，债务人放弃诉讼时效抗辩权对其他连带债务人不产生法律效力，即本案再审法院观点。

笔者认为，诉讼时效届满后的同意履行和诉讼时效内的同意履行应区分开来，诉讼时效中断仅能发生在诉讼时效期间内，诉讼时效已经届满的原债务成为自然债务，不能适用诉讼时效中断的相关规定，债务人在诉讼时效届满后同意履行的，相当于达成新的还款协议，双方成立新的债权债务关系，该债权债务关系的诉讼时效期间应重新起算，而非构成诉讼时效的中断，新的债务应认定为其中一方的个人债务，对其他连带债务人不产生法律效力。

诉讼时效内，连带债务人中的一人同意履行义务，对其他债务人产生诉讼时效中断的效力。理由在于：首先，诉讼时效中断的立法目的在于保护权利人利益，而连带债务的立法目的是赋予债权人向全部连带债务人主张全部给付的权利，以保护债权的实现。两种制度的立法目的均为保护债权人利益、实现债权。其次，通常情况下，连带债务人之间具有紧密联系，同意履行的意思表示一般可以转达给其他连带债务人，各债务人所负的债务是完全债务，权利人享有的是完全债权，具有法院保护的强制力，连带债务人作为一个债务人整体，并不要求其他连带债务人以明示的方式作出同意履行的意思表示。负有连带义务的每个债务人，都负有清偿全部债务的义务，债权人有权向任一共同连带债务人提出履行请求，且该请求可视为对其他债务人的请求。而任何一个连带债务人的还债承诺对债权人来说，亦可视为代表了其他连带债务人。因此，共同连带债务人没有各自独立的诉讼时效期间，因一连带债务人的履行承诺而引起诉讼时效中断的效力，必然及于其他债务人。

诉讼时效届满后，连带债务人中的一人同意履行义务，应认定为新的债权债务关系，原债权已经成为非完全债权，不具有法院保护的强制力，若认定为对其他连带债务人产生诉讼时效中断的法律后果，会损害到其他债务人的诉讼时效抗辩权，而诉讼时效抗辩权作为一种实体权利，该权利的放弃，应由债务人以明示或约定的默示方式予以放弃，而不能由其他连带债务人代为放弃或推定其放弃而重新苛以连带债务。因此，债权人应当在诉讼时效期间内，积极地向债务人主张权利。就本案而言，信用社未在诉讼时效内向李某或敖某主张过权利，虽然李某在诉讼时效届满后作出同意履行的意思表示，但该意思表示并未得到敖某的认可，故该债务已成为李某的个人债务，敖某无须承担偿还责任。

编写人：贵州省高级人民法院　何美玉

20

让与担保权利主张的诉讼时效起算点如何确定

——神某公司诉开发区某银行金融借款合同暨担保合同案

【案件基本信息】

1. 裁判书字号

江苏省盐城市中级人民法院（2021）苏09民终4198号民事判决书

2. 案由：金融借款合同暨担保合同纠纷

3. 当事人

原告（反诉被告、上诉人）：神某公司

被告（反诉原告、被上诉人）：开发区某银行

【基本案情】

1998年6月30日，开发区某银行与神某公司签订借款合同，约定开发区某银行向神某公司发放贷款145万元，期限为一年。1998年8月28日，神某公司与开发区某银行签订《关于用房屋产权过户取得贷款的协议书》（以下简称《过户协议书》），约定神某公司将其所有的综合楼、餐厅、车库等房地产过户至开发区某银行名下，开发区某银行取得所有权证后，向神某公司提供350万元流动资金贷款（含前述贷款145万元），期限为一年，每年续贷一次，累计不超过五年；神某公司在五年内必须全部归还贷款本息，开发区某银行承诺在神某公司还清全部贷款本息时，将该房地产产权再过户给神某公司。神某公司将案涉房地产过户至开发区某银行名下，开发区某银行又于1998年12月9日与神某公司签订借款合同，向神某公司发放贷款60万元，期限为一年。后神某公司共偿还贷款17万元，并于2010年2月26日被吊销营业执照，但未注销。

2019年11月11日，神某公司诉请开发区某银行返还案涉房地产、解除双方签订的《过户协议书》。审理过程中，开发区某银行提起反诉，请求判令神某公司偿还贷款188万元及利息，开发区某银行对案涉综合楼享有优先受偿权，神某公司认为188万元贷款已经过去22年，从权利被侵害之日起，已经超过最长诉讼时效20年，应不予保护。

【案件焦点】

1. 案涉《过户协议书》能否解除及其法律后果；2. 开发区某银行对神某公司的诉讼请求是否超过诉讼时效。

【法院裁判要旨】

江苏省盐城经济技术开发区人民法院经审理判决：

一、开发区某银行于判决生效之日起十日内将案涉房地产返还给神某公司；

二、驳回神某公司的其他诉讼请求；

三、神某公司于判决生效之日起十日内向开发区某银行归还188万元贷款及利息；

四、开发区某银行有权对案涉房地产的折价或拍卖、变卖款享有优先受偿权；

五、驳回开发区某银行的其他诉讼请求。

神某公司不服一审判决，提起上诉。江苏省盐城市中级人民法院经审理认为：关于《过户协议书》能否解除及其法律后果问题。《过户协议书》属于让与担保协议，神某公司还清全部贷款本息是开发区某银行变更登记案涉房地产产权前提条件，神某公司负有还清全部贷款本息的先履行义务。神某公司被吊销营业执照，《过户协议书》对神某公司已无继续履行之价值，对神某公司诉求解除《过户协议书》，应予支持。开发区某银行有权要求神某公司偿还贷款本金188万元及利息，但怠于依法主张债权，导致利息数额较大，故开发区某银行对神某公司被吊销营业执照时间节点之后的利息请求，不予支持。

关于开发区某银行的诉讼请求是否超过诉讼时效的问题。诉讼时效期间自权利人知道或者应当知道权利受到损害以及义务人之日起计算。让与担保对债权的保障强度更高，在债权获清偿之后，债务人可以要求债权人配合办理产权变更登记。因此，尽管本案双方当事人之间的借款合同关系成立时间较为久远，但只要神某公司未足额清偿债权，开发区某银行始终在形式上获得标的资产的所有权，其债权能够持续保持免受损害的状态，开发区某银行对神某公司主张让与担保权利的诉讼时效并未具备启动计算的法定条件，神某公司关于开发区某银行的起诉已超过诉讼时效的主张不能成立。判决如下：

一、撤销江苏省盐城经济技术开发区人民法院（2019）苏0991民初1993号民事判决；

二、解除神某公司与开发区某银行于1998年8月28日签订的《关于用房屋产权过户取得贷款的协议书》；

三、神某公司于判决生效之日起十日内向开发区某银行归还188万元贷款及利息；

四、开发区某银行对案涉房地产的折价或拍卖、变卖款享有优先受偿权；

五、开发区某银行于神某公司归还本案借款本息完毕之日起十日内，协助神某公司办理案涉房地产的产权变更登记手续；

六、驳回神某公司其他本诉请求；

七、驳回开发区某银行其他反诉请求。

【法官后语】

让与担保源自社会生活需要，在经济活动中广泛存在，解决让与担保法律适用难题，对统一司法裁判标准，践行司法为民、保障经济发展，具有积极意义。本案涉及让与担保权利主张的诉讼时效起算点如何确定的问题，法律规范对此尚未有明确规定，实践中也存在较大争议。

让与担保是债务人或第三人为担保债务的履行，将财产转移至债权人名下，于债务不履行时，债权人可就财产受偿的非典型担保。[①] 其特点在于，债务人要求债权人返还已“形式”转移所有权的财产，必须先履行偿还债务之责。由此，判断让与担保权利主张的诉讼时效起算点，不能机械适用一般权利主张的诉讼时效起算方法。

一方面，让与担保不同于抵押，可参照适用质押、留置的权利主张诉讼时效起算方法。抵押是一种典型担保，不动产的让与担保与抵押，在担保物的转移状态、公示情况、实行方式上存在差异，并无类推适用抵押权保护期间的条件。事实而言，让与担保的作用在于债务人不履行偿债义务时，可请求人民法院对让与担保的不动产拍卖、变卖、折价优先受偿以偿还其债权，在形式与效果上更类似于质押、留置等担保方式，对债权能够起到更为稳定的保证功效。就质押、留置来看，因债权人实际占有质物、留置物，只要占有状态没有发生变化，质物、留置物对债权实现就能起到持续的、实质的担保作用，能够促成主债权的诉讼时效持续中断；但如果债务人未清偿债务且主张返还质物或留置物，会使债权实现处于受到损害的危险之中，则“权利受到损害之日”以及“知道或者应当知道权利受到损害以及义务人之日”的诉讼时效起算，便从此刻开始。[②] 从而参照质权、留置权的处理方式，债权人主张让与担保权利的诉讼时效，从债务人要求返还让与担保不动产时开始起算，更为适宜。

另一方面，未清偿债务情形下债务人要求解除让与担保合同的时点，应为让与担保权利主张的诉讼时效起算点。根据民法典第一百五十八条，附解除条件的民事法律行为，自条件成就时失效。虽然合同解除权属于形成权，不适用诉讼时效的规定，但解除让与担保约定而产生的法律后果，属于因解除行为产生的债权债务法律关系，应适用诉讼时效的规定。当解除条件未成就时，债务人行使让与担保合同解除权，债权人会基于该解除权行使造成权利受损，债权人才享有因解除让与担保行为而产生要求实现解除条件的请求权，债权人的让

① 最高人民法院民事审判第二庭编著：《〈全国法院民商事审判工作会议纪要〉理解与适用》，人民法院出版社2019年版，第402页。

② 参见刘贵祥：《民法典关于担保的几个重大问题》，载《法律适用》2021年第1期。

与担保权利受到损害的诉讼时效才有起算之基础。

本案中，神某公司与开发区某银行以移转案涉房地产所有权的形式达到担保的目的，属于让与担保。在“还清贷款本息”的条件并未成就时，因神某公司要求解除让与担保合同，开发区某银行的权利开始遭受损害。开发农行基于该解除行为而主张神某公司履行“还清贷款本息”的义务，并未超过诉讼时效。

编写人：江苏省盐城市中级人民法院　寇建东

21

刑民交叉案件中金融机构违反不真正义务对合同效力的影响

——某银行上海分行诉某实业公司、某再担保有限公司金融借款合同案

【案件基本信息】

1. 裁判书字号

上海金融法院（2020）沪74民终903号民事判决书

2. 案由：金融借款合同纠纷

3. 当事人

原告（被上诉人）：某银行上海分行

被告（被上诉人）：某实业公司

被告（上诉人）：某再担保有限公司（以下简称再担保公司）

【基本案情】

2018年12月26日，某银行上海分行与某实业公司签订了《借款合同》。合同约定：某银行上海分行给予某实业公司8000万元的贷款额度，某实业公司有权分期提出具体借款金额；贷款期限及贷款利率以各笔具体贷款业务中的借

款借据为准；逾期罚息利率为贷款利率上浮50%；还款方式为期内按季付息，到期一次性归还本金。此外，《借款合同》还约定，在本合同项下的具体贷款业务满足约定的放款条件且保证人出具书面的同意放款通知前，贷款人无义务放款。次日，某银行上海分行与再担保公司签订了《保证合同》。合同约定，由再担保公司为上述《借款合同》项下的贷款债务提供连带责任的保证担保。

上述合同签订后，再担保公司分别于2019年1月7日和2019年3月1日向某银行上海分行出具了《同意放款通知书》，表示同意某银行上海分行依据合同约定向某实业公司发放金额分别为2000万元以及3000万元的两笔贷款。某银行上海分行在收到通知后于2019年1月10日以及2019年3月19日向某实业公司发放了上述两笔合计5000万元的贷款。两笔贷款的《借款借据》均记载，贷款年利率为5.22%，贷款本金应于2019年12月27日前归还。

然在上述贷款到期后，某实业公司未能按约还本付息，再担保公司也未按约履行其担保义务。因此，某银行上海分行依据合同约定要求某实业公司偿还全部借款本金、利息及逾期利息，并要求再担保公司承担连带保证责任。

诉讼过程中，某实业公司因在本案纠纷中涉嫌骗取贷款被上海市公安局黄浦分局立案侦查。上海市公安局黄浦分局于2021年9月13日侦查终结并出具《起诉意见书》，将某实业公司涉嫌骗取贷款罪一案移送检察院审查起诉。再担保公司据此辩称，案涉《保证合同》是某实业公司犯罪的产物，并且某银行上海分行在贷款的审核和批准方面具有明显过错，存在与某实业公司恶意串通骗取再担保公司担保的嫌疑，故《保证合同》应属无效。而某实业公司则辩称，虽然其在贷款申请时所提供的资料存在一些瑕疵，但并无犯罪行为，案涉合同均系当事人真实意思表示，合法有效。

【案件焦点】

1. 某实业公司因案涉贷款的申请行为涉嫌骗取贷款罪的事实是否必然导致《保证合同》无效；2. 某银行上海分行在贷款审核及批准上的管理瑕疵是否构成《保证合同》的效力瑕疵。

【法院裁判要旨】

上海市黄浦区人民法院经审理认为：某实业公司涉嫌骗取贷款罪的事实以及某银行上海分行在贷款审核及批准上的管理瑕疵均不足以导致《保证合同》无效。一方面，某银行上海分行在贷款的审核和批准上存在管理不慎并非法律上规定的效力瑕疵，即使监管机关对此作出了认定，在无证据表明存在《借款合同》及《保证合同》的签署并非当事人真实意思表示或其内容违反法律、行政法规的强制性规定、违背公序良俗等情况下，上述合同仍具有法律拘束力。另一方面，即使某实业公司已经涉嫌骗取贷款罪，《保证合同》是否无效仍应结合案件事实并依据民事法律规定进行判断，在没有证据证明某银行上海分行与某实业公司恶意串通骗取担保的情况下，仅有某实业公司涉嫌骗贷的事实以及某银行上海分行在贷款审核和批准上的疏失尚不足以阻却再担保公司的保证责任。

上海市黄浦区人民法院依照《中华人民共和国合同法》第六十条、第二百零五条、第二百零六条、第二百零七条，以及《中华人民共和国担保法》第十八条、第二十一条第一款、第三十一条之规定，作出如下判决：

一、某实业公司应偿还某银行上海分行借款本金50000000元；

二、某实业公司应支付某银行上海分行截至2019年12月27日的利息689040.15元，以及自2019年12月28日起至实际清偿日止的逾期利息（以借款本息之和为基数，按合同约定的利率上浮50%计算）；

三、某实业公司应赔偿某银行上海分行律师费损失730000元；

四、再担保公司对上述付款义务承担连带保证责任。

再担保公司不服一审判决，提起上诉。上海金融法院经审理认为：从公安机关对于相关涉嫌犯罪的侦查情况来看，《借款合同》《保证合同》的签署过程中并不存在债权人与主债务人串通欺骗保证人签约的事实，保证人亦未能充分举证《保证合同》的签订非当事人的真实意思表示，故一审认定事实清楚，适用法律正确，应予维持。

上海金融法院依照《中华人民共和国民事诉讼法》第一百七十条第一款第

一项之规定，作出如下判决：

驳回上诉，维持原判。

【法官后语】

在刑民交叉案件中，由于刑事案件和民事案件所涉及的法律关系以及所保护的法益不同，故刑事案件中的认定结论并不一定会成为民事案件的裁判依据。而这也引发当事人对裁判结果的质疑，尤其是在金融商事案件中，若具有缔约优势地位的金融机构在应对犯罪行为发生方面存在过错而相关合同却仍被判定为有效时，则往往难以达到息讼服判的效果。为此，司法机关应当在法律适用的过程中着重辨明金融机构不当行为的性质及法律后果、释明刑事案件和民事案件在裁判逻辑和法益保护方面的区分，并充分说明未采纳刑事认定结论判定合同效力的理由，以此给予当事人充分的内心确信，提升司法的公信力。

一、金融机构的贷款审核与监管义务系不真正义务，违反该义务并不足以构成合同效力瑕疵

金融机构对于贷款的审核与监管仅是其对贷款风险进行防范和控制的手段，其在性质上属于不真正义务，此类义务的特征在于相对人通常不得请求履行，其违反亦不发生损害赔偿责任，而仅使负担此义务者遭受权利减损或丧失的不利益。具体到金融借款合同中，评估借款人的资质并决定是否贷款是贷款人单方意思决定的事项，相对人无权强制其进行，即使金融机构不经审核随意发放贷款，只要借款合同是双方的真实意思表示且内容具备适法性，该合同即具有法律效力。金融机构所要承担的则是因其管理不慎导致的无法回收贷款的风险，然此系正常的商业风险，并非合同的效力瑕疵，最多是出于维护金融秩序、金融安全等考量，可能引发行政监管层面的处罚。

上述结论同样适用于担保合同，即使金融机构在贷款的审核和监管方面存在过错，但只要存在真实的借款法律关系并将借款合同的相关事实告知担保人使得担保人基于自主的意思决定提供担保，担保合同即具有法律效力。因为此时担保责任的承担并未超出其意思表示的范畴以及订立合同时的合理预期。因而，如果再担保公司不能举证证明存在其所主张的欺诈或恶意串通等效力瑕疵，

则仅有银行在贷款监管上的疏失尚不足以否定合同的效力。

二、不得将刑事案件中的犯罪认定作为民事合同效力判断的决定性标准

刑法属于公法，其系国家为维护社会基本秩序、保护法益、预防并惩罚犯罪以及明确罪与罚的界限所制定的法律。刑事案件中作出的认定是国家基于犯罪行为所侵害的公私法益的类型及其严重性针对行为人的个体行为所作出的认定。而民法则更侧重于人与人之间关系的处理，其不仅关注个人的行为及意思表示，而且要将个人的行为及意思表示放置于客观的、动态的法律关系整体中进行评判，因而会受到诸如信赖保护、维护交易安全及交易秩序等客观价值的影响。因此，基于二者在裁判逻辑和法益保护衡量要素上的差异，在民事案件中只会将刑事案件的认定结果作为一种参考而非决定性依据。民事合同效力的判断本质上仍属合同效力瑕疵规范评价和调整的范畴。具体到本案，保证合同是否无效的决定性因素并非在于证成某实业公司的犯罪行为，而是该犯罪行为是否同时满足民法上的效力瑕疵规则的要件，如恶意串通或对第三人欺诈的明知。

编写人：上海市黄浦区人民法院　傅朱钢　周晔

22

预售商品房抵押贷款中开发商阶段性担保责任的期限

——某银行东山支行诉毛某、某房地产公司金融借款合同案

【案件基本信息】

1. 裁判书字号

广东省广州市中级人民法院（2021）粤01民终23837号民事裁定书

2. 案由：金融借款合同纠纷

3. 当事人

原告（上诉人）：某银行东山支行

被告（被上诉人）：毛某、某房地产公司

【基本案情】

2016年12月28日，毛某（买方）与某房地产公司（卖方）签订《广州市商品房买卖合同（预售）》，向某房地产公司购买某大厦21层2110号房产。

2017年3月6日，某银行东山支行（贷款人）与毛某（借款人）、某房地产公司（保证人）签订《个人商业用房贷款合同》，合同对贷款金额、期限、利率、违约责任等进行了约定。贷款合同还约定：抵押物为某大道北侧自编1号2110房；抵押担保范围包括本金、利息、罚息、复利、诉讼费、律师费等；保证人提供阶段性连带责任保证，自借款人办妥本合同项下贷款所购房屋抵押登记手续并且贷款人收到他项权证之日起，保证人不再承担新的保证义务和责任，但对于该日之前已到期的本合同项下债务，以及该日之前发生保证人或借款人违约而引起的本合同项下的债务，保证人仍应承担相应的违约责任或保证责任。签约后，抵押房产办理了抵押预告登记手续，不动产登记证明载明房产坐落为某大厦21层2110房，权利人为某银行东山支行。某银行东山支行于2017年3月23日向毛某发放贷款440000元。

2018年11月16日，广州市南沙区不动产登记中心向某房地产公司发出《广州市不动产首次登记告知通知书》，载明：不动产的首次登记，已核准登记并记载于不动产登记簿。此后，某房地产公司多次书面通知毛某尽快缴交契税以办理办证手续，毛某未缴纳税款，导致涉案房产至今未办理正式产权证和抵押权证。

合同履行中，毛某自2020年5月23日开始出现逾期，此后不再还款。某银行东山支行遂将两被告诉至法院，要求解除贷款合同，要求毛某偿还贷款本息、支付律师费，要求就抵押房产优先受偿，并要求某房地产公司对贷款承担保证责任。

【案件焦点】

预售商品房已具备办理正式抵押权登记条件的，贷款人以未办理和交付正式抵押权证为由要求商品房开发商继续承担阶段性担保责任，是否应予以支持。

【法院裁判要旨】

广东省广州市越秀区人民法院经审理认为：案涉贷款合同合法有效，具有法律约束力。某银行东山支行已履行发放贷款义务，毛某未按合同约定履行还款义务构成违约，某银行东山支行要求解除合同，并要求毛某偿还欠款本息并支付律师费的诉讼请求应予支持。本案抵押房产已办理了抵押预告登记，且所在建筑已办理所有权首次登记，故抵押权应自预告登记之日起设立，某银行东山支行有权从依法处分抵押物所得价款中优先受偿。

某房地产公司作为本案抵押房产的开发商，对毛某涉案的债务提供阶段性保证担保，其目的是在房产抵押权设立前，为某银行东山支行的债权提供担保，并督促某房地产公司协助办理抵押登记手续。虽然合同约定某房地产公司阶段性抵押担保的期限至毛某办妥贷款所购房屋抵押登记手续并且某银行东山支行收到他项权证之日止，但某银行东山支行要求某房地产公司交付他项权证的目的，亦是确保抵押权的正式设立。同时，某房地产公司多次通知毛某办理办证手续，已尽开发商义务，涉案房产至今未能办理他项权证的责任在于毛某。现涉案房产抵押权已设立，某银行东山支行本案债权已获得抵押担保。某银行东山支行以未办理和交付正式抵押权证为由要求某房地产公司继续承担阶段性担保责任，与合同目的和本意不相符，亦有违公平原则，不予支持。

广东省广州市越秀区人民法院依照《中华人民共和国民法典》第六条，《最高人民法院关于适用〈中华人民共和国民法典〉有关担保制度的解释》第五十二条第一款等规定，作出如下判决：

一、确认《个人商业用房贷款合同》解除；

二、毛某向某银行东山支行偿还贷款本金、利息、罚息及复利；

三、毛某向某银行东山支行支付律师费；

四、某银行东山支行有权从依法处分抵押房产所得价款中优先受偿；

五、驳回某银行东山支行的其余诉讼请求。

某银行东山支行不服一审判决，提出上诉。广东省广州市中级人民法院于2021年9月27日作出（2021）粤01民终23837号民事裁定书，以某银行东山支行逾期未预交二审案件受理费为由，裁定按某银行东山支行自动撤回上诉处理。

【法官后语】

本案是典型的因预售商品房抵押贷款产生的纠纷。在民法典及民法典担保制度司法解释实施前，一般认为预告登记不具备完全的物权效力，预售商品房抵押贷款中，虽然银行与借款人（购房人）对预售商品房进行了抵押预告登记，但该预告登记并未使银行获得正式的抵押权，而是待房屋建成交付借款人后银行就该房屋设立抵押权的一种预先的排他性保全。如果房屋建成后的产权未登记至借款人名下，则抵押权设立登记无法完成，银行不能对该预售商品房行使抵押权。实践中，借款人出现逾期还款后，有的银行在未办理抵押登记的情形下，直接提起诉讼请求行使抵押权，如果遵循上述裁判思路，不论正式抵押权未能登记设立的原因，一概驳回与抵押权相关的诉讼请求，要求在办理抵押登记后才能行使抵押权，则后续可能衍生出银行在抵押权登记设立后主张抵押权或开发商在承担阶段性担保责任后向借款人追偿等诉讼、执行程序，导致一个纠纷多次审理和执行，引起不必要的诉累。

《最高人民法院关于适用〈中华人民共和国民法典〉有关担保制度的解释》第五十二条第一款关于已办理建筑物所有权首次登记，且不存在预告登记失效等情形的，应当认定抵押权自预告登记之日起设立的规定，对预售商品房抵押预告登记中抵押权的设立时间作出了新的规定，更有利于保护债权人利益，实现纠纷的高效解决。本案中虽然合同约定开发商的阶段性抵押担保的期限至办妥贷款房屋抵押登记手续交抵押权人之日止，但该约定是在旧的物权法规定及相关裁判思路下形成的，其目的就在于确保抵押权的正式设立。本案经法院认定，案涉抵押物已办理建筑物所有权首次登记，且不存在预告登记失效等情形，已具备办理正式抵押权登记的条件，抵押权应自预告登记之日起设立。在此情形下，要求某房地产公司继续承担保证责任，显然与合同的目的和本意相悖，亦有违公平原则。本案判决仅由借款人承担还款及抵押责任，符合各方在签订贷款合同时的预期和目的，且未损害贷款人的合法权益，有助于实现案涉纠纷的公平、高效、终局解决。

编写人：广东省广州市中级人民法院　李学辉

23

最高额抵押担保的抵押人以抵押物提供保全担保之最高额抵押担保债权确定事由的判断

——某国有资产管理公司诉戴加某等金融借款合同案

【案件基本信息】

1. 裁判书字号

江苏省淮安市中级人民法院（2021）苏08民终3170号民事判决书

2. 案由：金融借款合同纠纷

3. 当事人

原告（被上诉人）：某国有资产管理公司

被告（上诉人）：戴加某、董孝某、王建某、王素某

被告：王某青、刘某梅、王某荣、某电子公司

【基本案情】

2016年3月2日，某农商行与王某荣签订《最高额借款（信用）合同》，约定某农商行在2016年3月2日至2019年3月2日内向王某荣发放最高额度575万元的借款，按月结息。在上述期间内，王某荣可以随借随还、循环使用该借款额度；具体贷款发放时，双方无须逐笔签订借款合同。合同还约定违约

条款。同日，某农商行与刘某梅、王某青、某电子公司签订《最高额保证合同》，为王某荣的上述主合同项下的借款提供连带责任保证。同日，某农商行与戴加某、董孝某、王建某、王素某签订《最高额抵押合同》，以其所有或共有的4套房产为王某荣的上述主合同项下的借款提供抵押担保，办理了抵押登记。《最高额抵押合同》约定，被担保的债权是指2016年3月2日至2019年3月2日因某农商行向债务人提供融资（包括贷款及其他形式的融资业务）而形成的一系列债权，其最高额为575万元；本合同担保的主债权包括新贷偿还旧贷而形成的贷款，对此戴加某、董孝某、王建某、王素某完全知晓；优先受偿权的范围包括：贷款本金、利息、罚息、复利、诉讼费、保全费、律师费。

2018年2月12日，某农商行向王某荣发放贷款400万元，借款用途为借新还旧，借款期限为2018年2月12日至2019年2月12日。截至2020年6月22日，王某荣偿还了上述借款本金400万元，尚欠利息、罚息、复利，合计209981.68元。2019年3月1日，某农商行向王某荣发放贷款3125800元，借款用途为借新还旧，借款期限为2019年3月1日至2020年2月27日。截至2020年6月22日，王某荣尚欠借款本金3125800元、利息150815.94元、罚息72291.95元、复利4115.73元，合计3353023.62元。2020年6月22日，某农商行将涉案权利转让给某国有资产管理公司。

在董孝某、王素某诉王某青民间借贷案件中，董孝某、王素某申请财产保全，并以董孝某在本案中提供最高额抵押担保的一套房产作为保全担保。董孝某未将该事实通知抵押权人。淮安市清江浦区人民法院作出民事裁定，于2017年12月12日查封了上述房屋，并于2020年12月11日解除查封。

某国有资产管理公司起诉请求：1. 判令王某荣偿还贷款本金3125800元及罚息437205.3元（暂计至2020年6月22日，之后以3125800元为基数，按照月利率0.598%，计算至实际给付之日；以209981.68元为基数，按月利率0.876%计算至实际给付之日）；2. 刘某梅、王某青、某电子公司对上述债务承担连带还款责任；3. 某国有资产管理公司对戴加某所有的房屋A的拍卖、变卖价款在160万元范围内享有优先受偿权；4. 某国有资产管理公司对董孝某所有的房屋B的拍卖、变卖价款在190万元范围内享有优先受偿权；5. 某国有资产管理公司对戴加某、王建某所有的房屋C拍卖、变卖价款享有优先受偿权；6. 某国有资产管理公司对董孝某、王素某所有的房屋D拍卖、变卖价款在223万元范围内享有优先受偿权；7. 判令王某荣、刘某梅、王某青、某电子公司、戴加某、董孝某、王建某、王素某承担律师费15万元。.

【案件焦点】

最高额抵押担保的抵押人以在本案中设定抵押担保的房产另设定保全担保，是否导致最高额抵押担保的债权确定。

【法院裁判要旨】

江苏省淮安市淮安区人民法院经审理认为：涉案合同是双方当事人的真实意思表示，且不违反法律、行政法规的强制性规定，合法有效，对双方当事人具有法律约束力。王某荣、刘某梅、王某青、某电子公司、戴加某、董孝某、王建某、王素某应向某国有资产管理公司履行义务、承担担保责任。本案中，抵押人认为，董孝某用于提供抵押担保的房产于2017年12月12日已经被淮安市清江浦区人民法院查封，根据民法典的规定，查封后其提供抵押担保的债权确定，后王某荣以借新还旧的方式偿还了查封时确定的债务，其对之后发生的债务不承担担保责任，法院不予支持。淮安市淮安区人民法院依照《中华人民共和国物权法》第九条第一款、第一百七十条、第一百七十三条，《中华人民共和国合同法》第八十条第一款、第一百一十四条第一款，《中华人民共和国担保法》第二十一条第一款，《中华人民共和国民事诉讼法》第一百四十四条、第一百五十二条之规定，作出如下判决：

一、王某荣在判决发生法律效力之日起十日内偿还某国有资产管理公司截至2020年6月22日的贷款本金3125800元、利罚息437205.3元（之后的利息以3353023.62元为基数，按照月利率0.598%计算至实际给付之日；以209981.68元为基数，按照月利率0.876%计算至实际给付之日）；

二、王某荣在判决发生法律效力之日起十日内偿还某国有资产管理公司律师费 15 万元；

三、刘某梅、王某青、某电子公司对王某荣的上述第一、二项债务承担连带还款责任；

四、某国有资产管理公司对戴加某所有的房屋 A 拍卖、变卖的价款在 160 万元范围内享有优先受偿权；对董孝某所有的房屋 B 拍卖、变卖的价款在 190 万元范围内享有优先受偿权；对董孝某、王素某所有的房屋 D 拍卖、变卖的价款在 223 万元范围内享有优先受偿权（某国有资产管理公司优先受偿权的范围包括：涉案贷款本金、利息、罚息、诉讼费、律师费）；

五、驳回某国有资产管理公司的其他诉讼请求。

戴加某、董孝某、王建某、王素某不服，提出上诉。江苏省淮安市中级人民法院经审理认为：董孝某和王素某以其在本案中抵押的房产在其作为原告的他案中为了自身利益向法院提供保全担保，有义务将该情况告知抵押权人某农商行而未告知，存在违约，致某农商行继续发放贷款，责任不在某农商行；而且，抵押人以其房产抵押后又为其自身债权提供保全担保，进而据此抗辩，有违诚信。本案抵押物被查封系董孝某和王素某为了实现自身债权提供保全担保而发生，系抵押人董孝某和王素某自主发起且应当自行涤除的行为，其有别于作为债务人或被执行人的财产被查封的情形，也非必然有其他债权人对该抵押物产生权利，故本案抵押物被查封并非物权法或民法典规定的查封的应有之义。且该查封事实上已被解除，抵押财产的价值未因此而受影响，未影响到最高额抵押权人某农商行债权的实现，抵押物上也不存在其他债权人权利。抵押人认为某农商行在最高额抵押期间再放贷时有义务审查借款人资信状况，从而应当知道抵押物被查封的事实，是一种课以他人义务的主张；而且，在最高额抵押贷款合同签订时，某农商行已经对借款人资信情况进行审查；此外，依照合同约定，抵押物另行设定权利负担、抵押物价值减损的，其告知义务人应当是抵押人。故董孝某和王素某以在本案中抵押担保的房产另设定保全担保，并不导致最高额抵押担保的债权确定。淮安市中级人民法院依照《中华人民共和国民法典》第四百二十条第一款、第四百二十三条第四项，《最高人民法院关于人民法院民事执行中查封、扣押、冻结财产规定》第二十五条，《最高人民法院关于适用〈中华人民共和国民法典〉时间效力的若干规定》第二条，《中华人民共和国民事诉讼法》第一百七十条第一款第一项之规定，作出如下判决：

驳回上诉，维持原判。

【法官后语】

在最高额抵押权存续期间，抵押财产可能因被查封、扣押而被告拍卖或者变卖。此情形下，关系到最高额抵押权人和其他债权人的权利实现，因此，最高额抵押担保的债权确定均为二者所愿。但是，实务中，抵押人以设定最高额抵押担保的房产另设定保全担保，是否导致最高额抵押担保的债权确定，值得探讨。

第一，物权法与民法典关于抵押财产被查封、扣押之最高额抵押担保的债权确定事由的理解与适用。一方面，关于最高额抵押担保的债权确定事由，原《中华人民共和国物权法》第二百零六条第四项和《中华人民共和国民法典》第四百二十三条第四项有不同的表述，前者为“抵押财产被查封、扣押”，后者为“抵押权人知道或者应当知道抵押财产被查封、扣押”，但是，事实上抵押权人只有在知道或应当知道抵押财产被查封、扣押的情况下，才能知晓抵押财产的价值受到影响而决定是否继续发放贷款，在不知道或不应当知道的情况下，抵押权人的放贷行为不存在过错。如果因此认定最高额抵押权担保的债权确定，则对抵押权人不公平。抵押权人知道或应当知道该事实是立法的应有之义，民法典对物权法中的该项规定已予以明确。另一方面，《最高人民法院关于适用〈中华人民共和国民法典〉时间效力的若干规定》第二条规定，民法典施行前的法律事实引起的民事纠纷案件，当时的法律、司法解释有规定，适用当时的法律、司法解释的规定，但是适用民法典的规定更有利于保护民事主体合法权益，更有利于维护社会和经济秩序，更有利于弘扬社会主义核心价值观的除外。本案适用民法典该规定或引用该规定进行裁判说理，有利于合法权益的保护，有利于弘扬法治、诚信、公正的社会主义核心价值观，确保司法公正。

第二，以最高额抵押担保的抵押物为自身利益向法院提供保全担保并非抵押财产被查封、扣押之最高额抵押担保的债权确定事由的应有之义。董孝某和王素某以其在本案中抵押的房产在其作为原告的他案中为了自身利益向法院提供保全担保，有义务将该情况告知抵押权人某农商行而未告知，存在违约，致某农商行继续发放贷款，责任不在某农商行；而且，抵押人以其房产抵押后又为其自身债权提供保全担保，进而据此抗辩，系违背诚信的行为，应作否定评价。如果以此情形作为最高额抵押担保债权确定的事由，无疑放任抵押人为之，将使最高额抵押担保成为虚设。本案抵押物被查封系董孝某和王素某为了实现自身债权提供保全担保而发生，系抵押人董孝某和王素某自主发起且应当自行涤除的行为，其有别于作为应履行债务的债务人或被执行人的财产被查封的情形，也非必然有其他债权人对该抵押物产生权利，故本案抵押物被查封并非上述物权法或民法典规定的查封的应有之义。且该保全查封事实上已被解除，抵押财产的价值未因此而受影响，未影响到最高额抵押权人某农商行债权的实现，抵押物上也不存在其他债权人权利。故抵押人以此查封的时点主张最高额抵押担保的债权确定，不予支持。

编写人：江苏省淮安市中级人民法院　马作彪　单银银

二、储蓄存款合同纠纷

24

持卡人对其个人信息及密码保管不善，违反信息妥善保管义务，要求发卡行承担账户资金减少损失赔偿责任的，人民法院不予支持

——蒋某某诉某银行邹城支行储蓄存款合同案

【案件基本信息】

1. 裁判书字号

山东省济宁市中级人民法院（2021）鲁 08 民终 1678 号民事判决书

2. 案由：储蓄存款合同纠纷

3. 当事人

原告（上诉人）：蒋某某

被告（被上诉人）：某银行邹城支行

【基本案情】

2014 年 6 月初，蒋某某接到自称为上海某公司的来电，告知蒋某某其公司与上海某银行有合作关系，可以办理大额度的透支卡，蒋某某同意办理。后对方要求蒋某某存入其银行账户现金 20 万元，才能办理大额透支卡。蒋某某根据对方的要求，于 2014 年 6 月 6 日、6 月 7 日分三次存入 2014 年 6 月 3 日其在某

银行邹城峄山路分理处开设的借记卡账户（卡号为××××××××）20万元。第二天上午9时32分，蒋某某手机收到银行的客服电话号码短信，通知蒋某某尾号××××的银行账户于6月8日9时31分完成一笔F6交易，金额为20万元。蒋某某到银行查询，发现银行卡内的存款20万元通过网上银行转入深圳市某支行某账户，蒋某某遂报警。后经查询，该笔款项于2014年6月9日用于申请购买了华安基金管理有限公司经营的汇付天天盈基金，于第二日转入该笔款项后快速转出，造成蒋某某资金损失。蒋某某报警后，邹城市公安局于2014年6月9日立案，目前尚未破案。

【案件焦点】

被告某银行在原告银行卡交易中是否存在过错并造成原告资金损失，是否应对此承担责任。

【法院裁判要旨】

山东省邹城市人民法院经审理认为：原告蒋某某在某银行邹城支行办理金穗借记卡业务，依据金穗卡章程规定，该卡是具有转账结算、存取现金、购物消费等功能的人民币支付工具，故原、被告双方形成储蓄存款合同关系。根据蒋某某在当地公安机关的报案陈述，可以证实蒋某某是为了办理大额透支卡，根据他人的指示将20万元存入其办理的上述金穗借记卡中，蒋某某虽没有供述在办理大额透支卡时是否根据他人的指示提供了银行账号、交易密码、身份证号码、手机留存号码、验证码等信息，但根据其供述内容足以认定其在使用手机时的不当操作与其金穗借记卡内的资金被盗具有一定的因果关系。蒋某某作为存款所有人及金穗借记卡的持有人，在使用手机办理业务时，应当知道互联网上会存在着一些不良信息和钓鱼网站，但其疏于防范，未尽到应有的谨慎注意义务，且目前该案正在进行刑事侦查，尚未破案，其资金损失原因尚无定论。另外，原告的资金损失是通过网上银行转账及基金账户转账造成的，并非被他人使用伪卡或破译密码后盗刷而造成。根据银行转账流程，无论是网银、第三方支付平台快捷支付，还是手机银行转账，均需要输入本人的登录密码、优盾密码、预留手机号码、验证码、银行卡交易密码等只有蒋某某本人知晓的信息，该部分信息银行无从知晓。故现有证据不能证明被告某银行在交易中存在安全漏洞或存在其他违规操作等原因造成原告蒋某某的资金损失，原告蒋某某诉讼请求的理由不能成立，本院不予支持。

山东省邹城市人民法院依照《中华人民共和国合同法》第四十四条、第六十条，《中华人民共和国民事诉讼法》第六十四条之规定，判决如下：

驳回原告蒋某某的诉讼请求。

蒋某某不服一审判决，提起上诉，山东省济宁市中级人民法院判决：

驳回上诉，维持原判。

【法官后语】

近年来，随着网络技术的发展，电子银行、快捷支付等银行交易方式越来越便捷。不同于物理卡交易模式，网上银行业务通常是通过持卡人预留信息的一致性来核实客户身份，储户仅凭密码或验证码即可完成账户资金转账等一系列操作，具有方便、快捷的特征。但如今数据信息泄露已成为互联网领域关注的焦点，金融市场交易主体在享受互联网金融高效、便捷的同时，亦应警惕其伴随的交易风险。由此引发的储户银行卡资金流失民事案件也日益增多。银行卡资金损失后，如何认定发卡银行、持卡人民事责任，司法实践中存在一定争议。笔者认为，判断银行卡资金损失的原因（是否存在盗刷行为）、区别和认定发卡行和持卡人的过错，是审理此类案件的焦点所在。

《最高人民法院关于审理银行卡民事纠纷案件若干问题的规定》第七条规定："发生伪卡盗刷交易或者网络盗刷交易，借记卡持卡人基于借记卡合同法律关系请求发卡行支付被盗刷存款本息并赔偿损失的，人民法院依法予以支持。发生伪卡盗刷交易或者网络盗刷交易，信用卡持卡人基于信用卡合同法律关系请求发卡行返还扣划的透支款本息、违约金并赔偿损失的，人民法院依法予以支持；发卡行请求信用卡持卡人偿还透支款本息、违约金等的，人民法院不予支持。前两款情形，持卡人对银行卡、密码、验证码等身份识别信息、交易验证信息未尽妥善保管义务具有过错，发卡行主张持卡人承担相应责任的，人民法院应予支持。持卡人未及时采取挂失等措施防止损失扩大，发卡行主张持卡人自行承担扩大损失责任的，人民法院应予支持。”

由此可见，储户依据该法条提起储蓄存款合同纠纷，原告需要进行举证的主要是两点：一是银行卡确实存在被盗刷的事实；二是储户自己已尽到信息妥善保管的义务。

一、判断银行卡资金流失的原因及是否存在盗刷事实

笔者认为，以下行为不属于银行卡盗刷：①在正常使用银行卡交易过程中，持卡人本人不小心泄露信息，如银行卡密码、手机验证码、身份证号码等。②如果持卡人所持银行卡是通过非正规渠道办理的，作为储户办理银行卡应当去银行指定的网点办理，所谓的第三方待办公司，很有可能是犯罪团伙。③如果持卡人点击了不明网络链接，因此导致资金受损。以上三种情况，一旦出现银行卡资金损失，银行对此不应承担赔付责任。

二、存在银行卡盗刷行为，如何认定发卡银行和持卡人各自应承担的义务和责任？

（一）发卡银行应当保障存款人合法权益不受侵犯。作为银行卡的发卡行及相关技术、设备和操作平台的提供者，亦是电子交易方式的获利者，有能力且有必要采取严格的技术保障措施保障账户资金安全。我国商业银行法也明确规定，“商业银行应当保障存款人的合法权益不受任何单位和个人的侵犯”。对于银行一方而言，其作为电子交易系统的开发、设计、维护者，也是从电子交易便利中获得经济利益的一方。无论是对交易机具、交易场所加强安全管理，还是及时升级更新各项软硬件设施，最大限度地防范资金交易安全漏洞，是银行应尽的责任。根据《最高人民法院关于审理银行卡民事纠纷案件若干问题的规定》的精神，若银行卡存在盗刷的行为，银行机构无法证明自己对交易过程不存在过错，就应对储户的资金损失承担赔偿责任。此时银行的义务应当包括：风险信息披露义务、技术安全保障义务、审查和识别持卡人身份的义务。若银行能够证明在交易过程中不存在安全漏洞或者违规操作，甚至已通过客服等手段提醒储户防范风险，则银行对储户资金损失并不存在过错，不应承担赔偿

责任。

（二）持卡人应尽到信息妥善保管的义务。银行卡持有人应妥善保管个人银行卡信息，在交易中尽到谨慎注意义务。电子银行作为新型的交易平台，具有方便、快捷的特征，储户无须到银行交易柜台，仅凭密码即可完成账户资金转账等一系列操作。银行系统根据输入的账户密码、交易密码等来验证储户身份从而完成交易。因而，在电子银行交易中，储户对密码等信息尤应注意保密，确保安全。无论是传统交易还是网络交易，交易验证方式都离不开持卡人自己设置的“密码”。私人密码的使用效力规则是“本人行为原则”。所谓本人行为原则，是指只要客观上在电子化银行交易中使用了私人密码，如无免责事由，则视为交易者本人使用私人密码从事了交易行为，本人对此交易应承担相应的责任。许多银行把这一原则规定在银行卡章程之中，如“持卡人须对个人密码自行保密，否则，密码泄露所造成的损失全部由持卡人承担”。

综上，对银行而言，应提醒持卡人设置密码、正确使用银行卡、不随意点击不良网站，银行卡丢失后及时受理挂失等，尽到上述义务则不应承担赔偿责任。对持卡人而言，应妥善保管银行卡信息、身份证号码、银行卡密码，并防止密码外泄，丢失银行卡后要及时挂失，如未尽到上述义务，应自行承担主要责任。审理该类案件，应具体情况具体分析，准确区分责任，确保判决结果公正。

编写人：山东省邹城市人民法院　陈曦　刘颖

25

电信诈骗中银行承担赔偿责任应以安全保障义务为限

——科技公司诉某行兴华支行储蓄存款合同案

【案件基本信息】

1. 裁判书字号

北京金融法院（2021）京74民终22号民事判决书

2. 案由：储蓄存款合同纠纷

3. 当事人

原告（上诉人）：科技公司

被告（被上诉人）：某行兴华支行

【基本案情】

2019年5月21日，科技公司到某行兴华支行申请开立单位银行结算账户。同日，科技公司（甲方）与某行兴华支行（乙方）签署《人民币单位银行结算账户管理协议》，第11.2条第（5）项载明：乙方应及时、准确地完成甲方按照相关法律法规、规章及本协议的约定发出的收付结算指令，乙方因执行甲方支付结算指令而造成的甲方经济损失，乙方不承担责任。2019年5月23日，科技公司向某行兴华支行提交《对公签约类业务综合申请表》，开通余额变动通知服务。2019年5月23日，科技公司（甲方）与某行兴华支行（乙方）签署《企业电子银行服务合同》，第3.8条载明：甲方应当妥善保全智慧网盾、数字证书、证书密码以及网上银行普通用户的客户号、用户名、用户密码以及电话银行用户的查询密码，在任何情况下不应以任何方式将前述信息提供给任何人。因前述信息及其载体遗失、被他人知悉等产生的法律后果由甲方承担。

2020年4月15日，科技公司涉案尾号为43740的存款账户陆续发生23笔支出交易，共计1128000元。某行兴华支行提交短信记录，证明某行兴华支行已经及时向科技公司发送余额变动的短信通知。

2020年4月16日，北京市公安局大兴分局清源路派出所（以下简称清源路派出所）对本案予以立案。关于上述23笔款项转账过程，王某到清源路派出所接受询问，笔录记载："我接到一个自称是西城区社保中心工作人员的电话，对方先是问了我一下我的基本情况，对方说我的手机号在上海注册了一个社保账号，这个社保账号涉嫌诈骗，还问这个社保账号是不是我注册的，我就跟对方说不是，对方还问我是否需要报警，还说会帮我转接到上海公安局，当时电话一直没挂，对方把电话转到了上海市公安局，之后一个男子自称是上海市公安局警察，对方还问我什么事报警，还让我到上海公安局报警，我跟对方说我不在上海。然后对方让我加一个QQ号，对方说QQ跟我视频，给我制作语言笔录。然后我就加了这个人的QQ好友，对方还给我发了警官证照片，我就相信对方了……但是对方说要审核一下。对方跟我说，有两种方式审核，一种是冻结我个人所有银行卡一年，另一种就是提供我公司的所有对公账号审核，这样能加速审核，我当时就跟对方说加速审核。对方还一直问我几点下班，因为对公账户审核一定要当天完成，还让我把制单U盾和审核U盾都拿到手里，因为制单U盾负责提交，审核U盾负责审批，只有两个U盾都点，才能转账。之后对方还说我这的网络信号不好，就让我把微信下了，还让我把电脑的显示器给关上，我就都按着对方说的做了。之后对方一会让我插制单U盾点确认，一会儿又让我插审核U盾点确认，这样来来返返的很多次。因为我负责4个子公司的财务，所以当时我手中有4个制单U盾和4个审核U盾，这8个U盾我来回换插了很多次，也都点确认了。就这样插完很多次U盾，对方跟我说审核完了，让我等消息。之后发现我手机有好几个未接电话，当时电话在我旁边都没响，等和对方挂断电话，我手机收到好多条银行卡转账短信，我就赶紧报警了。"科技公司起诉要求某行兴华支行赔偿损失。

【案件焦点】

某行兴华支行是否应就科技公司的损失承担违约赔偿责任。

【法院裁判要旨】

北京市大兴区人民法院经审理认为：某行兴华支行负有保障其提供的U盾的安全性，并进而保证科技公司的账户交易安全的义务。但是，科技公司案涉账户的安全性并不仅仅取决于U盾本身，还与U盾的妥善使用、交易平台的安全性能等密切相关。根据科技公司签署的《关于申请某银行企业网银“企业家用户”的授权书》及《企业电子银行服务合同》，科技公司应将某行兴华支行交予其公司的案涉账户对应的两个U盾交由不同的人员持有并使用，科技公司应当“妥善保全智慧网盾、数字证书、证书密码以及网上银行普通用户的客户号、用户名、用户密码以及电话银行用户的查询密码，在任何情况下不应以任何方式将前述信息提供给任何人”。而根据科技公司的陈述，2020年4月15日16时案涉账户相关交易发生时，案涉账户的两个U盾由王某一个人持有，并由王某一个人进行了U盾的操作。因此，科技公司财务人员未按照U盾的使用要求及妥善使用的相关提示进行交易，是涉案交易损失发生的直接原因。某行兴华支行已提交了关于涉案U盾安全性能的相关证据即U盾证明资料、交易流水及案涉账户23笔交易发生时的短信发送记录，科技公司虽不认可，但未能提供证据予以反驳。

北京市大兴区人民法院判决：驳回科技公司全部诉讼请求。

科技公司不服上诉。北京金融法院经审理认为：本案的争议焦点为某行兴华支行是否尽到保证科技公司账户交易安全的义务，是否应当承担科技公司的赔偿责任。首先，《人民币单位银行结算账户管理协议》和《企业电子银行服务合同》中均存在收费条款，某行兴华支行按照合同约定向科技公司收取相关费用并无不当。其次，在案涉账户发生多笔但并未超过双方约定的100笔限额转款交易，且不存在其他重大异常情况时，某行兴华支行均已及时向科技公司指定的手机号码发送案涉账户交易短信，已尽到安全提示义务。再者，科技公司主张在王某未输入转账交易密码的情况下，案涉账户发生异常交易，与U盾存在信息被窃取等安全问题有关，但除王某本人的自述外，并未提供其他证据予以佐证，对此不予采信。

北京金融法院判决：驳回上诉，维持原判。

【法官后语】

电信诈骗案件中，相当多的案件是发生于网上银行支付，受害人由于各种原因主动向犯罪分子转账，而受害人发现被骗后，为了挽回损失往往主张经办银行承担赔偿责任。此类案件的审查难点在于如何认定银行的不当行为，既能对银行违反安全保障义务的行为予以认定，保障电信诈骗中受害人的合法权益，督促银行提高技术水平，改进服务，又能依法保护银行的合法经营，避免银行成为“深口袋”，影响金融稳定。本案的典型意义在于明确银行承担赔偿责任以安全保障义务为限。

对于银行的安全保障义务，《中华人民共和国民法典》第一千一百九十八条规定：“宾馆、商场、银行、车站、机场、体育场馆、娱乐场所等经营场所、公共场所的经营者、管理者或者群体性活动的组织者，未尽到安全保障义务，造成他人损害的，应当承担侵权责任。因第三人的行为造成他人损害的，由第三人承担侵权责任；经营者、管理者或者组织者未尽到安全保障义务的，承担相应的补充责任。经营者、管理者或者组织者承担补充责任后，可以向第三人追偿。”《中华人民共和国商业银行法》第六条规定：“商业银行应当保障存款人的合法权益不受任何单位和个人的侵犯。”在电信诈骗中，认定银行是否尽到保障义务主要应从以下几个方面考虑：u盾等网上银行支付是否存在安全漏洞；银行是否依据结算合同尽到支付提示义务；银行工作人员是否参与了电信诈骗活动或为电信诈骗活动提供了便利；柜台交易中银行是否对于大额转账、异常转账等行为进行了必要的提示；银行对于用户的身份信息、个人密码等是否存在违法泄露情形等。同时，对于银行安全保障义务的认定，应结合银行卡用户是否尽到保护账户安全进行审查，银行卡用户是账户安全的重要参与者。本案中，银行已经提供相关技术服务，并及时进行了账户余额提示，公安部门在发生电信诈骗的同时也进行了电话提醒，受害人内部管理混乱，内控机制流于形式，受害人员工未妥善保管支付密码，轻信他人向他人转账，也不能提交相关证据证明银行的网上银行存在安全漏洞，故不能认定银行违反了安全保障义务。

编写人：北京金融法院　林文彪

26

银行有权从存款人其他账户划扣其信用卡欠款

——郎某诉某行丰都支行储蓄存款合同案

【案件基本信息】

1. 裁判书字号

重庆市第三中级人民法院（2021）渝03民终2107号民事判决书

2. 案由：储蓄存款合同纠纷

3. 当事人

原告（被上诉人）：郎某

被告（上诉人）：某行丰都支行

【基本案情】

郎某系丰都党校员工，其工资卡（卡尾号为6654）和社保卡（卡尾号为746）由单位统一在某行丰都支行开设。2015年3月10日，郎某向某行申办龙卡信用卡，卡号尾号为0521。郎某（甲方）在某行签订的《某银行龙卡IC信用卡领用协议》第七条第⑨款载明："甲方（郎某）若未依约还款或者有违规、欺诈行为，甲方应承担责任，乙方（某银行）有权从甲方在某银行开立的任何账户上扣收任何币种款项，有权行使担保权利用来清偿，并保留依据法律程序进行追索的权利。"信用卡还款账户签约回执载明：1. 约定还款账户信息卡号为×××××××××××××××5745；2. 用户声明：以上内容均属实，本人授权某银行于到期还款日按还款比例自约定还款账户中自动扣收本人信用卡档期账单显示的应还款额。

因郎某在使用信用卡时有违约行为，某银行股份有限公司重庆市分行（以下简称某行重庆分行）向重庆市渝中区人民法院起诉要求郎某偿还信用卡欠款并承担违约责任。该院审理后于2017年9月15日作出（2017）渝0103民初8874号民事判决，判决郎某偿还某行重庆分行截至2017年7月16日的信用卡透支本金70458.28元及利息、费用，以及从2017年7月17日起的利息。判决生效后，某行重庆分行申请执行。因郎某无财产可供执行，法院裁定终结本次执行程序。

从2017年8月9日起至2021年9月2日，郎某在某行丰都支行的工资卡（卡尾号为6654）和社保卡（卡尾号为746）中的存款被建设银行多次扣款用于冲抵其信用卡欠款。经统计，工资卡扣款金额为74776.43元，社保卡扣款金额为1634.98元，共计76411.41元。其后，郎某因本案存款被扣事宜向某行丰都支行进行了反映和投诉。

【案件焦点】

在未经存款人允许的情况下，银行是否有权从存款人其他储蓄账户中直接划扣其信用卡欠款。

【法院裁判要旨】

重庆市丰都县人民法院经审理认为：郎某与某行丰都支行形成储蓄合同关系，某行丰都支行有义务妥善保管郎某的存款。郎某与某行重庆分行的信用卡纠纷经人民法院审理判决并进入执行程序，某行重庆分行已寻求司法途径处理。在法院执行中，某行重庆分行明知郎某有工资收入的情形下，应请求人民法院实施强制执行措施予以处理，其无权对郎某的合法财产私自进行处理。虽某行重庆分行与某行丰都支行的所涉纠纷后果最终均由建设银行承担，但二者具有独立的诉讼主体资格，不应因实体责任承担主体而否认程序中的主体资格。因信用卡欠款已经生效判决确认权利主体为某行重庆分行，而本案对应的诉讼主体为某行丰都支行，故不能对两案的金额进行抵扣处理。双方在郎某申办信用卡时约定还款账号为×××××××××××××××5745，而本案扣款账户并非约定账户。故，某行重庆分行将郎某在某行丰都支行的存款扣取用于冲抵信用卡欠款无法律规定和合同约定。

重庆市丰都县人民法院根据《中华人民共和国合同法》第六十条、第一百零七条、第三百七十四条，《最高人民法院关于适用〈中华人民共和国民事诉讼法〉的解释》第九十条，《最高人民法院关于适用〈中华人民共和国民法典〉时间效力的若干规定》第一条之规定，判决如下：

一、某行丰都支行在本判决发生法律效力之日起十日内赔偿郎某存款损失76411.41 元及利息；

二、驳回郎某的其余诉讼请求。

某行丰都支行不服一审判决，提起上诉。重庆市第三中级人民法院经审理认为：某行丰都支行在二审中举示了信用卡领用协议，该协议已经生效判决确认为合法有效。根据领用协议第七条第⑨款的约定，某行重庆分行划扣郎某的存款抵扣信用卡欠款的行为符合合同约定。此外，虽然某行重庆分行与郎某之间的信用卡纠纷经人民法院审理判决后进行执行程序，但某行重庆分行并不因此即丧失信用卡合同权利，其在执行程序之外采用法律未禁止的方式和途径实现其债权属于其正当权利。某行重庆分行依据与郎某签订的信用卡合同扣划郎某存款用于清偿郎某债务，属于合法的自助行为。

重庆市第三中级人民法院依照《中华人民共和国合同法》第六十条，《中华人民共和国民事诉讼法》第六十七条、第一百七十七条第一款第二项之规定，判决如下：

一、撤销重庆市丰都县人民法院（2021）渝 0230 民初 4468 号民事判决；

二、驳回郎某的诉讼请求。

【法官后语】

储蓄合同是指存款人与储蓄机构约定，存款人将其金钱移存于储蓄机构，储蓄期限届满后，储蓄机构向存款人兑付本金和利息的合同。《中华人民共和国商业银行法》也规定："对个人储蓄存款，商业银行有权拒绝任何单位或者个人查询、冻结、扣划，但法律另有规定的除外。"对公民储蓄财产的保护，是落实《中华人民共和国民法典》等关于保护公民合法财产的重要内容。但是，在信用卡领用人违反信用卡领用合约，对透支款项长时间不予偿还，银行可以按照不违反法律规定的合同约定采取自救行为，以实现自身债权。

一、银行有权根据合同约定实现自身债权

双方在信用卡领用协议中明确约定，若未依约还款或者有违规、欺诈行为，应承担责任，银行有权从领用人在本行开立的任何账户上扣收款项。该约定是双方真实意思表示，不违反法律、行政法规的任何强制性规定，应合法有效。虽然该条款是格式条款，但是银行已经证明其对该条款尽到了提示和说明义务，信用卡领用人郎某也予以了签字确认。同时，中国人民银行颁布的《贷款通则》第二十二条也规定贷款人有权"依合同约定从借款人账户上划收贷款本金和利息"。虽然《中华人民共和国商业银行法》规定商业银行有权拒绝任何单位扣划个人储蓄存款，但在信用卡领用人透支后，如果不允许银行按照合同约定从借款人其他存款账户扣划存款，不仅违背契约精神，而且会增加银行经营成本。

二、即使进入执行程序，债权人仍可寻求自力救济方式实现债权

虽然双方当事人的信用卡纠纷已经进入执行程序，债权人有权申请法院通过执行手段划扣债务人的存款。但是，在公力救济资源十分有限的情况下，应允许民事主体在不违反法律、行政法规的情况下，按照合同约定实现债权。如果认为案件进入执行程序后，债权人只能请求法院实施强制执行措施来实现债权，不但浪费国家资源、增加时间成本，同时还可能因债务人转移财产而降低债权人债权实现的可能性。

三、银行扣划债务人存款的行为可以视为行使抵销权

《中华人民共和国民法典》第五百六十八条第一款规定："当事人互负债务，该债务的标的物种类、品质相同的，任何一方可以将自己的债务与对方的到期债务抵销；但是，根据债务性质、按照当事人约定或者依照法律规定不得

抵销的除外。”储蓄合同不是保管合同，储户交付给银行的存款是种类物而不是特定物，银行占有存款时，并不是在履行特定物的保管义务。储户在银行存款后，取得的是对银行的存款债权，是一种金钱债权。而信用卡透支后，信用卡领用人对发卡行欠付的也是一种金钱债权。所以，银行与存款人之间互负债务，同时又都是金钱之债，且被抵销的债权早已到期，符合《中华人民共和国民法典》关于行使抵销权的相关要件，银行有权行使抵销权。

综上，虽然某行重庆分行和某行丰都支行都具有诉讼上的主体独立性，但丰都支行是重庆分行的下属分支机构，二者又都同属于某银行的分支机构，在实体利益上具有一致性。所以，某行重庆分行有权扣划郎某在某行丰都支行储蓄账户内的存款，以实现自身债权。

编写人：重庆市第三中级人民法院　张景卫

三、银行卡纠纷

（一）借记卡纠纷

27

储户未尽谨慎义务，存款盗失自担责

——苏梅某诉某银行股份有限公司上林县支行借记卡案

【案件基本信息】

1. 裁判书字号

广西壮族自治区南宁市中级人民法院（2020）桂01民终14920号民事判决书

2. 案由：借记卡纠纷

3. 当事人

原告（上诉人）：苏梅某

被告（被上诉人）：某银行股份有限公司上林县支行

【基本案情】

2011年原告苏梅某在被告处办理了公积金金穗卡，并绑定了原告的手机、开通了掌上银行业务。2018年8月19日11时44分36秒，原告手机号收到被告客服955××发来的信息和激活码，提示“您正在登录我行掌上银行，将激活

码短信发送至955××后即可激活登录，若非您本人操作，请尽快修改登录密码，谨防诈骗。如有疑问请咨询955××客服”。原告将此激活码信息回复给955××。11时45分42秒，原告手机号收到955××发来的信息，提示“您的掌上银行于2018年8月19日11：45激活，请不要向任何人提供登录密码、账户密码等，谨防诈骗。客服热线：955××”。原告登录了掌上银行修改了其信用卡密码。18时53分28秒，原告收到955××发来的信息称原告已注销该行消息服务业务。18时56分58秒，原告该账户支出了13400元，转入了户名为付某某的名下账户。该资金交易渠道为IBPS，系掌上银行。19时10分18秒，原告收到一条信息，提示原告尾号6462的信用卡发起一笔交易时密码错误，提示其“如非本人操作，请立即致电40066955××”。19时10分18秒，原告又收到信息，提示其尾号2419的信用卡的支付密码输错三次已被锁定。原告一直未予理睬。

原告在2018年9月10日才发现该卡余额不足，认为被盗取，便向被告的工作人员反映情况。同时，原告于当日向当地派出所报案，派出所出具了受案回执。原告认为其账户支出的13400元应由被告赔偿，双方协商未果诉至法院。

【案件焦点】

对原告苏梅某主张的被盗刷的13400元，被告某银行股份有限公司上林县支行是否存在过错；是否应当赔偿原告该损失。

【法院裁判要旨】

广西壮族自治区南宁市上林县人民法院经审理认为：原告在被告处办理了涉案银行卡，被告负有谨慎审核银行卡，保障储户存取款安全的义务，原告则负有妥善保存银行卡及密码的义务。

涉案银行卡资金交易渠道为掌上银行。根据掌上银行的登录方式，非绑定手机没有激活码无法登录掌上银行，交易时，还要输入交易密码才可以完成交易。而持卡人开通短信提醒业务的目的就在于能及时获悉账户变动情况，用以维护账户安全，故对于银行的短信提醒从常理而言都会予以重视，对账户变化等信息应更为敏感与关注。

2018年8月19日，被告客服向原告发送信息和激活码，并提示其“您正在登录我行掌上银行，将激活码短信发送至955××后即可激活登录，若非您本人操作，请尽快修改登录密码，谨防诈骗……”既然并非原告登录，其却将激活码发送至955××，授权他人登录其掌上银行。之后，该银行客服又提示原告其已注销该行消息服务业务，约三分钟后，原告该账户内资金被转支，以至于其未能收到资金变动信息。原告掌上银行账户发生异常登录情况下，银行客服在近5个小时的时间里连续发送了几条信息，原告都没有在意。直至9月10日，其才发现账户内余额不足。即便原告起初误将激活码发送至955××，但在收到此后的提醒信息后，其也应当警觉，如果立即致电客服寻求帮助，可以避免损失的发生。因此，法院认为被告已充分进行了提示义务。而对于原告应该发现而未发现的状态，其并未尽谨慎注意之义务，致使其涉案银行卡的资金被转支存在明显过失。且原告未能举证证明涉案银行卡内金额的转支为伪卡或复制卡交易，公安机关未作出认定，法院在审查过程中亦未能发现被告就涉案银行卡变动有延迟通知的违约行为。因此，原告主张被告对涉案银行卡转支13400元承担赔偿责任，证据不充分，法院不予支持。

依照《中华人民共和国合同法》第八条、第六十条，《最高人民法院关于适用〈中华人民共和国民事诉讼法〉的解释》第九十条之规定，一审法院驳回了原告苏梅某的诉讼请求。

原告苏梅某不服一审判决，提出上诉。广西壮族自治区南宁市中级人民法院同意一审法院裁判意见，维持原判。

【法官后语】

近年来，随着交易越发便捷，掌上银行也越发普及，信用卡、借记卡被通过伪卡、复制卡或因银行卡密码及数据信息泄露等被盗刷之案频频发生，由此产生之诉讼越发多见。《最高人民法院关于审理银行卡民事纠纷案件若干问题的规定》中已明确，持卡人对银行卡、密码、验证码等身份识别信息、交易验证信息未尽妥善保管义务具有过错，发卡行主张持卡人承担相应责任的，人民法院应予支持。据此，银行对客户应尽到银行卡内资金的安全存管责任，客户也应尽到妥善保管密码、验证码等身份识别信息的义务。

本案系发生借记卡内存款盗失所引发的纠纷，故为借记卡纠纷。原告认为被告没有及时、全面告知其掌上银行的操作流程和风险以及应对措施，没有采取有效方式提醒和制止原告面临的存款被盗风险，导致其银行卡内存款盗失，银行于本案中能否免责是本案分析之重点。作为金融服务提供者，银行向客户发送短信提醒旨在为客户提供便捷的账户变动信息通知服务，是提示性、告知性举措，客户应当引起重视。被告客服向原告发送的第一条信息中，已告知原告其正在登录掌上银行，将激活码短信发送至955××后即可激活登录，并且还告知原告若非其本人操作，请尽快修改登录密码，谨防诈骗，如有疑问请咨询客服。表明了当时有人正在试图登录其掌上银行，进行激活操作，因此银行客服才发送此提示信息。此时，具备基本阅读能力及社会生活常识的人均足以意识到是他人欲登录自己的掌上银行，以及如果登录者并非其本人可能产生的交易风险。如果对掌上银行操作不了解的，也可以通过拨打客服电话确认有关事项，或立即就近前往银行咨询银行工作人员，均能及时阻断交易风险。但原告作为完全民事行为能力人，有充分的能力理解和处理上述事项，其在明知不是自己登录掌上银行的情况下，仍将激活码回复给银行客服，相当于告知银行客服该登录就是其所为的，授权他人登录其本人账户，为操控卡内存款提供了直接可能。且在此后收到其他提示信息后，原告仍不予重视，错失了避免风险发生之时机。被告客服已充分进行了提示义务，而原告泄露相关的验证信息授权他人登录其掌上银行，未尽谨慎注意之义务，从而致使其涉案银行卡的资金被转支存在明显过失，因此法院认为原告应对其存款盗失承担完全的过错责任，遂判决驳回原告的诉讼请求。

在此，法官也提醒市民对银行账户应开通短信提醒服务，对银行客服信息不要视而不见，有任何疑问应立即咨询银行客服或面询当地银行。在日常生活中，对资金转账和取款上的不合常规的迹象要保持警惕，加强对自身资金安全的风险防范。银行账户应设置复杂的密码，建议关闭各平台的小额免密功能和银行卡之免签功能，以免为不法之徒提供“合法途径”。要警惕钓鱼网站，不要点击不安全链接和诈骗电话，妥善保管银行卡号、密码、验证码等信息，保证持卡安全。若遇盗刷应及时挂失，避免因自己的疏忽而遭受损失。

编写人：广西壮族自治区南宁市上林县人民法院　卢一凤　韦姗婷

28

发卡行向特约商户、收单机构追索盗刷损失的侵权行为地认定

——某行长宁支行诉甲支付公司等银行卡案

【案件基本信息】

1. 裁判书字号

上海金融法院（2021）沪74民辖终403号民事裁定书

2. 案由：银行卡纠纷

3. 当事人

原告（被上诉人）：某行长宁支行

被告（上诉人）：甲支付公司

被告（被上诉人）：徐建某、乙支付公司

【基本案情】

案外人毛某某因名下借记卡被盗刷起诉某行长宁支行，人民法院生效判决认定，因伪卡盗刷交易，某行长宁支行需赔偿毛某某被盗刷的本金及利息。经查，涉案伪卡盗刷交易涉及的两家特约商户在国家企业信用信息公示系统中均不存在，该两家特约商户的开户人、POS机申请人、结算人均为徐建某；甲支付公司、乙支付公司分别为两家特约商户的收单机构。某行长宁支行按照生效判决履行付款义务后，向上海市长宁区人民法院（以下简称长宁法院）提起诉

讼，请求判令徐建某向某行长宁支行支付资金和利息损失，甲支付公司、乙支付公司承担连带责任。一审审理中，甲支付公司提出管辖权异议，认为本案的侵权行为地及被告住所地均不在上海市长宁区，长宁法院对本案无管辖权。长宁法院一审认为某行长宁支行住所地即侵权结果发生地位于上海市长宁区，遂裁定驳回管辖权异议。甲支付公司就管辖异议向上海金融法院提起上诉，认为某行长宁支行对各被告的赔偿请求应为代位求偿或追偿，并非侵权赔偿，应适用原告就被告的一般管辖原则。

【案件焦点】

发卡行向特约商户、收单机构追索盗刷损失的侵权行为地认定，即发卡行是否可将其住所地认定为侵权结果发生地。

【法院裁判要旨】

上海市长宁区人民法院经审理认为：本案系侵权纠纷，因侵权行为提起的诉讼，由侵权行为地或者被告住所地人民法院管辖，侵权行为地包括侵权结果发生地；某行长宁支行住所地位于上海市长宁区，故上海市长宁区系侵权结果发生地，遂裁定：驳回甲支付公司的管辖权异议。甲支付公司不服一审裁定，提起上诉。

上海金融法院经审理认为：本案系发卡行与非银行支付机构、特约商户之间因使用银行卡产生的民事纠纷，属于银行卡民事纠纷。本案中，某行长宁支行作为发卡行向案外人毛某某承担伪卡盗刷交易的赔偿责任后，要求作为特约商户的徐建某、作为收单机构的甲支付公司及乙支付公司承担侵权责任，并主张某行长宁支行住所地为侵权结果发生地。因侵权行为提起的诉讼，由侵权行为地或者被告住所地人民法院管辖，侵权行为地包括侵权行为实施地、侵权结果发生地。某行长宁支行所称的侵权行为系徐建某、甲支付公司及乙支付公司的违规收单行为，侵权结果在违规收单行为发生时即已发生。原审法院认为侵权结果发生地为某行长宁支行住所地缺乏充分依据，原审法院并非侵权行为地或者被告住所地人民法院，对本案不具有管辖权。甲支付公司作为被告之一，其住所地位于上海市嘉定区，且某行长宁支行住所地位于上海市，徐建某及乙支付公司未提出管辖权异议，故本案由上海市嘉定区人民法院处理较为适宜，遂裁定：

本案移送上海市嘉定区人民法院处理。

【法官后语】

关于本案案由，实践中认为可选择的案由有银行卡纠纷、委托合同纠纷、财产损害赔偿纠纷。本文认为，银行卡盗刷交易发生后，发卡行起诉要求特约商户或收单机构赔偿因银行卡盗刷交易导致的损失的案件，案由应当确定为银行卡纠纷。

关于银行卡纠纷的性质，一般认为，银行卡纠纷可能系合同纠纷，也可能系侵权纠纷，应根据当事人行使的请求权来确定。本案中，原告某行长宁支行曾明确表示本案系侵权纠纷。持卡人与发卡行之间存在银行卡合同法律关系，而持卡人与特约商户、收单机构之间则不存在合同法律关系，持卡人要求特约商户、收单机构承担赔偿责任，请求权基础应当是侵权责任。因此，从银行卡纠纷的请求权基础包括侵权责任的角度出发，银行卡纠纷并非均属于合同纠纷，应当结合当事人之间的法律关系及当事人行使的请求权来判断纠纷的性质。

本案的争议焦点，就是侵权行为地的认定。因侵权行为提起的诉讼，由侵权行为地或者被告住所地人民法院管辖。《最高人民法院关于适用〈中华人民共和国民事诉讼法〉的解释》第二十四条规定“侵权行为地，包括侵权行为实施地、侵权结果发生地”；第二十五条规定“信息网络侵权行为实施地包括实施被诉侵权行为的计算机等信息设备所在地，侵权结果发生地包括被侵权人住所地”。

关于本案侵权结果发生地的认定，首先，信息网络侵权行为一般分为网络用户侵权和网络服务商侵权两大类，网络用户侵权行为的关键环节在于网络用户在计算机终端设备上的发出侵权指令的操作以及相关网络服务器上的执行侵权指令的操作。本案中盗刷者系使用伪造的银行卡在特约商户处刷卡进行取现、消费等，导致持卡人账户资金减少或者透支数额增加；该种银行卡盗刷交易行为属于伪卡盗刷交易，而非网络盗刷交易。从本案原告提起诉讼的事实与理由看，原告某行长宁支行主张的侵权行为应为特约商户、收单机构在伪卡盗刷交易过程中的违规收单（瑕疵收单）行为。因此，本案中特约商户、收单机构依托POS机等终端设备进行的伪卡盗刷交易与《最高人民法院关于适用〈中华人民共和国民事诉讼法〉的解释》第二十五条规定的信息网络侵权行为有较大区别，不能直接适用。

其次，本案所涉伪卡盗刷交易（包括盗刷者出示、提供伪卡，特约商户及收单机构违规收单等行为在内）一旦完成，持卡人毛某某账户内的资金损失即已形成，特约商户、收单机构违规收单的侵权结果即已发生，侵权行为实施地与侵权结果发生地应当是同一、重合的。特约商户、收单机构违规收单的侵权行为一般发生于特约商户所持的POS机所在地，而非发卡行的住所地。既然特约商户、收单机构违规收单的侵权行为实施地和结果发生地是重合的，就不宜认定违规收单行为发生后，实际承担银行卡盗刷交易损失的发卡行住所地为侵权结果发生地。

编写人：上海金融法院　陆俊杰

29

使用化名开立银行账户的权属认定

——汤某诉某银行借记卡案

【案件基本信息】

1. 裁判书字号

上海市浦东新区人民法院（2021）沪0115民初81715号民事判决书

2. 案由：借记卡纠纷

3. 当事人

原告：汤某

被告：某银行

【基本案情】

原告汤某持有姓名为“林某某”的一代身份证，证件号码略。

2009 年 1 月 11 日，申请人“林某某”在被告处开立了以“林某某”为账户名的银行账户，开户申请书中记载申请人姓名：林某某，紧急联系人处填写“汤某”，并预留了“林某某”的一代身份证复印件。

后原告汤某诉至法院，称上述账户系其使用化名身份证即“林某某”的一代身份证办理，该账户系其所有。但因涉案银行卡遗失，无法继续使用该账户，并提供其工作单位出具的《证明》一份，主要内容为：其工作人员即原告曾因工作需要办理了化名身份证件（第一代身份证），姓名：林某某，号码略，该身份证在某银行开设的账户，系汤某本人在使用，未处理公务费用。故起诉要求判令确认原告在被告处开设的账户名称为“林某某”、涉案借记卡账户及卡内资金为原告所有。被告某银行称，被告无法确认上述借记卡账户是原告所有，2009 年 1 月 11 日确有一位名为“林某某”的人士在被告处开卡，但原告目前的身份证信息和开办银行卡时的信息不一致，无法确认二者身份一致。

审理中，原告本人向法庭陈述了开户资料中的预留信息及涉案银行卡账户的交易记录的大致情况，与被告提供的涉案银行卡开户资料和银行交易明细相符。

【案件焦点】

涉案银行卡账户是否实际由原告汤某开立及所有。

【法院裁判要旨】

上海市浦东新区人民法院经审理认为：根据原、被告双方的陈述及证据，首先可以确认涉案银行卡账户的权利人为“林某某”；其次，原告持有“林某某”的身份证（第一代身份证）原件。经过比对，原告持有的“林某某”的身份证与涉案银行卡账户开户资料预留的“林某某”身份证复印件一致；再次，原告在未获知涉案银行卡开户资料和交易记录的情况下，对涉案银行卡开户资料中的预留信息及交易记录的陈述亦与开户资料中的预留信息和实际交易记录相符，而且开户申请书中账户的紧急联系人处亦有“汤某”字样；最后，原告工作单位出具的证明对原告办理“林某某”化名身份证的经过进行了合理说明，结合原告本人的陈述，本院认为，可以确认涉案银行卡账户实际由原告汤某在被告处开立，故对原告请求确认其在被告处开设的账户名称为“林某某”、涉案借记卡账户及卡内余额为原告所有的诉请，本院予以支持。关于本案诉讼费用，本院综合考虑本案纠纷的主要原因以及相关法律对商业银行的规范要求等因素，确定由原告自行承担。综上，依照《中华人民共和国民法典》第五百零九条、《中华人民共和国商业银行法》第二十九条第一款之规定，判决如下：

确认被告某银行开设的账户名称为“林某某”、涉案借记卡账户及卡内余额为原告汤某所有。

判决后，双方当事人均未上诉，本判决现已生效。

【法官后语】

由于金融活动的特殊属性，相关行政法规和规章对个人在银行等金融机构使用实名开立账户有着严格的监管要求。对此，人民法院应当依照相关法律、行政法规并结合具体案情对化名开立银行账户的效力做出个性化的判断并妥善处理账户权益的归属，而确认请求人与行为人之间具有“身份同一性”是处理相关账户归属的先决问题。对此应当着重审查以下几点要素：

一、请求人能否提供合理的解释

请求人主张自己即为实施化名行为的行为人，首先需提出合理的解释。由于确认请求人与行为人之间具有“身份同一性”实质上属于请求人单方面的主张，开户银行一般对此无法判断，故提供合理的解释即为原告最初步的举证责任。人民法院在审理该类案件中，应当注重审查原告实施化名行为的解释是否符合社会常理和一般生活经验，进而甄别实施化名行为的目的，也为认定该行为的效力提供参考。本案中，原告提供了其所在单位的证明文件，对化名开立银行账户的行为提供了相对合理的解释，尽到了初步的证明责任。

二、核对身份证件及预留信息

根据国务院《个人存款账户实名制规定》的规定，使用化名开立银行账户也需要相应的身份证件。故在确认请求人与行为人之间具有“身份同一性”方面，还应当进一步审核原告是否能够提供办理银行账户所使用的身份证件，并且验证该身份证件与银行留存证件材料之间是否具有一致性。该身份证原件是确认“身份同一性”的最直接和最有力的证据。此外，依照《金融机构客户身份识别和客户身份资料及交易记录保存管理办法》的相关规定，银行在开立账户时应当登记客户身份基本信息，而自然人客户的“身份基本信息”包括了自然人的姓名、性别、国籍、职业、住所地或者工作单位地址、联系方式，身份证件或者身份证明文件的种类、号码和有效期限等信息。该等信息的核对与校验也是确认“身份同一性”的有力佐证。

三、核对账户的资金交易记录及交易对手

该点主要是通过原、被告之间的“信息差”来验证身份的同一性。从账户支配的角度来看，如果请求人确为化名开立银行账户的行为人，那么其应当能够支配该银行账户，日常生活中必然会形成相应的银行交易记录，通过验证该等交易记录是否与实际交易记录相符佐证其支配该银行账户的事实，从而在证明标准上达到具备“身份同一性”的高度盖然性。需要注意的是，在进行该等“信息差”验证时，应由银行直接将相关材料递交法庭，确保请求人无法在验证前获知该等信息。

四、预留相应的签字笔迹

在验证上述信息后，在证明程度上已经可以基本确认请求人与行为人的“身份一致性”。从验证补强的角度出发还可以考虑笔迹鉴定的可能性。然而该类案件中，银行一般不会做明确的否认性抗辩，只是辩称无法确认请求人即为化名人，而原告亦不会主动要求启动笔迹鉴定程序，故而在双方均不主动申请笔迹鉴定的情况下，法院不宜主动启动笔迹鉴定程序，但是可以预留请求人的签字笔迹，以备后续的笔迹鉴定或其他纠纷。

编写人：上海市浦东新区人民法院　孙猛

（二）信用卡纠纷

30

民事案件银行卡盗刷事实认定判断标准

——韦翔某诉甲银行东湖开发区支行、支付科技公司信用卡案

【案件基本信息】

1. 裁判书字号

湖北省武汉市洪山区人民法院（2021）鄂0111民初6503号民事判决书

2. 案由：信用卡纠纷

3. 当事人

原告：韦翔某

被告：甲银行东湖开发区支行、支付科技公司

【基本案情】

原告韦翔某曾于多年前在被告甲银行东湖开发区支行处办理了信用卡。其后，原告将该卡绑定自己名下手机号码注册的支付宝账户和微信账户，用于日常消费支出。

2020年1月21日，原告韦翔某及家人返回河南省正阳县老家。2020年2月1日21：30分左右，案涉信用卡关联的支付宝账户发生多笔“交易关闭”情况。当日22：00分，案涉信用卡关联的微信发生一笔交易，信用卡支付交易金额13617.91元。另案涉微信号还绑定了原告韦翔某名下乙银行信用卡一张，也于同日晚发生类似线上消费。

2020年2月1日22时许，原告向正阳县公安局电话报案，称甲银行和乙银

行的信用卡在身边，没有进行任何操作，其银行卡内的钱被消费将近 2 万元。该局建议原告找银行咨询、解决相关事宜。

2020 年 3 月 2 日，甲银行向原告韦翔某发送信息，告知其需偿还账单金额 13714. 07 元。

2020 年 3 月 31 日，原告韦翔某被解除居家隔离观察，其后返回武汉。2020 年 4 月 14 日，原告向武汉市公安局洪山区分局就银行卡盗刷报案，该局于当日出具了《受案回执》，但尚未有正式处理结果。

因原告韦翔某逾期未归还上述款项，被告甲银行东湖开发区支行将此不良记录引入中国人民银行个人征信系统内。

2020 年 9 月 12 日，原告韦翔某偿还了案涉信用卡款项 14621. 09 元。

【案件焦点】

持卡人、发卡行及非银行支付机构在网络交易中的举证责任如何分配。

【法院裁判要旨】

湖北省武汉市洪山区人民法院经审理认为：根据被告支付科技公司提交的后台电子数据显示，案涉微信支付都是在同一台手机上通过微信密码验证的方式进行的线上消费，而该手机据原告所述一直放置在身边；另原告庭上所述该手机及其注册的微信一直由其个人使用，与另案中乙银行客服当时电话记录中该微信系由原告妻子使用的说法存在出入，因当前网络诈骗情况复杂、手段多样，不能排除原告或家人在事发当日晚上使用案涉手机进行微信支付的可能性。且公安机关对此事调查尚无结论，是否被盗刷现在尚未定性，原告认为微信支付系统受犯罪分子攻击或存在系统漏洞，从而发生伪卡盗刷交易或网络盗刷交易，现证据并不充分，故对原告要求两被告承担连带返还信用卡交易支出金额及违约金和利息的诉请，本院不予支持。关于原告要求撤回信用卡逾期记录的诉请，因原告现已偿还了案涉信用卡逾期款项，被告甲银行东湖开发区支行亦表示愿意按照相关规定协助原告消除不良征信记录，故本院对此诉请予以支持。

湖北省武汉市洪山区人民法院根据《中华人民共和国民事诉讼法》第六十

四条,《最高人民法院关于适用〈中华人民共和国民事诉讼法〉的解释》第九十条、第一百零五条之规定作出如下判决:

一、被告甲银行东湖开发区支行于本判决生效之日起三十日内协助原告韦翔某消除因信用卡逾期还款产生的不良征信记录;

二、驳回原告韦翔某的其他诉讼请求。

判决后,双方当事人均未上诉,本判决现已生效。

【法官后语】

民事审判实务中常见的银行卡盗刷交易类型为伪卡盗刷交易和网络盗刷交易。自 2021 年 5 月 25 日起施行的《最高人民法院关于审理银行卡民事纠纷案件若干问题的规定》(以下简称《银行卡规定》)对这两种盗刷交易有明确定义:"伪卡盗刷交易,是指他人使用伪造的银行卡刷卡进行取现、消费、转账等,导致持卡人账户发生非基于本人意思的资金减少或者透支数额增加的行为。网络盗刷交易,是指他人盗取并使用持卡人网络交易身份识别信息和交易验证信息进行网络交易,导致持卡人账户发生非因本人意思的资金减少或者透支数额增加的行为。"

本案中,根据后台电子数据显示,案涉微信支付都是在同一台手机上通过微信密码验证的方式进行的线上消费,故排除了伪卡交易的可能性。另持卡人庭上所述绑定案涉银行卡的手机及其注册的微信一直由其个人使用,与另案中乙银行客服当时电话记录中该微信系由其妻子使用的说法存在出入,不能排除持卡人或其家人在事发当日晚上使用案涉手机进行微信支付的可能性,且公安机关对此事调查尚无结论,是否被盗刷现在尚未定性,故本案因证据不足,法院无法认定其存在网络盗刷交易行为的事实,驳回其要求赔偿损失方面的诉请。

处理该类型银行卡民事纠纷案件,受信息技术条件限制,持卡人常因证据不足驳回诉讼请求,银行卡盗刷交易事实的认定是司法实践中的难点问题。新出台的《银行卡规定》从举证责任分配和法院认证规则两个方面对银行卡盗刷交易事实认定提供依据,其中第四条根据"谁主张谁举证"的举证责任分配原则,列举了持卡人在主张存在银行卡盗刷事实时可以提交的证据材料以完成其初步举证责任，指引持卡人如何全面提供证据材料证明的主张；依据“谁占有证据谁举证”的举证责任分配原则，规定了发卡行或非银行支付机构等对持卡人难以获得和掌握的有关支付授权的所有记录和数据等承担举证责任。人民法院在审理该类型案件时可以根据案件事实、持卡人的举证能力等因素，确定持卡人提交的该款规定的相关证据材料是否能够使法院对存在银行卡盗刷事实形成初步确信。这部法规还对息费违约金条款、诉讼时效中断等问题进行了规定，破解了银行卡纠纷中的部分疑难问题以及社会公众关注的问题，对于加强银行卡网络交易安全保护，健全国家网络安全法律法规具有重要意义。

编写人：湖北省武汉市洪山区人民法院　林静

31

信用卡逾期综合息费率过高的调整考虑因素

——某行锡山支行诉宋某信用卡案

【案件基本信息】

1. 裁判书字号

江苏省无锡市锡山区人民法院（2021）苏 0205 民初 5047 号民事判决书

2. 案由：信用卡纠纷

3. 当事人

原告：某行锡山支行

被告：宋某

【基本案情】

2019 年 3 月，宋某向某行锡山支行申请信用卡并办理专项分期付款业务，约定：宋某向某行锡山支行借款 300000 元专项用于购买汽车；还款期数为 12

期（一期为一个月）；专项分期手续费为 5.35%；在免息还款期内偿还信用卡账户内全部欠款的，无须支付透支利息，在免息还款期内未全数偿还信用卡账户内全部欠款的，不适用免息还款规定，应按合约支付每期账单透支利息及还款违约金；在到期还款日之前未能偿还当期对账单列明的最低还款额，则申请人除按规定利率支付透支利息外，还应按最低还款额未还部分的 5% 支付还款违约金；按月计收复利，日利率上限为万分之五，起息日以透支交易记账日为准。某行锡山支行已按约发放了上述贷款。2020 年 3 月 28 日起，宋某即未按期还款，某行锡山支行主张截至 2021 年 5 月 18 日的本金 295000 元，利息 70550.8 元、违约金 106280.54 元、手续费 1334.5 元，其中违约金的计算方式为本息 365550.8 元为基数按每日万分之五为标准支付逾期利息。此外，某行锡山支行为提起诉讼，与律师事务所签订委托代理合同，约定律师代理费 38689 元，一并要求由宋某承担。

诉讼过程中，宋某提出银行主张的所涉利息利率、滞纳金、诉讼费、违约金等其他费用过高，请求酌情调整减免。

【案件焦点】

是否应对某行锡山支行主张的信用卡逾期息费、违约金、律师费等进行调整。

【法院裁判要旨】

江苏省无锡市锡山区人民法院经审理认为：双方之间订立的信用卡领用合约、申请表、分期付款交易划款授权书等均系真实意思表示，且不违反法律、行政法规的强制性规定，形成信用卡领用关系当属合法有效，均应按约履行。现宋某动用贷款后未按约还款，已构成违约，某行锡山支行有权提前收回贷款，要求宋某承担相应违约责任。但按照银行业从业规范性的要求，金融机构在进行产品营销时，应当以明显的方式向借款人展示年化利率，并在签订合同时载明，且贷款年化利率应以对借款人收取的所有贷款成本与实际占用的贷款本金的比例计算，并折算为年化利率，而贷款成本应包括利息及与贷款直接相关的各类违约金、手续费等其他费用，现某行锡山支行所主张违约金、手续费等实质性利息项目合计占未偿付本金的比例明显畸高，宋某亦向本院提出调整申请，根据《最高人民法院关于审理银行卡民事纠纷案件若干问题的规定》第二条“发卡行请求持卡人按照信用卡合同的约定给付透支利息、复利、违约金等，或者给付分期付款手续费、利息、违约金等，持卡人以发卡行主张的总额过高为由请求予以适当减少的，人民法院应当综合考虑国家有关金融监管规定、未还款的数额及期限、当事人过错程度、发卡行的实际损失等因素，根据公平原则和诚信原则予以衡量，并作出裁决”之规定，综合考虑宋某的未偿付金额、违约期数以及某行锡山支行的资金损失情况等，将某行锡山支行所主张的利息、违约金、手续费等实质性利息主张以尚欠本金 295000 元为基数，自逾期之日（2020 年 3 月 28 日）起计算至实际给付之日止按全国银行间同业拆借中心公布的市场贷款利率的四倍为限予以支持，对某行锡山支行诉请的超出部分，不予支持。某行锡山支行所主张的律师费损失属于实现债权的费用，因未支持某行锡山支行的全部诉请，故根据公平原则及配比原理同时予以调整，对律师费损失 20000 元以内部分予以认定，超出部分，由某行锡山支行自行负担。

江苏省无锡市锡山区人民法院依照《中华人民共和国民法典》第五百七十七条、第六百七十四条、第六百七十五条、第六百七十六条，《最高人民法院关于审理银行卡民事纠纷案件若干问题的规定》第二条，《中华人民共和国民事诉讼法》第一百四十四条之规定，判决如下：

一、宋某于本判决生效后 10 日内归还某行锡山支行借款本金 295000 元及该款自 2020 年 3 月 28 日起至实际给付之日止按全国银行间同业拆借中心公布的市场贷款利率的四倍为限计算的逾期利息，并支付律师费 20000 元；

二、驳回某行锡山支行的其他诉讼请求。

判决后，双方当事人均未上诉，本判决现已生效。

【法官后语】

本案纠纷系发生在《最高人民法院关于审理银行卡民事纠纷案件若干问题的规定》刚刚出台的背景下。信用卡、借记卡等作为便捷支付手段，随着移动数字互联网的全面化，因该支付方式的便利性以及与移动支付平台的强连通性，几乎人手多张信用卡，然而信用支付工具的推广带来生活、交易便利的同时也产生了大量的经济纠纷。推介办理银行卡是不少银行工作人员的业绩考核任务，故在推广介绍信用卡时只会强调本行的特色、积分、优惠、高授信额度，而对于违约金、复利、罚息、律师费等缄默不语，往往持卡人因逾期收到诉状后，才猛然发现高额的孳息，与所透支的金额严重不成比例，并对银行收费的公平性及合理性产生质疑。现该司法解释的第二条第二款主要确定了法院调整银行卡逾期息费的重要考虑因素：金融监管规定、未还款的数额及期限、当事人过错程度、发卡行的实际损失。

一、金融监管规定

金融监管的目标除了保障市场公平、有效和减少系统风险外，也肩负着保障金融消费者合法利益的职责，银行作为被监管对象同时也是民事主体，理应遵循公平、诚信原则，这不仅是民事法律的基本原则，同时也是金融合规性的要求。此外，银行使用的信用卡章程、领用合约等均为格式条款，银行工作人员理应对利息、罚息、违约金、律师费等条款作出提醒并说明，与保险合同纠纷中的保险公司工作人员负同等告知说明义务，因为零散的罚息、复利等违约条款聚合后的实际逾期责任，远远超过持卡人预期，复杂的金融计算也超出常人的识别能力，故从条款设计和知情权保障的角度而言，难谓合理。

二、未还款的数额及期限

一旦持卡人逾期，相关条款中均会存在因持卡人逾期银行可以宣布合同提前到期要求一次性归还全部本息的条款。其中分段支付的手续费因宣布合同提前到期后，将会计入偿还款项中，并被作为计算罚息、复利、违约金等的基数，导致折算的实际综合年化罚息利率过高，故未偿还的数额和期限也是法院在调整过程中需要考虑的重要因素之一。

三、当事人过错程度

信用卡的发放对象基本均为自然人，与企业经营贷存在显著不同。未能及时归还透支本息作为信用卡逾期的违约行为，其相应的动机即当事人的过错程度也是需要考虑的因素。因生活、经营成本上升导致的偶发违约与办理多张信用卡“以卡养卡”“透支套现”的恶意违约，对应的违约后果自然不能等同。

四、发卡行的实际损失

信用卡业务模式的主要利润来自息差，即存贷利率的差额，故银行的实际损失实质为同期存款利率的基础加上合理的预期利润及人工服务费。考虑到民间借贷、小额贷款公司等资金均来自自身，而银行具有合法吸收公众存款的职能，实际资金占用成本是远低于民间借贷的，风险溢价也低于民间借贷，故实际损失自然远低于民间借贷，且根据商业银行所披露的年报来看也确实如此，故相应的损失足以被民间借贷的红线即银行间同业拆借中心公布的同期贷款市场利率的四倍所涵盖，且该标准的使用亦已足以体现相应的惩罚性违约金的效果。虽不能径行以民间借贷的利率上限来衡量信用卡逾期罚息利率等是否过高，但不代表银行主张的息费明显畸高的情况下不能据以公平原则使用该上限标准予以规制。

此外，银行应当根据国民经济和社会发展的需要，在国家产业政策指导下开展贷款业务。金融机构除追求利润最大化之外，还要承担调节经济、维护经济秩序稳定的社会责任。如果放任银行随意制定不合理的高罚息、违约金的格式条款，不但与国家的现行经济政策相悖，也难以促进市场有序健康发展。

编写人：江苏省无锡市锡山区人民法院　周晟

32

银行应对被冒名开卡者消除个人不良信用记录

——牟春某诉某银行股份有限公司北京分行信用卡案

【案件基本信息】

1. 裁判书字号

北京金融法院（2021）京74民终452号民事判决书

2. 案由：信用卡纠纷

3. 当事人

原告（被上诉人）：牟春某

被告（上诉人）：某银行股份有限公司北京分行（以下简称某银行）

【基本案情】

牟春某申请对2012年11月17日某银行阳光商旅白金信用卡申请表尾部的“牟春某”签名进行笔迹鉴定，经鉴定，检材上“牟春某”签名与样本上牟春某签名不是同一人书写。一审法院审理过程中，一审法院就涉案信用卡申请表中填写的电话号码并非牟春某所有，也不能证明牟春某不是涉案信用卡的实际使用人。某银行提交在办理涉案信用卡时的牟春某个人资料，包括牟春某身份证、汽车行驶证、北京某文化传播有限责任公司出具的牟春某收入证明。北京某文化传播有限责任公司法定代表人姓名刘禹某。牟春某主张，该行驶证、收入证明均为虚假，刘禹某为其前夫，双方已离婚。经一审法院调查，1860052××××机主为马春某，双方当事人表示不认可马春某。2008年10月21日，北京市丰台区人民法院出具（2008）丰民初字第21270号民事调解书，双方达成如下协议：牟春某与刘禹某离婚，其他无争议。

牟春某向一审法院起诉请求：1. 判令消除有关牟春某在某银行处被恶意透支的个人信用记录中的不良记录；2. 涉案《某银行信用卡领用合约》对牟春某不发生法律效力，牟春某对涉案信用卡项下的欠款不承担还款义务。

【案件焦点】

牟春某与某银行之间是否形成信用卡合同关系，牟春某是否需对涉案信用卡项下的欠款承担还款责任。

【法院裁判要旨】

北京市西城区人民法院经审理认为：本案的争议焦点为牟春某与某银行之间是否形成信用卡合同关系，牟春某是否需对涉案信用卡项下的欠款承担还款责任。涉案争议焦点的认定，关键在于牟春某提供的证据能否证明涉案信用卡并非其本人或其授权的人办理并使用具有高度可能性，以及某银行能否提出反驳证据推翻这种高度可能性。某银行作为专业的金融机构，接受客户申请，为客户开办信用卡，负有核实客户身份、审核客户提交的信用卡申请资料的义务。按照《商业银行信用卡业务监督管理办法》第三十八条第一款的规定，发卡银行应当公开、明确告知申请人需提交的申请材料和基本要求，申请材料必须由申请人本人亲自签名，不得在客户不知情或违背客户意愿的情况下发卡。根据司法鉴定所出具的鉴定意见，涉案信用卡申请表中牟春某的签字与样本中并非同一人书写，某银行虽不认可该鉴定意见，并坚持认为涉案信用卡为牟春某本人办理并签字，但未提供证据反驳鉴定意见，一审法院难以认定涉案信用卡为牟春某本人持有效的身份证件到柜台办理。作为专业的信用卡开办机构，某银行应当了解现实生活中存在冒用他人姓名申办信用卡的情况，应当确认办卡人身份，并针对申请资料进行合理有效的审查。其审批资料中显示“亲核身份证原件、亲见申请人”，与现有证据显示的事实不符。某银行未履行识别客户身份的相应义务。牟春某为证明其主张的涉案信用卡并非其本人或授权的人办理使用而提交的证据，已达到了高度盖然性的证明标准，在没有相反证据予以反驳的情况下，一审法院认为在办理涉案信用卡时，向某银行发出要约的并非牟春某本人，而是在信用卡申请表中实际签字并使用该信用卡的第三人。涉案《某银行信用卡领用合约》对牟春某不发生法律效力，牟春某无须对涉案信用卡项下的欠款承担还款责任。此外，牟春某因在涉案信用卡项下的逾期而形成的不良征信记录，某银行应当协助消除。另，诉讼过程中，由牟春某垫付的鉴定费3300元，根据鉴定意见，信用卡申请表中的签字并非牟春某本人书写，故应由某银行负担。

北京市西城区人民法院判决：

一、《某银行信用卡领用合约》对牟春某不发生法律效力，牟春某对卡号为481699000565××××的信用卡项下欠款不承担偿还责任；

二、某银行于判决生效后十日内协助消除牟春某因481699000565××××号信用卡项下的逾期形成的不良征信记录。

某银行不服一审判决，提起上诉。北京金融法院经审理认为：在办理信用卡过程中，银行处于优势地位，对客户要尽到安全保障义务和谨慎审查义务，否则应承担相应责任。银行作为专业的金融机构，办理开卡业务时应当严格审核申请人身份，核实银行卡申请资料的真实性和有效性，确保银行卡申请为本人真实意思表示。本院中，根据司法鉴定所出具鉴定意见，涉案信用卡申请表中牟春某的签字与样本中并非同一人书写。信用卡所预留的手机机主并非牟春某，牟春某亦否认使用过该号码。牟春某提交劳动合同、房产证等，证明其工作单位并非申请表中显示的北京某文化传播有限责任公司，其拥有自己的房屋，如需办理信用卡会提交真实的房产证。牟春某称为出售北京房屋曾将其身份证原件借给刘禹某使用，涉案信用卡是该期间刘禹某冒名办理的。牟春某的此种说法存在一定的合理性。二审期间，经法庭询问，牟春某否认与信用卡消费记录存在交集，某银行并未提交充分证据证明牟春某使用了案涉信用卡贷款。故本案中的开卡行虽核实了“牟春某”的身份证件真实性，但其并未发现申领人系冒用他人身份信息开立涉案信用卡，其办理诉争开卡业务时并未尽到谨慎审查义务，开卡行就此存在过错，故涉案信用卡产生的逾期金额不应由牟春某承担，且开卡行应及时协助牟春某将征信不良记录予以消除。

北京金融法院判决：驳回上诉，维持原判。

【法官后语】

现实生活中，“被开卡”“被冒名”等现象在银行卡、信用卡业务中屡见不鲜，而对于被冒名者如何证明自己系“被冒名”，一直是案件审理的难点所在。本案的典型意义在于厘清了被冒名者与银行的举证责任。

我国现行法律法规规定了银行具有审核信用卡开卡真实性的义务。《商业银行信用卡业务监督管理办法》第三十八条第一款规定：“发卡银行应当公开、明确告知申请人需提交的申请材料和基本要求，申请材料必须由申请人本人亲自签名，不得在客户不知情或违背客户意愿的情况下发卡。”第四十二条规定：“发卡银行应当根据总体风险管理要求确定信用卡申请材料的必填（选）要素，对信用卡申请材料出现漏填（选）必填信息或必选选项、他人代办（单位代办商务差旅卡和商务采购卡、主卡持卡人代办附属卡除外）、他人代签名、申请材料未签名等情况的，不得核发信用卡。对信用卡申请材料出现疑点信息、漏填审核意见、各级审核人员未签名（签章、输入工作代码）或系统审核记录缺失等情况的，不得核发信用卡。”《征信业管理条例》第二十六条第三款规定：“信息主体认为征信机构或者信息提供者、信息使用者侵害其合法权益的，可以直接向人民法院起诉。”

从举证责任的角度来看，信用卡被冒名者应从以下方面完成举证：开卡申请表上是否是本人真实签名；信用卡房产、收入证明、工作单位、联系电话等个人信息是否符合本人真实情况；信用卡开卡后消费使用情况与本人经常活动地是否一致，是否本人消费使用；本人是否保管好身份证等开户基本材料。而银行要证明自己不存在过错，则应主要从以下几个方面着手：是否对信用卡申请材料出现疑点信息、漏填审核意见、各级审核人员未签名（签章、输入工作代码）或系统审核记录缺失等情况履行了必要的审查程序；在非本人签字之时，是否查看了委托代理手续；是否公开、明确告知申请人需提交的申请材料和基本要求等。本案中，当事人完成了“被冒名”的举证义务，银行在审查开卡信息时存在一定的过错，应当及时消除“被冒名者”的不良记录。

编写人：北京金融法院　林文彪

33

预授权信用卡盗刷损失的责任认定

——王秀某诉某银行上清寺支行信用卡案

【案件基本信息】

1. 裁判书字号

重庆市第五中级人民法院（2021）渝 05 民终 6930 号民事判决书

2. 案由：信用卡纠纷

3. 当事人

原告（上诉人）：王秀某

被告（被上诉人）：某银行上清寺支行

【基本案情】

2019 年 10 月 28 日 16 时 26 分至 33 分，王秀某某银行信用卡预授权 5 笔交易，金额共计 19563 元。某银行上清寺支行就上述 5 笔交易向王秀某手机发送了短信。16 时 34 分、42 分，王秀某的上述信用卡显示操作卡片层冻结码。17 时 1 分 24 秒，王秀某报案，《案（事）接报回执》载明，15 时 1 分许，报警人王秀某收到一条短信，内容显示是某银行发来的信用卡违约提示，还留有一个客服热线电话号码，王秀某拨打该电话语音提示说是某银行客服中心，然后就转到人工客服，王秀某询问该客服为什么会有违约的状况，对方答复称王秀某的信用卡上还有 500 元欠款没有还，可以帮助查询处理，询问王秀某的信用卡卡号和身份证号码，并说要发一条短信给王秀某，要王秀某收到后输入手机上。王秀某按照对方要求，将收到的验证码输入了手机上，对方答复已经处理好了。王秀某打开某银行 App 查看，发现信用卡上的可用额度从 20070 元变为了 487

元，联系对方一直联系不上，王秀某联系官方客服，发现信用卡被人在某酒店消费 19583 元。报警人某银行信用卡消费项目为某酒店 2 天 1 晚度假套餐。作案手法，短信诈骗。

2019 年 10 月 29 日，王秀某上述信用卡发生 4 笔交易，交易金额共计 19562 元。

2020 年 9 月 10 日，王秀某查询其个人信用报告，该报告显示，其在某银行信用卡账户状态为呆账、余额为 25273 元。

某银行上清寺支行举示了六次通话录音，其中第一次通话录音系某银行信用卡中心交易核实人员致电王秀某。在该次通话中，某银行工作人员询问王秀某案涉信用卡的三笔 6498 元的消费是否是王秀某本人在用卡，王秀某明确回答不是其本人用卡，并告知其是被诈骗了。某银行工作人员告知王秀某卡片已做保护，并告知王秀某打客服电话挂失或者报警。其他五次通话录音均是王秀某致电某银行客服的通话内容，王秀某通过客服完成了案涉信用卡的挂失。在某银行上清寺支行举示的该六次通话录音中，某银行工作人员均未告知王秀某预授权的止付程序。

【案件焦点】

王秀某起诉某银行上清寺支行返还扣划的透支款本息并撤销相应不良征信记录的诉讼请求，是否应得到支持。

【法院裁判要旨】

重庆市渝中区人民法院经审理认为：首先，王秀某作为信用卡持卡人，有义务保管好信用卡卡号、证件信息、交易密码、动态验证码等，其因自己的行为遭受诈骗，完成预授权，与某银行上清寺支行没有因果关系。其次，预授权撤销交易的主体是特约商户，而非持卡人，王秀某无权撤销预授权。最后，根据《关于建立电信网络新型违法犯罪涉案账户紧急止付和快速冻结机制的通知》规定，某银行上清寺支行在收到公安机关的紧急止付指令后，才能做出止付。某银行上清寺支行未曾收到公安机关的紧急止付指令。综上，某银行上清寺支行没有过错。

判决如下：

驳回王秀某的诉讼请求。

王秀某不服一审判决，提起上诉，重庆市第五中级人民法院经审理认为：首先，王秀某与某银行上清寺支行之间形成了信用卡合同关系。其次，预授权交易成功只是持卡人同意通过冻结其银联卡账户资金作为享受商品和服务的消费押金，此时预授权金额仍然存于持卡人账户，只是处于冻结状态。再次，王秀某在预授权后即发现自己被诈骗，并在银行交易核实人员致电核实交易情况时明确告知不是其本人在用卡以及被诈骗的事实。但某银行上清寺支行在明知王秀某被诈骗的情况下未采取有效措施停止预授权金额的最终支付，未尽到安全保障义务。最后，发卡行作为专业金融结构，应当在持卡人明确告知不是其本人消费且要求停止支付的情形下明确告知持卡人如何才能停止支付。本案中，银行工作人员未告知王秀某止付的具体操作流程，只是告知王秀某应当挂失案涉银行卡并报警，而事实上王秀某也挂失了案涉银行卡并报警处理，故王秀某对盗刷交易不承担责任。

判决如下：

一、撤销重庆市渝中区人民法院（2021）渝0103民初4715号民事判决；

二、某银行上清寺支行于本判决生效之日起十日内返还王秀某本金19562元及利息，罚息（利息、罚息以实际划扣金额为准）；

三、某银行上清寺支行于本判决生效之日起十日内撤销相应不良征信记录；

四、驳回王秀某的其他诉讼请求。

【法官后语】

随着金融行业的蓬勃发展，各商业银行的信用卡发卡数量大幅上升，信用卡已同广大群众生活息息相关，与此同时，伴着信用卡使用的风险增加，信用卡盗刷纠纷案件也在成倍增长。当盗刷交易发生后，信用卡持卡人往往基于其与发卡行成立的信用卡合同法律关系提起违约之诉，请求发卡行返还扣划的透支款本息并撤销相应不良征信记录。

自2021年5月25日起施行的《最高人民法院关于审理银行卡民事纠纷案件若干问题的规定》(以下简称《银行卡规定》)第七条第二款至第四款规定:“发生伪卡盗刷交易或者网络盗刷交易,信用卡持卡人基于信用卡合同法律关系请求发卡行返还扣划的透支款本息、违约金并赔偿损失的,人民法院依法予以支持……持卡人对银行卡、密码、验证码等身份识别信息、交易验证信息未尽妥善保管义务具有过错,发卡行主张持卡人承担相应责任的,人民法院应予支持。持卡人未及时采取挂失等措施防止损失扩大,发卡行主张持卡人自行承担扩大损失责任的,人民法院应予支持。”前述条文根据《中华人民共和国民法典》第五百七十七条、第五百九十一条至第五百九十三条的规定,明确在持卡人与发卡行有效成立信用卡合同法律关系,因信用卡被盗刷发生纠纷时,持卡人与发卡行之间的责任认定适用无过错归责原则以及与有过错、减损义务的规定。

本案中,王秀某与某银行上清寺支行有效成立信用卡合同法律关系。王秀某因信用卡被盗刷请求某银行上清寺支行返还扣划的透支款本息及罚息,需要考量以下因素:(1)是否存在与有过错的情形;(2)王秀某是否违反减损义务。

按照《银联卡业务运作规章》的相关规定,预授权交易成功只是持卡人同意通过冻结其银联卡账户资金作为享受商品和服务的消费押金,此时预授权金额仍然存于持卡人账户,只是处于冻结状态。本案中,王秀某在预授权后即发现自己被诈骗,并在银行交易核实人员致电核实交易情况时明确告知不是其本人用卡以及被诈骗的事实,此时预授权金额并未最终支付。虽然根据《银联卡业务运作规章》以及《关于建立电信网络新型违法犯罪涉案账户紧急止付和快速冻结机制的通知》的规定,预授权交易成功后,预授权有效期内发卡机构只有在特约商户发起预授权撤销交易或者收到公安机关紧急止付指令后,发卡机构才能做出止付,但王秀某作为普通金融消费者不能苛责其对所有相关规则及流程都熟知,发卡行作为专业金融机构,应当在持卡人明确告知不是其本人消费且要求停止支付的情形下明确告知持卡人如何才能停止支付。本案中,银行工作人员未告知王秀某止付的具体操作流程，只是告知王秀某应当挂失案涉银行卡并报警，而事实上王秀某也按照银行工作人员的告知挂失了案涉银行卡并报警处理。

综上分析，本案中并不存在与有过错的情形，王秀某作为债权人也未违反减损义务，因此，王秀某请求某银行上清寺支行返还扣划的透支款本息并撤销相应不良征信记录的诉讼请求，应当得到支持。

编写人：重庆市第五中级人民法院　熊学敏

四、融资租赁合同纠纷

34

出租人解除融资租赁合同收回租赁物后仅起诉到期租金的裁判思路

——投资公司诉工程公司融资租赁合同案

【案件基本信息】

1. 裁判书字号

上海金融法院（2021）沪74民终1501号民事判决书

2. 案由：融资租赁合同纠纷

3. 当事人

原告（上诉人）：投资公司

被告（被上诉人）：工程公司

【基本案情】

2014年3月7日，案外人租赁公司（出租人）与被告工程公司（承租人）签订《融资租赁合同》，约定：租赁公司根据被告的选择向原告购买挖掘机1台、自卸车5台并出租给被告使用，租赁物总价款5900万元；租期60个月，租金分47期支付，第一期租金加头金为7290194元，之后各期租金均为1390194元，租金总额71239118元，期末留购价款29500元，保证金7290194

元；非因双方原因导致的租赁物毁损灭失风险由被告承担；被告怠于支付租金及其他费用时，应按 18% 支付迟延损害金费，因违约解除合同搬出租赁物的费用由被告承担。

2014 年 3 月 21 日，被告向租赁公司出具租赁物验收单，租期起算。被告自第 2 期开始出现逾期，自第 15 期起再未支付租金。2017 年 12 月 11 日，原、被告和租赁公司共同签订《合同权利义务转让同意书》，原告概括受让《融资租赁合同》项下全部权利义务。2018 年 7 月 19 日，原告通知解除与被告的《融资租赁合同》。截至解除日，已到期租金为 36 期，被告尚欠其中的 30965533.83 元未付；未到期租金为 11 期，金额为 14805023.17 元。2018 年 8 月 22 日，原告取回全部租赁物，并支付运费 1160000 元。2019 年 4 月 1 日，原告自行将 5 台自卸车出售给案外人甲公司，得款 10567967 元；2021 年 12 月，原告自行将 1 台挖掘机出售给案外人乙公司，得款 5566033 元，以上共计 16134000 元。

后原告提起诉讼，要求判令：1. 被告支付截至 2018 年 7 月 19 日的逾期未付租金 30965533.83 元，以及按每日万分之五标准，以实际逾期天数计算的逾期罚息；2. 被告支付租赁物件取回费 1160000 元。一、二审中，投资公司均拒绝就收回租赁物的价值申请评估。

【案件焦点】

原告解除合同并收回租赁物后，是否可以不经损失清算，仅起诉主张到期租金及违约金。

【法院裁判要旨】

上海市浦东区人民法院经审理认为：根据《融资租赁合同》，投资公司在合同项下的利益为约定的租金及其他费用，租赁期满、约定的租金义务履行完毕后，应视为租赁物所有权归承租人。因合同已将与所有权有关的风险及收益转移给了承租人，故出租人享有的所有权具有担保租金债权实现的功能。当承租人违约，合同被解除时，投资公司可以依约主张迟延损害金、租赁物搬运等费用，但并不因此享有合同约定之外的其他利益，也即，收回租赁物的价值并不直接归投资公司所有，而应纳入损失清算，用于冲抵承租人的欠付债务。此外，因承租人支付的各期租金中均包含部分租赁物的购买对价，远高于一般租金，故在合同解除、租赁物收回后，已到期租金中的溢价部分亦不应归于投资公司，而应纳入损失清算。投资公司主张的已到期租金、违约金等能否成立，应视其诉请金额是否超过其实际损失而定，投资公司对此负有举证责任。

根据法律规定，投资公司在收回租赁物后，可主张的法定赔偿金额为：解除时已到期租金+解除时未到期租金+逾期罚息+租赁物件取回费-收回租赁物的价值，故其诉请成立的条件为：放弃的未到期租金应大于或等于收回租赁物的价值。但本案中，投资公司放弃的未到期租金为 14805023. 17 元，而处置本案租赁物所得价款为 16134000 元，故其诉请金额显然高于实际损失，仅能以实际损失为限主张。投资公司未能举证证明租赁物处置价格合理，且拒绝申请评估，应自行承担实际损失无法确定的不利后果。遂判决：驳回原告的诉讼请求。

投资公司不服一审判决，提起上诉。上海金融法院经审理判决：

驳回上诉，维持原判。

【法官后语】

融资租赁合同因承租人违约而解除，出租人取回租赁物后，通常会起诉要求承租人赔偿全部损失。但实践中，也经常会出现与本案类似的起诉方式，即仅起诉主张解除时已到期的租金、违约金及相应费用；放弃未到期租金，同时要求保有取回租赁物的价值，不作清算。对该类起诉，有法院认为应当无条件支持，理由是：到期租金及违约金等为合同约定的到期债权，且该类诉请不属于《最高人民法院关于审理融资租赁合同纠纷案件适用法律问题的解释》第十条第一款禁止的“出租人既请求承租人支付合同约定的全部未付租金又请求解除融资租赁合同”的情形。有法院认为应有条件地支持，如解除时的到期租金已占租金总额的大部分时，应按照民法典相关规定，折抵租赁物价值后进行损失清算；如尚未达到大部分，则无须清算，可直接支持原告诉请。还有法院认为必须先进行损失清算，如原告诉请超过其所受损失，则超过部分不予支持。

前述分歧源于对以下三个基础问题的理解差异：1. 到期租金及违约金是否应归出租人所有；2. 出租人作为所有人，是否当然享有收回租赁物的剩余价值；3. 融资租赁合同解除后，是否必须进行损失清算。本案判决对此逐一进行了厘清，判决认为：1. 租金虽已到期，但并不当然归属于出租人。融资租赁不同于普通租赁，租金中除包括租赁物的使用对价外，还包含承租人未来取得租赁物所有权的部分对价，因此远高于一般租金。当融资租赁合同解除，租赁物已被收回时，该部分超出使用费的溢价显然不应无偿归属于出租人所有，否则将造成出租人既收回所有物，又获得部分所有物购买价款的双重得利，有损承租人利益。2. 出租人虽为租赁物的所有人，但收回租赁物价值并不当然归属于出租人。融资租赁中，出租人享有的租赁物所有权具有担保租金债权实现的功能，与普通所有权有别。当承租人违约时，出租人虽可取回租赁物，但因其在合同项下的利益限于租金及其他费用，故收回租赁物再出让后，再出让所得的价金应纳入损失清算，用于冲抵承租人的欠付债务。3. 出租人虽可行使诉权，选择仅主张到期租金，但法院仍应进行损失清算，以确定出租人的诉请金额是否过高。根据《最高人民法院关于审理融资租赁合同纠纷案件适用法律问题的解释》第十一条的规定，出租人在清算中可主张赔偿的金额为：全部未付租金（含解除时已到期租金+解除时尚未到期的租金）+其他费用-收回租赁物的价值。据此，1. 当承租人已经支付大部分租金，收回租赁物的价值超过其欠付的租金及其他费用时，出租人非但未受损失，反而存在不当得利，此时，应适用民法典的规定，由承租人要求返还不当得利；2. 当承租人尚未支付大部分租金，收回租赁物的价值小于其欠付的租金及其他费用时，出租人可以主张损失，但损失金额应为租金债权减去租赁物价值的差额部分。但无论何种情形，均需进行租赁物价值的折抵，以完成损失清算。损失经清算确定后，如出租人的诉请未高于其实际损失，可予支持；如高于实际损失，则应以实际损失为限。3. 出租人自行处置租赁物的，应对其处置程序的公平性和处置价格的合理性承担举证责任。

民法典第三百八十八条及《最高人民法院关于适用〈中华人民共和国民法

典〉有关担保制度的解释》第一条首次从立法层面明确了融资租赁合同具有的担保功能。本案紧扣融资租赁的本质属性及担保功能，澄清了审判实践中的常见误区，对类案裁判有较强的借鉴意义。

编写人：上海金融法院　童蕾　刘蒙

35

融资租赁承租人破产情形下租赁物优先受偿权的司法认定

——租赁公司诉石化公司、实业公司融资租赁合同案

【案件基本信息】

1. 裁判书字号

上海金融法院（2020）沪74民初3458号民事判决书

2. 案由：融资租赁合同纠纷

3. 当事人

原告：租赁公司

被告：石化公司、实业公司

【基本案情】

2019年4月26日，租赁公司与石化公司签订《融资租赁合同》，以石化公司所有的生产制造设备为租赁物通过售后回租模式进行融资，融资额3亿元，分为8期租金支付。《融资租赁合同》附件《售后回租资产清单》列明租赁物为位于被告石化公司厂内的干燥机、冷却器等设备69件，标有规格型号、数量和编码。2019年4月27日，原告就案涉《融资租赁合同》及租赁物在中国人民银行征信中心动产融资统一登记公示系统办理了租赁物所有权登记。《融资租赁合同》生效后，租赁公司按约发放了租赁设备款265650000元。自第4期

起，石化公司陆续出现逾期支付租金的情况，之后再未支付租金。被告石化公司尚欠付未付租金157579526元，租赁物留购价款1元，逾期利息5815100.27元，违约金19087718.91元及律师费损失80万元。

实业公司与租赁公司签订《保证合同》，为石化公司债务提供连带责任保证，并出具了同意担保事项的董事会决议。

江苏省江阴市人民法院于2021年2月3日作出（2021）苏0281破申4号民事裁定，受理案外人中国工商银行股份有限公司江阴支行对石化公司的破产重整申请。经破产管理人清算，发现租赁公司进行动产担保登记前后，石化公司曾将本案系争租赁物清单中的设备做了多次融资租赁或动产抵押，融资租赁合同在中国人民银行征信中心动产融资统一登记公示系统上登记，动产抵押在各地市场监督管理局登记。

【案件焦点】

原告作为融资租赁出租人是否有权就租赁物拍卖、变卖并优先受偿。

【法院裁判要旨】

《最高人民法院关于适用〈中华人民共和国民法典〉有关担保制度的解释》（以下简称《担保制度司法解释》）第六十五条规定，在融资租赁合同中，承租人未按照约定支付租金，经催告后在合理期限内仍不支付，出租人请求承租人支付全部剩余租金，并以拍卖、变卖租赁物所得的价款受偿的，人民法院应予支持。从新法的规定来看，融资租赁中出租人对租赁物享有的所有权具有担保功能，在承租人经催告后在合理期限内仍不支付租金的，出租人通过诉讼请求承租人支付全部未付租金的条件下，如果能就拍卖、变卖租赁物所得价款受偿更有利于双方债务的清偿，并不违背合同当事人的合理预期。由此，民法典及《担保制度司法解释》关于“拍卖、变卖租赁物所得的价款受偿”的规定可追溯适用于本案《融资租赁合同》。至于出租人能否享有优先受偿权，法院认为，根据民法典第七百四十五条“出租人对租赁物享有的所有权，未经登记，不得对抗善意第三人”，以及《担保制度司法解释》第六十三条非典型担保中，

“当事人未在法定的登记机构依法进行登记，主张该担保具有物权效力的，人民法院不予支持”等规定，出租人享有优先受偿权的前提是融资租赁合同及出租人对租赁物享有的所有权已经办理登记，且相应登记具有公示公信的作用。本案中，《融资租赁合同》及租赁物所有权系于2019年4月27日在中国人民银行征信中心动产融资统一登记公示系统登记，但当时该系统还未属于具有法定效力的公示平台。自2021年1月1日起，经国务院批准，中国人民银行征信中心动产融资统一登记公示系统成为在全国范围内实施动产和权利担保统一登记的平台，具有法定的公示公信力，本案原告所登记的案涉内容亦被纳入登记系统且公开可查，因此，法院认为案涉融资租赁合同及租赁物的登记应自2021年1月1日起发生物权效力，原告在系争租赁物上享有的优先权利顺位亦可根据该时点进行排列确定。故判决：

租赁公司有权就租赁物折价，或者将该租赁物拍卖、变卖所得价款优先受偿。

判决后，双方当事人均未上诉，本判决现已生效。

【法官后语】

《中华人民共和国民法典》（以下简称《民法典》）将融资租赁合同归类为具有担保功能的合同，将租赁物类比于担保物，并统一适用登记对抗规则，规定“未经登记，不得对抗善意第三人”。司法实践中，有关租赁物作为担保物权的实现程序及顺位问题引发了一定争议，主要涉及《民法典》新规的溯及力问题，以及融资租赁租赁物担保物权效力及顺位的认定。对于审判实践中的此类争议作如下分析：

一、《民法典》及《担保制度司法解释》的相关规定能否溯及适用

将融资租赁合同列入具有担保功能的合同、将租赁物类比为担保物，此系《民法典》对融资租赁法律制度的重大调整。有观点认为此种重大调整不应适用于《民法典》之前签订的融资租赁合同，因为当事人签署《融资租赁合同》时法律并未有关于融资租赁非典型担保的规定。裁判认为，《担保制度司法解释》第六十五条实际上对此问题进一步明确化，这种情况属于《最高人民法院

关于适用〈中华人民共和国民法典〉时间效力的若干规定》所规定的“当时的法律、司法解释没有规定而《民法典》有规定的情形”。由此，在维护法律基本稳定和社会合理预期的情况下，应认定《民法典》及《担保制度司法解释》第六十五条关于“拍卖、变卖租赁物所得的价款受偿”的规定可追溯适用于本案《融资租赁合同》。

二、如何判别租赁物登记的公示效力

就融资租赁等非典型动产担保交易，《民法典》采纳了与动产抵押一致的登记对抗交易规则，即“未经登记，不得对抗善意第三人”。《最高人民法院民法典担保制度司法解释理解与适用》一书中对《担保制度司法解释》第六十五条予以解读，认为出租人能否主张就拍卖、变卖租赁物所得价款优先受偿取决于出租人对租赁物享有的所有权是否已经办理登记。本案中当事人所主张的中国人民银行征信中心动产融资统一登记公示系统仅系为2007年起运营，提供应收账款质押登记及查询的平台，后自2009年起登记范围增加至融资租赁登记和查询业务。一般认为，当时中国人民银行征信中心的登记系统仅为自主报备的普通记录系统，一方面缺乏统一性，并未将全国范围内的动产权利登记全部纳入，另一方面也缺乏权威性，在法无明文的情况下不具备约束善意的社会公众进行查询的法定公示公信的效力。因此，当时在中国人民银行征信中心动产融资统一登记平台上的登记，未产生对抗善意第三人的效力。

2020年12月29日，国务院为配合《民法典》的实施出台《国务院关于实施动产和权利担保统一登记的决定》，自2021年1月1日起，在全国范围内实施动产和权利担保统一登记。自此，上述中国人民银行征信中心动产融资统一登记公示系统与全国各地市场监督管理局的抵押质押登记信息互联整合后成为统一的动产融资登记公示系统。该登记系统从此具有法定公示效力。值得关注的是，中国人民银行征信中心动产融资统一登记公示系统虽自2021年1月1日起进行统一登记，但其也将以往登记的数据一并予以公示，并不需要重新登记。由此，本案出租人在中国人民银行征信中心动产融资统一登记公示系统中办理的登记虽早于2021年1月1日，但仍应认定是有效登记，其要求实现优先受偿权利的诉请可以获得支持。

三、如何处理同一物上租赁物担保物权与其他物权的顺位冲突

融资租赁是建立在租赁物所有权与使用权相分离基础上的一种交易方式。租赁物的所有权属于出租人，但其实际占有、使用以及收益均由承租人享有。由于租赁物多为动产，而动产所有权的转移以交付为公示要件，故租赁物所有权和使用权相分离的特点，使得承租人随时可能向他人擅自处分租赁物。在同一租赁物存在多个担保物权的情形时，优先顺位的认定可结合租赁物登记时间及彼时登记平台的公示效力予以判断。由于中国人民银行征信中心动产融资统一登记公示系统的公示作用在 2021 年 1 月 1 日前后发生重大变化，在此之前，善意第三方不负有查询登记系统的注意义务，而在此之后，该系统上的登记具有普遍的对世效力，应推定全体公众明知，故租赁物作为担保物的物权效力应以 2021 年 1 月 1 日作为界限予以区分，以此确定各担保物权的顺位。

编写人：上海金融法院　朱颖琦　李瑶菲

36

融资租赁合同售后回租认定标准

——租赁公司诉刘德某、运输公司融资租赁合同案

【案件基本信息】

1. 裁判书字号

安徽省蚌埠市淮上区人民法院（2021）皖 0311 民初 2200 号民事判决书

2. 案由：融资租赁合同纠纷

3. 当事人

原告：租赁公司

被告：刘德某、运输公司

【基本案情】

2019年3月23日，刘德某与汽车公司签订一份《购车合同》约定，刘德某向汽车公司购买车辆型号HLW5072GJY5EQ的加油车1辆，总额100000元。2019年3月28日，刘德某（承租人）与租赁公司（出租人）签订《融资租赁合同（售后回租）》及附件一租赁物交付验收单、附件二租赁支付表，合同第二条对案涉车辆交付及权属情况进行了约定，合同第三条对租金支付及违约条款进行了相应约定。附件一租赁物交付验收单记载有，承租人将其拥有所有权的下列所列车辆转让并以占有改定方式交付给出租人，以代替实际交付，租赁物品牌为中汽力威，公告型号略，车辆识别码（车架号）略，发动机号略。附件二租赁支付表载明，租赁名称公路车，型号略，品牌中汽力威，车架编号略，发动机号略，租赁物总价100000元，首付款8000元，融资期限24期，每期租金4144.43元，履约风险金9040元，手续费1386元，GPS服务费614元，起租日2019年3月25日，留购价100元，每月还款日为25日，承租人郑重承诺有，承租人未按期支付或支付金额不足的，致使出租人未能扣款或未能扣到全部应收款项的，承租人同意逾期罚息自逾期首日起按照逾期金额的千分之一（1‰）收取。

2019年3月28日，刘德某、汽车公司作为申请人向租赁公司出具《委托付款申请书》载明，汽车公司已经代租赁公司收取融资租赁首付款、保证金、手续费等首期款19040元，对《融资租赁合同（售后回租）》项下车价款扣除已经代收部分后剩余款项81360元，申请租赁公司付款至汽车公司指定账户。2019年3月28日，租赁公司向《委托付款申请书》中的指定账户放款81360元。

2019年3月28日，租赁公司（甲方、出租人）、运输公司（乙方、挂靠公司）、刘德某（丙方、承租人）签订《三方挂靠协议书》，内容为：丙方向甲方融资购车，并签订了《融资租赁合同（售后回租）》。同日，租赁公司（抵押权人、甲方）与运输公司（抵押人、乙方）签订《机动车辆抵押合同》。2019年4月2日，运输公司为案涉车辆办理了抵押登记手续。

因刘德某未按期支付剩余6期租金，租赁公司诉至法院要求刘德某支付剩余未付租金并承担逾期罚金、违约金、律师费等义务，运输公司对上述费用承担连带清偿责任，租赁公司对抵押车辆依法折价、变卖、拍卖所得价款享有优先受偿权。

【案件焦点】

1. 租赁公司与刘德某之间系融资租赁合同关系还是金融借款合同关系；2. 融资租赁合同中售后回租模式的认定标准是什么。

【法院裁判要旨】

安徽省蚌埠市淮上区人民法院经审理认为：租赁公司与刘德某签订的《融资租赁合同（售后回租）》及相关附件，是双方当事人的真实意思表示，合法有效，双方当事人均应按约履行。关于租赁公司与刘德某之间法律关系的定性问题，根据《中华人民共和国物权法》第二十七条“动产物权转让时，双方又约定由出让人继续占有该动产的，物权自该约定生效时发生效力”，以及《最高人民法院关于审理融资租赁合同纠纷案件适用法律问题的解释》第二条“承租人将其自有物出卖给出租人，再通过融资租赁合同将租赁物从出租人处租回的，人民法院不应仅以承租人和出卖人系同一人为由认定不构成融资租赁法律关系”之规定，综合在案证据以及双方诉辩意见，案涉车辆系刘德某向汽车公司购买，结合租赁公司与刘德某签订的融资租赁合同及其附件（租赁物交付验收单、租赁支付表）、刘德某承诺函、委托付款申请书、提前放款承诺函、银行付款凭证、租金支付记录，可以认定刘德某已将案涉车辆所有权移转给租赁公司，租赁公司又将案涉车辆出租给刘德某使用，本案中存在租赁物、租赁物所有权移转、回租给付租金的事实，并非只是单纯的资金流转，且案涉租赁物系动产车辆，车辆的登记并不能否定租赁公司在租赁期内对该车辆享有实际所有权，另外，根据融资租赁特征，因融资而支付的租金等费用并不能等同于融物（案涉车辆）的对价，应包含购买价款、费用及合理利润，同时租赁公司与刘德某在融资租赁合同及其附件中还对留购价格、租赁物毁损等进行了约定，亦有别于金融借款合同返本付息的特性，基于上述内容，刘德某、运输公司关于租赁公司非案涉车辆所有权人以及刘德某实际支付购车价款大于购车合同金额，并认为双方应为金融借款关系的抗辩理由，不足以否定双方融资租赁法律关系，法院不予采信，本案融资租赁模式符合售后回租特征，刘德某与租赁公司构成融资租赁关系。

租赁公司主张刘德某支付全部未付的6期租金24866.58元，刘德某对未付租金的期数及金额没有异议，但抗辩其缴纳的履约风险金9040元应优先冲抵未付租金，庭审中，租赁公司认可收取了9040元的履约风险金，根据双方融资租赁合同中关于履约风险金的约定“承租人按照约定缴纳履约风险金，在承租人完全履行本合同后，履约风险金退还承租人，或者由承租人一次性冲抵剩余款项，多余部分返还承租人”，法院认为，该9040元履约风险金具有担保租金债权的性质，综合双方诉辩意见，刘德某要求冲抵未付租金的抗辩，法院予以认定，冲抵后，刘德某尚欠租赁公司租金15826.58元，并自2020年12月26日起构成逾期支付。租赁公司主张刘德某支付逾期罚息、违约金的诉求，法院认为，刘德某逾期支付租金，构成违约，应承担违约责任，但违约责任的范围应以损失为限，根据双方诉辩意见及举证情况，综合考虑双方缔约过程、合同性质、违约损失、履行情况，酌情将租赁公司逾期罚息、违约金的诉请调整为按同期全国银行间同业拆借中心公布的一年期贷款市场报价利率的四倍计算逾期违约金。

租赁公司主张律师费13000元，提交了委托代理合同及代理费票据予以佐证，但代理合同的甲方以及代理费的支付方，并非本案的诉讼主体租赁公司，该证据与本案欠缺关联性，且代理费用与案涉标的额相比，亦明显偏高，本院不予采纳，租赁公司未能提供证据证实其为主张债权而实际支出的律师费用，对此项诉请，法院不予支持。

租赁公司依据其与运输公司签订的机动车辆抵押合同主张运输公司承担连带清偿责任，该抵押合同中，运输公司为抵押人，是以车辆为抵押物为租赁公司债权履行的担保，系物保保证方式，运输公司非保证人，运输公司亦抗辩不认可承担连带清偿责任，租赁公司也未提交其他证据证明运输公司具有愿意承担连带保证责任的意思表示，租赁公司此项主张理据不足，法院不予支持。

租赁公司主张对案涉抵押车辆依法折价、变卖、拍卖所得价款享有优先受偿权，虽然租赁公司与运输公司签订了《机动车辆抵押合同》并办理了车辆的抵押登记，但根据案涉《融资租赁合同（售后回租）》《三方挂靠协议书》的约定，结合本案当事人履行合同的实际情况，案涉车辆的所有权人系租赁公司，在各方当事人明知抵押物所有权人系租赁公司的情形下，租赁公司与运输公司签订的《机动车辆抵押合同》缺乏真实意思表示。抵押权系他物权，租赁公司本身作为案涉车辆的所有权人，不应因相应《机动车辆抵押合同》的订立及车辆抵押登记的办理而享有对案涉车辆的抵押权，租赁公司此项主张，法院不予支持。

安徽省蚌埠市淮上区人民法院依照《中华人民共和国合同法》第六十条、第二百三十七条、第二百四十三条、第二百四十八条，《中华人民共和国物权法》第二十七条，《最高人民法院关于适用〈中华人民共和国民法典〉时间效力的若干规定》第一条第二款，《最高人民法院关于审理融资租赁合同纠纷案件适用法律问题的解释》第二条，《最高人民法院关于适用〈中华人民共和国民事诉讼法〉的解释》第九十条规定，作出如下判决：

一、刘德某于判决生效之日起二十日内支付租赁公司租金 15826.58 元及逾期违约金（逾期违约金以 15826.58 元为基数，自 2020 年 12 月 26 日起按照同期全国银行间同业拆借中心公布的一年期贷款市场报价利率的四倍计算至租金实际付清之日止）；

二、驳回租赁公司其他诉讼请求。

判决后，双方当事人均未上诉，本判决现已生效。

【法官后语】

根据我国法律规定，融资租赁合同是出租人根据承租人对出卖人、租赁物的选择，向出卖人购买租赁物，提供给承租人使用，承租人支付租金的合同。典型的融资租赁合同涉及三方主体，即出租人、承租人、出卖人，并同时具备融资和融物的特性。但实践中也存在少数市场主体为规避金融监管，借用融资租赁的形式，行民间借贷之实，仅融资未融物。特别是售后回租模式在实践中屡见不鲜，因该模式下交易的出卖人与承租人同属于一方，与传统融资租赁交易的三方当事人存在一定的区别，售后回租所体现的特征也与抵押借款相类似，司法实践中对双方签订的售后回租合同能否被认定为融资租赁合同也争议很大，通过上述案例可以看出，对售后回租合同是否属于融资租赁合同的认定应综合考虑多种因素。

第一，审查售后回租合同中是否存在真实、明确的租赁物。融资租赁合同须同时具备融资、融物的特性，本案中刘德某购买的加油车辆系售后回租的租赁物，作为出租人租赁公司的所有权与作为承租人刘德某的使用权也系以该加油车为实物载体而体现，刘德某与租赁公司之间并非只是单纯的资金流转。若签订售后回租合同的双方之间没有真实、具体、明确的租赁物，根据在案材料，也无法将租赁物特定化，则该售后回租合同不应认定为融资租赁合同。

第二，审查双方买卖合同关系是否真实存在，作为出租人的一方是否真实拥有租赁物所有权。刘德某与租赁公司的售后回租合同中约定租赁公司以占有改定的方式取得加油车的所有权。虽然刘德某不向租赁公司实际转移车辆的占有，但这并不影响租赁公司通过占有改定的方式取得了加油车的所有权。同时售后回租合同中关于留购价格、租赁物毁损等的约定亦符合融资租赁合同主要特征。

第三，租赁物价值与租金构成的对应关系。租金不仅是租赁物占用、使用的对价，而且是租赁物购买价格分期负担的对价，即租金的价值不仅包括了租赁物的购买价格，还包括了购买价款的利息以及出租人的合理利润。刘德某购买案涉车辆价款为100000元，双方约定以该车辆融资81360元，车辆的实际价格能够为租赁公司提供有效的物权保障。刘德某若依约支付全部租金则为99466.32元（4144.43元/期×24期），租金与融资款的差额也符合融资租赁业务交易的合理利润空间。但若经审查发现，双方约定的租赁物存在价值明显偏低、无法起到担保租赁债权实现的情形，此时则应认定双方并无融物，而仅是为达融资目的。则双方之间的融资租赁合同应被认定为民间借贷合同，融资租赁合同无效，应按照民间借贷相关法律进行审理。

编写人：安徽省蚌埠市淮上区人民法院　刘治国

37

售后回租中瑕疵交付的融资租赁合同并非当然无效

——融资租赁公司诉科技公司等融资租赁合同案

【案件基本信息】

1. 裁判书字号

上海市浦东新区人民法院（2020）沪0115民初16495号民事判决书

2. 案由：融资租赁合同纠纷

3. 当事人

原告：融资租赁公司

被告：科技公司、宗高某、任平某、熊孝某

【基本案情】

2018年10月30日，原告与被告科技公司签订《售后回租赁合同》；原告受被告科技公司委托，代被告科技公司在原告指定的保险公司办理租赁物件的财产一切险；被告科技公司应在租赁物验收到货后出具《租赁物件验收合格确认书》及到货照片，并经原告审核确认；附件包含租赁物件接收证明、费用明细表、租金及租金调整明细表、租赁物件清单。一般条款还约定：原告根据被告科技公司的要求向被告科技公司购买本合同记载的租赁物件，并回租给被告科技公司使用，被告科技公司向原告承租、使用该租赁物件并向原告支付租金；并约定租赁物及租赁成本、起租日。租赁物件的所有权在原告支付租赁物件协议价款的同时转移给原告，并且该租赁物件所有权转移视为被告科技公司在租赁物件现有状态下向原告交货；上述所有权转移同时视为原告将租赁物件交付被告科技公司，被告科技公司应向原告签署《租赁物件接收证明》；

2018年10月30日，原告、被告科技公司与案外人机床公司签署《委托付款协议》，约定鉴于原告与被告科技公司于2018年10月30日签署了《售后回租赁合同》。被告科技公司与机床公司于2018年9月13日签署《工矿产品购销合同》，原告应支付被告科技公司金额为900000元的协议价款，现各方经友好平等协商，达成协议如下：被告科技公司委托原告将上述协议价款支付给机床公司。原告支付上述协议价款后，视为原告履行了租赁合同项下支付协议价款的义务，同时视为被告科技公司向机床公司支付了《工矿产品购销合同》项下相应设备的价款。自原告支付上述协议价款后，设备所有权归属于原告。2018年11月29日，原告向机床公司支付了900000元。

被告科技公司向原告出具《租赁物件接收证明》，载明根据原告与被告科技公司签署的《售后回租赁合同》，被告科技公司已完整地接收租赁合同项下的租赁物件，该租赁物件系原告拥有完整所有权之资产，该租赁物件在被告科技公司接收之时完整、完好、运转正常，无任何质量瑕疵。

2018年10月30日，被告科技公司与案外人设备租赁公司签署《技术服务协议》，合同约定设备租赁公司向被告科技公司提供服务内容为GPS硬件提供及安装、数据信息服务支持等。服务报酬为50000元。后被告科技公司于2018年10月31日支付设备租赁公司10000元，于2018年11月27日支付40000元。

2018年11月27日，被告科技公司向原告支付保险费1243元，原告向财险公司上海市分公司就涉案租赁物投保了财产一切险，保险期限为2018年12月1日0时至2020年11月30日24时，总保险金额为900000元。

2019年3月31日，被告科技公司向原告出具《租赁物件验收合格确认书》，载明："1. 售后回租赁合同号：CTLDXE0460-C001-L01。2. 验收设备清单：序号1为2轴平移式机械手5台，序号2为2轴连杆式机械手，制造商均为机器人公司。"被告科技公司确认，上述设备及售后回租赁合同下设备清单中所列的全部配套物件已抵达我方并已安装验收合格。设备验收完成与否，不影响融资售后回租赁合同（原文中为“融资售后回合同”）依约履行。被告科技公司将按售后回租赁合同的约定按时足额支付租金。

2018年11月3日被告科技公司与案外人机器人公司签署《合同书》及《技术协议》，由机器人公司制造产品为2轴平移机械手HDW-PY2000-2（5台）、2轴连杆机械手HDW-LG1000-2（1台），适用于被告科技公司滚筒配件冲压自动上下料项目配装2轴平移机械手工序代替人工、实现全自动生产的功能设计、结构、性能等方面的基数要求。《合同书》第九条约定，被告科技公司同机床公司于2018年10月30日签订的《工矿产品购销合同》与本合同同等有效，互为补充。《技术协议》第七条中约定，本协议为技术协议，作为被告科技公司与机器人公司双方签订的买卖合同《合同书》和被告科技公司与机床公司于2018年10月30日签订的《工矿产品购销合同》的附件，与上述合同都具有同等法律效力，互为补充。

2018年11月6日，被告科技公司（需方）与机床公司（供方）签署编号为11-06-001的《工矿产品购销合同》，合同约定，被告科技公司向机床公司购买2轴平移式机械手5台、2轴连杆式机械手1台，总价1242500元。合同第十一项其他约定事项载明，需方与本合同设备生产商签订的技术协议，作为本合同附件，于本合同签订时生效。

2019年6月12日，被告科技公司向法院起诉，要求解除其与机床公司、机器人公司签订的上述《工矿产品购销合同》《技术协议》。安徽省铜陵市铜官区人民法院出具（2019）皖0705民初3419号民事裁定书，认定科技公司与机床公司签订的购销合同为无效合同，故裁定驳回科技公司的起诉。

【案件焦点】

涉案融资租赁合同是否因出租人瑕疵交付租赁物无效。

【法院裁判要旨】

上海市浦东新区人民法院经审理认为：买卖合同的标的物既可以是现实存

在之物，也可以是将来产生之物。根据物权变动原因与结果区分原则，当事人在缔约时对标的物没有所有权或者处分权，并不影响作为原因行为的买卖合同的效力，但能否发生所有权转移的物权变动效果，则取决于当事人嗣后能否取得所有权或处分权，此时物权变动属于效力待定状态。根据庭审中双方的举证来看，被告科技公司在与原告签订《售后回租赁合同》时，已与案外人磋商购买涉案租赁物事宜。在订立回租合同的同时，一并签署了《委托付款协议》，指定原告将融资款项支付至出卖人机床公司后，涉案租赁物所有权即归属于原告。《委托付款协议》订立时，对原告而言，被告科技公司享有对机床公司交付涉案租赁物的请求权，原告则可在其履行支付融资价款义务后取得租赁物所有权。因此，原告与被告科技公司此时订立回租合同的意思表示结果和内容应为债权债务的负担，被告科技公司在此时尚未取得租赁物所有权并不直接导致融资租赁法律关系不成立。

上海市浦东新区人民法院依照《最高人民法院关于审理融资租赁合同纠纷案件适用法律问题的解释》的相关规定，判决：

支持原告诉讼请求。

判决后，双方当事人均未上诉，本判决现已生效。

【法官后语】

本案的法律适用难点是，我国法律及司法解释并未明确规定售后回租模式下出租人的审查义务，在此情形下，售后回租赁中承租人瑕疵交付其法律后果如何认定，在实践中存在较大争议。

为防止出现以售后回租为名行资金拆借之实的规避法律的行为，法院应当着重审查租赁物是否客观存在，租赁物的转让价款与租赁物的真实价值是否合理匹配，承租人与出租人是否办理了必要的租赁物所有权转移手续，买卖合同与租赁物之间是否存在对应的关系等，以此作为认定售后回租是否真实有效的判断依据。售后回租中瑕疵交付包括暂时未交付；租赁物自始不存在；无法证明其存在及交付。本案系暂时未交付而租赁物真实存在。

原告与被告科技公司此时订立回租合同的意思表示结果和内容应为债权债

务的负担，被告科技公司在此时尚未取得租赁物所有权并不直接导致融资租赁法律关系不成立。

根据《工矿产品购销合同》《委托付款协议》、租赁物发票、租赁物接收证明，原告就涉案租赁物的真实存在已尽到合理的审查义务，原告依约支付租赁物价款，被告科技公司按期支付租金，该交易方式符合回租式融资租赁业务模式。

被告科技公司与机器人公司签订的《合同书》《技术协议》中均约定其与2018年10月30日被告科技公司与机床公司签订的《工矿产品购销合同》具有同等法律效力。虽然被告科技公司与机床公司之间未在2018年10月30日签署过购销合同，但《合同书》《技术协议》所涉及的产品、规格型号、数量与涉案签署于2018年11月6日的《工矿产品购销合同》《售后回租赁合同》附件租赁物件清单中的一致，且被告科技公司在2019年3月31日向原告出具了租赁物件验收合格确认书，该确认书上载明的产品、规格型号、数量亦与上述一致，且列明制造商为机器人公司。因此，租赁物真实存在。

实务中，为避免涉案的租赁物的存在及所有权归属等瑕疵问题，对出租人进行审慎的尽职调查也符合客观上的要求。如果其他证据如采购合同、登记权证、付款凭证、产权转移凭证等证明材料由于客观的原因确实无法审查，则不属于出租人的过失范围。若上述证据真实存在并可以进行审查的情况下，出租人未进行必要的审查，仅对增值税的真实性进行审查则不足以说明出租人尽到了审核义务。

编写人：上海市浦东新区人民法院　王晓雷　丁娴静

五、委托理财合同纠纷

38

传销活动参与者的损失应由其自行承担

——汪大某诉明兰某等民间委托理财案

【案件基本信息】

1. 裁判书字号

北京金融法院（2021）京74民终95号民事判决书

2. 案由：民间委托理财纠纷

3. 当事人

原告（上诉人）：汪大某

被告（被上诉人）：明兰某、李明某、王某

【基本案情】

汪大某、明兰某、李明某、王某系投资同一理财项目的投资人。2017年5月10日至2017年6月29日，汪大某向明兰某、李明某、王某账户多次转账合计1861670元。2020年4月3日，公安机关出具《不予立案通知书》，载明对汪大某2020年3月9日提出控告的被组织传销活动案经审查认为犯罪事实显著轻微，不需要追究刑事责任，决定不予立案。2020年4月11日，公安机关做出《刑事复议决定书》复议维持原决定。

公安机关询问笔录显示：(1) 汪大某陈述其受骗时间开始于2017年5月，其第一次接到明兰某电话告知理财项目是2016年下半年；汪大某陈述了账号信息并陈述账号中没有“提现”的选项；汪大某第一次陈述其对所投资的项目看不懂，次日经公安机关再行询问汪大某陈述了整个交易方式。(2) 李明某陈述其2016年投资某平台；注册需要老账户推荐；通过卖出注册点实现提现功能，通过增发实现收益；其母亲明兰某账户系其注册；2017年5月汪大某得知平台询问其母亲明兰某时其为汪大某注册账户得到300个易物点，后续账号由汪大某自己用第一个账户继续注册；收到汪大某钱款后均按照汪大某的要求购买了易物点交付给了汪大某；其部分款项通过“××钱包”客户端。

汪大某2017年5月10日注册成功后，截至2019年2月1日陆续开立自己名下“账户”22个，内有不同金额“广告点”“浮动易物点”“总易物点”“易物点”，涉及金额上百万元。此外，2017年12月汪大某到境外实地考察项目并在微信群分享体会；汪大某参加有组织的参观活动；参加“国际助教”的招募与培训；参加有组织的出国旅游活动。2018年4月，汪大某在微信群分享“游学”心得体会。

现汪大某以委托理财为由主张明兰某、李明某、王某返还投资款。

【案件焦点】

1. 汪大某与明兰某、李明某、王某是否存在委托理财合同法律关系；2. 王大某主张被欺诈是否成立。

【法院裁判要旨】

北京市丰台区人民法院经审理认为：关于焦点一，汪大某与明兰某、李明某、王某无书面委托合同，汪大某主张明兰某、李明某、王某口头承诺投资一年到一年半回本等，明兰某、李明某、王某不予认可，汪大某应就此举证。汪大某主要证据为微信聊天记录及录音，细查之，第一份微信记录显示的是2020年2月27日汪大某向王某说明如果无法解决亏损问题将报警解决，提出希望双方协商处理；第二份记录显示的是汪大某向明兰某说明同样内容，对方表示理解其心情但事出意料；第三份记录显示的是2017年8月4日李明某向汪大某解释交易方式及方法技巧；录音系王某向众人分享体会。其内容无一表明对方接受委托、代为理财、承诺收益，无从显示双方存在明确的委托理财、承诺收益等合意内容，难以认定双方之间存在民间委托理财合同关系。进一步讲，汪大某向明兰某、李明某、王某账户支付款项，但双方对是否存在合同关系各执一词，即使双方存在合同关系，无证据证明收款一方承诺将款项支付至平台，结合收款人收款后的资金流向和交付“虚拟币”的情况，即使双方存在事实上的合同关系，其内容也仅限于收款方将款项转出，直接或间接地取得“虚拟币”交付给付款人，现明兰某、李明某、王某均已将款项转出，将“虚拟币”交付给了汪大某平台“账户”，合同已履行完毕，权利义务关系终止。关于焦点二，当事人对于欺诈、胁迫、恶意串通事实的证明，以及对于口头遗嘱或赠与事实的证明，人民法院确信该待证事实存在的可能性能够排除合理怀疑的，应当认定该事实存在。据此，欺诈的认定具有达到较高的证明标准。本案中，汪大某主张对方虚假陈述，对其进行欺骗和怂恿，其证据应达到排除合理怀疑的程度。一审法院结合全案事实，对汪大某主张欺诈的意见不予采纳。需要指出的是，本案双方各自提交了若干裁判文书，援引前案裁判情况以支持己方观点。一审法院认为，即使是基于同一“投资项目”，因各交易方的交易方式、方法手段、承诺内容、合同关系各不相同，权利义务关系有异，有关主体之间是否存在合同关系、存在何种合同关系也应根据具体案件事实具体认定、个案认定。

北京市丰台区人民法院判决：驳回汪大某全部诉讼请求。

汪大某不服一审判决，提起上诉。北京金融法院经审理认为：代币发行融资是指融资主体通过代币的违规发售、流通，向投资者筹集比特币、以太币等所谓“虚拟货币”，本质上是一种未经批准非法公开融资的行为，涉嫌非法发售代币票券、非法发行证券以及非法集资、金融诈骗、传销等违法犯罪活动。具体到本案，公安机关于2020年4月3日出具《不予立案通知书》，载明对汪大某2020年3月9日提出控告的被组织传销活动案经审查认为犯罪事实显著轻微，不需要追究刑事责任，决定不予立案。2020年4月11日，公安机关做出

《刑事复议决定书》复议维持原决定。可见，本案虽然以平台交易虚拟币作为表现形式，但经有关部门认定本案涉及传销活动。传销活动系违法活动，不受法律保护，传销活动参与者的损失应由其自行承担。本案中，汪大某在涉案交易中的角色应认定为传销活动的一般参与者。从上述事实来看，汪大某亦实际参与了 MFC 平台相关活动，汪大某购买 MFC 平台相关虚拟币所造成的损失应当自行承担。

北京金融法院判决：驳回上诉，维持原判。

【法官后语】

近年来，各种虚拟货币令人眼花缭乱，各种投资虚拟货币的“一夜暴富”的新闻层出不穷，这些交易往往以项目投资、资金理财等名义，从事诈骗、非法集资、传销等非法活动，本案就是一个典型的以投资虚拟货币为名进行非法传销所引发的民事纠纷。如何处理好此类案件对于依法整治虚拟货币交易活动，打击非法传销等活动具有重要意义。

对于传销参与人投资款能否以委托理财之名主张其他传销参与人返还，有观点认为传销参与人并不能提交书面合同等证明双方之间存在委托理财合同关系，应裁定驳回起诉；有观点认为双方之间以委托理财为名行非法传销之实，双方之间合同无效，双方之间的款项往来应予以全额返还或是按过错比例返还。对此，我们认为非法传销活动不受法律保护，双方之间的合同无效，不能以委托理财合同认定，所涉及的传销资金应予收缴，当事人以委托理财合同纠纷为名主张返还财物的，应予判决驳回。第一，传销活动系违法活动，对于违法活动应以民法典关于合同效力的规定认定传销参与者之间委托理财合同无效。第二，对于传销活动中，下线向上线支付的款项如果允许参与者以合同无效返还为由，判决款项返还，则有可能导致对传销活动变向鼓励。第三，相关法规已经对传销活动中非法财物的处置进行了规定。《禁止传销条例》第十九条第二款规定，对于经调查核实属于传销行为的，应当依法没收被查封、扣押的非法财物。第二十四条规定：“有本条例第七条规定的行为，组织策划传销的，由工商行政管理部门没收非法财物，没收违法所得，处 50 万元以上 200 万元以下的罚款；构成犯罪的，依法追究刑事责任。有本条例第七条规定的行为，介绍、诱骗、胁迫他人参加传销的，由工商行政管理部门责令停止违法行为，没收非法财物，没收违法所得，处10万元以上50万元以下的罚款；构成犯罪的，依法追究刑事责任。有本条例第七条规定的行为，参加传销的，由工商行政管理部门责令停止违法行为，可以处2000元以下的罚款。”

编写人：北京金融法院　林文彪

39

基金管理人未尽到适当性义务，且超期未清算的，基金管理人不得以损失未确定为由拒绝还本付息

——殷秀某诉投资公司等金融委托理财合同案

【案件基本信息】

1. 裁判书字号

北京市第三中级人民法院（2021）京74民终637号民事裁定书

2. 案由：金融委托理财合同纠纷

3. 当事人

原告（上诉人）：殷秀某

被告（被上诉人）：投资公司、证券公司、贾桂某

【基本案情】

2016年1月28日，殷秀某作为自然人投资者与作为基金管理人的投资公司、作为基金综合托管服务人的证券公司（以下简称三方）签订基金合同，约定：基金管理人不保证基金财产一定盈利，也不保证最低收益。基金存续期限为自成立起2年，基金管理人可视实际运作情况展期1年；基金管理人的义务

包括制作调查问卷，对投资者的风险识别能力和风险承担能力进行评估，向符合法律法规规定的合格投资者非公开募集资金等；非因法律、法规及有关政策发生变化的原因而导致合同变更时，可采用三方协商一致或者召开基金份额持有人大会决议通过或者基金管理人、基金综合托管服务人员首先达成一致后再发布公告且公告后30日内未有异议的方式进行。基金合同终止的情形包括合同期满而未延期等。自基金合同终止之日起30个工作日内成立清算小组进行清算。当事人违反合同应承担违约责任，对其他合同当事人的直接损失承担赔偿责任，因共同行为给其他当事人造成损害的，应当承担连带赔偿责任。

2016年6月2日，殷秀某向募集账户转账100万元。2016年6月9日，涉诉基金成立。2018年6月1日，投资公司发布基金展期公告，将基金展期至2019年6月9日。2019年6月6日，投资公司函告证券公司，称因基金到期投资项目未全部变现，决定将基金延期至2020年6月9日。诉讼过程中，关于此次展期，投资公司称没有投资者决议，已经口头告知投资人，但没有相关证据证明。2018年7月30日，贯桂某出具保证书，载明殷秀某投资100万元，若本金100万元未给殷秀某由贯桂某承担损失，利息按年息计算6%。

诉讼过程中，经询，投资公司认可除让投资者在基金合同中的风险揭示书、合格投资者承诺书中签字外，未对涉诉基金进行风险评级、未对殷秀某进行风险测试并以其他方式向殷秀某告知产品风险。另，投资公司称截至2021年5月26日，因投资项目还处于评估状态，基金仍未实际清算。

【案件焦点】

在长期未清算的情况下，投资公司应否向殷秀某承担赔偿损失的违约责任以及损失赔偿范围。

【法院裁判要旨】

北京市平谷区人民法院经审理认为：殷秀某与投资公司、证券公司签订基金合同，系三方的真实意思表示，该基金合同内容不违反法律、行政法规的强制性规定，应属合法有效，各方均应信守。

在涉诉私募基金未及时清算的情况下，殷秀某要求投资公司还本付息实质系要求投资公司承担赔偿损失的违约责任。投资公司应否向殷秀某承担赔偿损失的违约责任以及损失赔偿范围是本案的主要争议焦点。本案中，如投资公司承担赔偿损失的违约责任，必须同时满足以下构成要件：1. 殷秀某受有损失；2. 投资公司存在违约行为；3. 投资公司的违约行为与殷秀某的损失之间具有因果关系；4. 投资公司不具有约定和法定的免责事由。

第一，殷秀某是否受有损失及损失范围的确定。虽然涉诉私募基金至今未清算，从形式上来看，截至目前其损失确实尚未确定，但一方面这系投资公司未及时采取清算措施所致，殷秀某不应因投资公司不及时清算的违约行为承受超出预期时间的不利益；从实质上来看，不论最终清算的结果盈亏与否，在涉诉私募基金存续期间届满后，殷秀某未能及时收到返还的投资本金100万元，均应认定已构成损失，具体阐述如下：如果清算结果为盈利，则该100万元必然应当返还；如果清算结果为亏损，则亏损后的剩余本金应予返还，亏损部分的投资本金应认定为殷秀某受有的损失还是认定为殷秀某投资涉诉私募基金应予承担的风险，则应坚持“卖者尽责、买者自负”原则。金融产品发行人、销售者在推介金融产品时，履行了解客户、了解产品、将适当的产品销售给适合的金融消费者是让金融消费者“买者自负”的前提和基础。本案中，投资公司未根据基金合同的约定对殷秀某是否为合格投资者依约进行审查，且投资公司未能举证证明殷秀某系合格投资者，因此，应当推定投资公司未做到“卖者尽责”的适当性义务，那么，殷秀某亦不应对清算亏损的后果承担“买者自负”的责任，即亏损部分的本金应视为殷秀某的损失。因此，无论涉诉基金清算以后盈亏与否，殷秀某未能在涉诉基金存续期间届满后合理的清算期限内收到100万元投资本金，属于必然会发生的可预期损失，应认定殷秀某受有损失。

关于殷秀某损失的范围，殷秀某除主张应返还投资本金100万元外，还要求按年息6%的标准支付自2016年6月3日起至款项实际返还之日止的利息。对此，法院认为，殷秀某认购的为涉诉基金优先级份额，涉诉基金合同中载明，优先级份额的预期年化收益率为6%，在基金资产出现较大损失的情况下，优先级份额持有人可能面临无法取得预期年化收益甚至损失本金的风险，基金管理人并不承诺或保证优先级的本金和预期年化收益。因此，涉诉基金合同并未有明确保证6%年化收益的约定，涉诉基金合同写明的预期6%年化收益应当认为系收益目标而非收益承诺，在目前涉诉基金未完成清算，实际收益无法确定的情况下，殷秀某主张按照年化6%计算利息损失，无相关事实及合同依据，本院不予支持。但殷秀某将100万元投入涉诉基金项目后，因投资公司逾期未予清算的行为使殷秀某确有利息损失，故本院综合实际情况，对殷秀某利息计算标准予以酌定。

第二，投资公司是否同时满足其他三项赔偿损失的违约责任构成要件。违约行为是指违反合同义务的行为，合同义务不仅包括合同约定的义务，还包括法律规定的义务和其他附随义务。《中华人民共和国证券投资基金法》规定“非公开募集基金应当向合格投资者募集”，故投资公司具有对投资者是否为合格投资者进行审查的合同义务。至于审查的程度和形式，投资公司辩称因殷秀某已经在合格投资者承诺书中签名，故该公司已经尽到了合格投资者的审查义务，但根据涉诉基金合同中关于基金托管人具有制作调查问卷、对投资者的风险识别能力和风险承担能力进行评估的约定来看，作为基金托管人的投资公司，对殷秀某具有主动询问并确认其风险识别能力及风险承担能力的合同义务，而本案中投资公司未能举证证明其制作了调查问卷及采取了其他相应措施来核实殷秀某系合格投资者，亦未能举证证明殷秀某系合格投资者，因此，本院对投资公司的答辩意见不予采纳，投资公司未尽到审查合格投资者的义务，已构成违约。另外，根据涉诉私募基金的约定，基金合同终止之日起30个工作日内应成立清算小组，同时根据涉诉基金合同中约定的“基金合同终止的情形包括下列事项：1. 私募基金合同期限届满而未延期”及“基金的存续期限：自本基金成立之日起2年。基金管理人可视本基金实际运作情况展期1年，也可提前终止本基金”，基金合同终止之日应当指基金存续期限届满且未延期之日，因此应自该日起30个工作日内成立清算小组进行清算。本案涉诉基金成立于2016

年 6 月 9 日，根据基金合同约定，即便基金管理人可视本基金实际运作情况展期，基金存续期间也应当于 2019 年 6 月 9 日届满。此后如果需要再展期，视为基金合同变更。根据基金合同约定，基金合同变更有三种方式，即：1. 全体基金份额持有人、基金管理人和基金综合托管服务人协商一致；2. 按照基金合同的约定召开基金份额持有人大会决议通过；3. 基金管理人、基金综合托管服务人首先达成一致……但投资公司并未就其再次展期行为符合上述任一合同变更方式进行举证，因此，涉诉基金存续期限应当截至 2019 年 6 月 9 日，自该日起 30 日内应成立清算小组进行清算。而截至 2021 年 5 月 26 日，经庭审询问，涉诉基金仍未实际进行清算。因此，不论殷秀某所主张的投资公司其他违约行为是否成立，投资公司上述行为已明显构成违约，且如前所述，投资公司未尽适当性义务与殷秀某的投资本金损失之间具有明显的因果关系，同时，投资公司逾期清算的违约行为与殷秀某的利息损失之间亦明显具有因果关系。且，投资公司并不存在法定和约定的免责事由。因此，投资公司应对殷秀某的投资本金 100 万元及相应利息损失承担损害赔偿的违约责任。

贾桂某出具保证书，载明“若本金 100 万元未给殷秀某，由贾桂某来承担损失”，此处的“未给”可理解为未能给付，也可理解为未予给付，前者应为一般责任保证，后者应为连带责任保证，因此此处属约定不明。根据《中华人民共和国担保法》第十九条的规定，当事人对保证方式没有约定或者约定不明确的，按照连带责任保证承担保证责任，故贾桂某应承担连带保证责任。但是由于该保证书是贾桂某对投资公司与殷秀某之间债务的保证，其作为从合同，范围不应超过主债务范围，因此，贾桂某只对前述本院支持的投资公司的债务承担连带赔偿责任。

北京市平谷区人民法院依照《中华人民共和国合同法》第一百零七条、第一百一十三条、第一百二十二条，《中华人民共和国担保法》第十九条，《中华人民共和国证券投资基金法》第八十七条之规定，判决如下：

一、被告投资公司、贾桂某于本判决生效后七日内连带赔偿原告殷秀某 100 万元并按照中国人民银行同期同类人民币存款基准利率的标准赔偿该款自

2016年6月3日起至款付清之日止的利息；

二、驳回原告殷秀某的其他诉讼请求。

殷秀某不服一审判决，提出上诉。后未缴纳诉讼费，北京市第三中级人民法院依法裁定：按撤诉处理。

【法官后语】

在金融理财纠纷中，投资者主张卖方机构归还投资本金通常以投资者实际受有损失为前提，发生在投资项目进行清算、投资者确受有损失之后。当基金管理人长时间未依约启动清算时，由于目前我国法律未对基金管理人超期清算的具体法律后果予以规定，此时，若基金合同对基金管理人超期未清算的违约责任、处置方式亦未予约定，如果机械式以项目未清算、是否受有损失未确定为由对投资者的诉求一律不予支持，容易产生“劣币驱逐良币”的不良效应，不及时清算的基金管理人反而因此获益。本案中，为保护自然人投资者的合法权益，通过结合相关法律规定，对未来清算盈利和亏损两种结果的推演，作出了应对投资者的投资本金予以返还的认定。

一方面，如果清算后获得盈利，投资本金理应返还；另一方面，如果清算后有亏损，投资本金无法返还，自然人投资者是否应自行承担亏损损失，则应首先审查基金管理人是否尽到适当性义务，即是否履行了了解客户、了解产品、将适当的产品销售给适合的金融消费者的义务。为切实保护金融消费者的合法权益，2019年经最高人民法院审判委员会会议通过的《全国法院民商事审判工作会议纪要》已经明确，因销售各类高风险等级金融产品和为金融消费者参与高风险等级投资活动提供服务的，必须坚持“卖者尽责、买者自负”原则。“卖者尽责”是“买者自负”的前提和基础，因此，基金管理人仅以自然人投资者在其制式的风险揭示书、合格投资者承诺书、投资者告知书上签字为由，主张其已尽到适当性义务的主张，缺乏事实依据，不应采信。综上，不论未来清算结果如何，本案中的自然人投资者都有权要求基金管理人返还投资本金，而因基金管理人未及时清算导致该自然人投资者迟迟无法获得清偿，应视为其受有损失，基金管理人基于其违约责任应予以赔偿。

通过上述对未来清算结果的推演，顺利解决了裁判困局，实现了法律效果、社会效果的有效统一，有利于督促基金管理人规范其经营行为。

编写人：北京市平谷区人民法院　谢颖霞

40

私募基金管理人违约未平仓止损时的损失金额认定

——李某诉基金公司、某银行金融委托理财合同案

【案件基本信息】

1. 裁判书字号

广东省深圳市中级人民法院（2021）粤03民终3484号民事判决书

2. 案由：金融委托理财合同纠纷

3. 当事人

原告（被上诉人）：李某

被告（上诉人）：基金公司

被告：某银行

【基本案情】

被告基金公司系在中国证券投资基金业协会公示的私募基金管理人。案涉基金系在中国证券投资基金业协会公示的私募基金，其基金类型为私募证券投资基金，基金管理人为被告基金公司，基金托管人为被告某银行，成立时间为2018年9月6日，同年9月12日在中国证券投资基金业协会备案。该基金共有基金份额1999001份，备案的主要投资方向包括“股指期货、商品期货、国债期货”等。被告基金公司建有案涉基金的风险评估标准、程序性信息，以及对案涉基金划分风险的制度。

2018年9月26日，原告李某作为委托人、被告基金公司和某银行作为基金管理人签订了案涉基金合同，约定原告李某认购德某歆悦诚一号私募证券投资基金，运作方式为定期开放式。该基金合同第四条“基金基本情况”第（四）款“基金的投资目标和投资范围”中约定投资范围包括固定收益类、权益类、现金管理类以及“3. 商品及金融衍生品：股指期货，本基金可进行融资融券操作”；第（五）款约定基金的存续期限为不定期；第（六）款约定基金份额的初始销售面值为1元（可根据产品情况自行约定）。第七条“基金的申购与赎回与转让”中的第（二）款“申购与赎回的开放日和时间”中约定：“本基金封闭期为本基金成立日起6个月，封闭期内不开放基金份额的申购与赎回，临时开放的除外。本基金的开放日设置为封闭期满后每年1月、4月、7月及10月的10日，若遇非交易日则顺延至下一交易日。……开放日的具体业务办理时间以销售机构发布的时间为准。本基金成立至起始运作日内不可申购赎回……”第（六）款“申购与购回的费用、计算方式”中的第2点“赎回费用”中约定：“本基金不收取赎回费。本基金的赎回费用归属基金管理人……”第八条“当事人及权利义务”第（二）款“基金管理人”第3点“基金管理人的义务”中的第（4）点约定：“制作风险揭示书，向投资者充分揭示相关风险”；第（12）点约定：“按照基金合同约定计算并向投资者报告基金份额净值”；第（16）点约定：“保存私募基金投资业务活动的全部会计资料，并妥善保存有关的合同、交易记录及其他相关资料，保存期限自私募基金清算终止之日起不得少于10年”。第（四）款“基金托管人”中的第（14）点约定：“监督私募基金管理人的投资运作，发现私募基金管理人的投资指令违反法律法规的规定及基金合同附件《交易监控合规表》约定的，应当拒绝执行，立即通知私募基金管理人；发现私募基金管理人依据交易程序已经生效的投资指令违反法律法规的规定及基金合同附件《交易监控合规表》约定的，应当立即通知私募基金管理人。”第十一条“基金的投资”第（十二）款“预警止损机制”中的第（1）点“本基金设置预警线和止损线”中约定：“本基金的预警线设置为0.850（单位净值，元），本基金的止损线设置为0.800（单位净值，元）。本基金的预警和止损机制的责任及执行人为基金管理人。托管人对本基金的预警和止损机制不承担相应责任”；第（3）点“止损线”中约定：“本基金存续期内每一个估值日估值完成后（T日），基金的单位净值不高于止损（低于或等于止损线）的，无论未来证券市场趋势如何以及基金能否恢复到止损线之上，管理人均应当于T+5日内进行止损操作，将基金资产全部变现。该止损操作是不可逆的，止损完毕之后本基金提前终止。基金管理人特别提示：本基金设置0.800（单位净值，元）为止损线，但并不代表基金管理人完成止损后基金份额净值等于止损线，根据基金管理人变现损伤的交易执行情况，本基金终止日基金份额净值可能低于止损线。”该基金合同第十三条第（四）款、第十五条第（二）款第（1）点、第（4）点亦约定了基金托管人发现基金管理人指令违反法律法规或案涉合同约定的，不予执行，由此造成的损失由基金管理人承担。第十九条“信息披露与报告”中约定了基金管理人的年度报告、季度报告、月度报告以及临时报告义务，且第（六）款“向基金份额持有人提供报告及基金份额持有人信息查询的方式”中约定基金份额持有人信息查询将通过邮寄服务、传真或电子邮件或基金管理人指定的其他方式进行。第二十条“风险揭示”中约定：“管理人应当单独编制《风险揭示书》，私募基金投资者应充分了解并谨慎评估自身风险承受能力，并做出自愿承担风险的陈述和声明。”第二十五条“通知和送达”中约定：“通讯地址或联络方式发生变化的一方应提前5个工作日以书面形式通知其他各方。”

案涉基金合同附件一“投资者信息表（仅管理人直销适用）”中填写了原告李某的联系方式与联系地址；附件二“业务申请表（仅管理人直销适用）中载明原告李某的认/申购金额为100万元。被告基金公司对上述附件一、附件二均予以盖章确认。案涉基金合同附件九”交易监控合规表亦载明了与案涉基金合同相同的投资范围和止损线设置。

同日，原告李某在《风险揭示书》上签字，该风险揭示书载明案涉基金属于R4风险投资品种等内容，原告李某确认了其“充分理解相关权利、义务、本私募基金运作方式及风险收益特征，愿意承担由上述风险引致的全部后果”

等内容。其另填写了《基金公司歆悦诚一号私募证券投资基金问卷》《基金公司投资者风险承受能力评估问卷（适用于自然人投资者）》。在该问卷中，原告在第6题中勾选了“我是一位非常有经验的投资者，参与过权证、期货或创业板等产品的交易”；在第9题投资经验在两年以上的金融产品中优选了“股权、混合基金、偏股型基金、股票型基金等权益类投资品种”以及“期货、期权、融资融券”；在第12题打算重点投资的品种中勾选了包括“期货、期权、融资融券”和“高风险金融产品”在内的选项内容；在第15题中认为自己能承受的最大投资损失是“较大的投资损失”。之后被告基金公司的经办人尚某杰向原告李某出具了《深圳基金公司管理有限公司投资者风险承受能力评估结果告知书（一式两份）》以及投资者风险匹配告知书及投资者确认函，确认原告李某的风险承受能力为C5。

之后，原告李某作为委托人、被告基金公司作为基金管理人以及被告某银行作为基金管理人签订了案涉基金合同补充协议，将案涉基金合同第四条“基金基本情况”第（四）款第（3）点的内容变更为：“商品及金融衍生品：股指期货，商品期货，国债期货，证券、期货交易所上市的期权，本基金可进行融资融券、转融通证券出借操作。”

2018年10月10日，原告申购了案涉基金，申购金额为100万元，确认份额为999001，净值为1.001。

案涉基金设立后，被告基金公司作为基金管理人对案涉基金进行包括商品期货在内的证券交易操作。之后案涉基金净值发生变化，于2019年3月4日跌破预警线至0.833元；后于2019年3月13日案涉基金净值跌破0.8元，跌至0.798元。之后，T+1日即3月14日对应的基金净值为0.811元；T+2日即3月15日对应的基金净值为0.817元；3月16日、17日为周末休市；T+3日即3月18日对应的基金净值为0.786元；T+4日即3月19日对应的基金净值为0.8元；T+5日即3月20日对应的基金净值为0.826元。

在案涉基金跌破预警线后，被告某银行于2019年3月6日通过电子邮件向被告基金公司发函，提请其关注案涉基金在3月4日已低于预警线，具体为案涉基金违规性质为“预警止损”；监控指标“预警线”；监控比率“0.85”；实际比率“0.833”；监控状态“报警”；备注“已低于预警线”。在案涉基金跌破止损线后，被告某银行于2019年3月15日通过电子邮件向被告基金公司发送了《基金公司歆悦诚一号20190313提示函》，提醒被告基金公司关注案涉基金在2019年3月13日已低于预警线，并明确案涉基金违规性质为“预警止损”；监控指标“预警线”；监控比率“0.85”；实际比率“0.798”；监控状态“报警”；备注“已低于预警线”。3月18日、19日，被告某银行再次通过电子邮件向被告基金公司发函提请被告基金公司注意在3月14日、15日案涉基金已低于预警线。3月20日，被告某银行再次通过电子邮件向被告基金公司发函提请被告基金公司注意在3月18日案涉基金已低于预警线及止损线，具体为：案涉基金违规性质为“预警止损”；监控指标“预警线及止损线”；监控比率“0.80”；实际比率“0.786”；监控状态“报警”；备注“已低于预警线及止损线”。此后直至7月8日，被告某银行在案涉基金低于预警线、止损线时均向被告基金公司发送了提示函。这期间的2019年4月22日，被告基金公司通过电子邮件向被告某银行发送了《回复：基金公司歆悦诚一号20190418提示函》，称“我司已与投资人达成协议，对基金公司歆悦诚一号的止损线进行修改并签订补充协议，签订补充协议的相关流程请求托管人配合，谢谢”。

2019年7月8日，被告基金公司对案涉基金进行清算。7月23日，原告收到案涉基金的清盘余额405980.47元。

本案审理过程中，原告明确其向两被告主张的是违约责任。

【案件焦点】

私募基金管理人与投资人约定了平仓止损线，在基金所投资商品期货等衍生品跌破平仓线时，私募基金管理人违约未平仓止损的，应当如何审查并确认投资人的实际损失。

【法院裁判要旨】

广东省深圳市罗湖区人民法院经审理认为：本案为金融委托理财合同纠纷。

原告李某向被告基金公司、被告某银行均主张承担违约责任，系其对自身民事权利的处分，故应对两被告是否因违反案涉基金合同等约定而承担违约责任予以审查。

一、关于案涉基金合同效力以及被告基金公司签订案涉基金合同时是否违反了适当性义务的问题

首先，原告李某与被告基金公司签订了案涉基金合同补充协议，明确将商品期货等纳入了投资范围。该投资范围的变更系双方当事人的真实意思表示，不违反法律、行政法规的强制性规定。此外，案涉基金在中国证券投资基金业协会备案的主要投资方向亦包括“商品期货”，故案涉基金合同、基金合同补充协议合法有效。其次，适当性义务属于先合同义务，包括告知说明义务和适当推荐义务，其核心内涵应为风险匹配。因此，被告基金公司在签订案涉基金合同前，应当依据上述规定，履行适当性义务具体包括建立了案涉基金产品的风险评估及相应管理制度，对金融消费者即原告李某进行风险告知并对其风险偏好和风险承受能力进行了测试，并确认原告李某的风险承受能力与案涉基金的风险相匹配。再次，由于基金管理人的适当性义务旨在保护金融消费者购买产品或者接受服务时的信赖利益，因此，上述规定规定了基金管理人应当就是否履行了上述法律规定及其他相关规定中的适当性义务承担举证责任。故在本案中，被告基金公司应当就上述适当性义务的履行承担举证责任。最后，被告基金公司适当性义务中的告知说明义务应当进行实质审查而非形式判断。本案中，被告基金公司制作了案涉基金的风险评估标准、程序性信息且有对案涉基金划分风险的制度。原告李某在被告提供的《风险揭示书》上签字，并填写了《基金公司歆悦诚一号私募证券投资基金问卷》《基金公司投资者风险承受能力评估问卷（适用于自然人投资者）》。在该问卷中，原告认可其是一位非常有经验的投资者等内容，且参与过权证、期货或创业板等产品的交易并认为自己能承受的最大投资损失是“较大的投资损失”。而案涉基金的初始销售面值为1元，约定的止损线为0.8元。上述风险承受能力评估问卷已实质性地达到了风险测评目的，原告李某能够理解案涉基金可能给其造成的潜在损失程度，且该

损失程度应属于其可承担的范围。因此，案涉基金的风险与原告李某的风险承受能力相匹配，被告基金公司已履行了案涉适当性义务。

二、关于被告基金公司是否应对原告李某的损失承担赔偿责任

案涉基金合同第十一条约定了案涉基金的止损线为0.8元，且该条第十二款第（3）点“止损线”中约定：“本基金存续期内每一个估值日估值完成后（T日），基金的单位净值不高于止损（低于或等于止损线）的，无论未来证券市场趋势如何以及基金能否恢复到止损线之上，管理人均应当于T+5日内进行止损操作，将基金资产全部变现。”案涉基金于2019年3月13日跌破止损线，但被告基金公司未依上述约定进行平仓变现，致使损失扩大，故被告基金公司应对其违约行为导致的损失承担上述法律规定中的赔偿义务。被告基金公司辩称其在案涉基金触及止损线时，已与原告李某达成了变更止损线的约定，但其仅提交其与被告某银行的邮件以予以佐证，且原告对其主张亦不予认可。本院认为，被告基金公司提交的上述证据非其与原告协议变更止损线之证据，故本院对其证明目的不予认可，并对其上述主张不予支持。关于被告基金公司因违约未及时平仓所造成的损失具体金额应以“（约定平仓日基金净值-清盘日基金净值）×基金份额”来计算。因案涉基金合同约定应在T+5日内进行平仓变现操作，故被告基金公司在T+5日期间的任何一日平仓均符合约定。因此，本院酌定以T+5日期间的基金净值平均值为约定平仓日基金净值，具体为（0.811+0.817+0.786+0.8+0.826）÷5=0.808元。被告基金公司辩称即便应在止损线平仓，亦应扣除相关税费等费用，但是，案涉基金合同约定不收取赎回费用，且其造成的损失的数额系实际平仓金额与约定平仓金额间的差额，故本院对被告基金公司的上述抗辩不予支持。因此，原告投资本金的损失应为依约平仓时的变现金额减去原告李某实际收到的金额，即401212.34元（0.808×999001-405980.47）。

三、关于原告李某是否应承担未主动减损而产生的责任

虽然原告在案涉基金发生亏损之后，可以在2019年3月13日案涉基金净值跌破0.8元后的约定可赎回日——2019年4月10日即申请赎回案涉基金份额，以履行减损义务，但是，在被告基金公司既未提交证据以证明其与原告李

某已约定可通过邮寄、传真或电子邮件以外方式披露案涉基金包括净值变化在内的基金情况，也未提交相关证据以证明其已依照案涉基金合同第十九条等约定，通过邮寄、传真、电子邮件等方式就案涉基金净值的变化已通知原告李某的情况下，应当认定原告李某对案涉基金净值跌破止损线并不知情，其对因跌破止损线但未及时平仓变现而产生的上述损失不承担相应责任。

四、关于原告主张的利息损失的问题

被告未能依约及时平仓，因此应当赔偿未及时平仓所产生的逾期支付应付款项的利息损失。依案涉基金合同约定，案涉基金跌破止损线时应将基金资产全部变现，止损完毕之后案涉基金提前终止。但是，从案涉基金终止事由发生至清算时，直至将清算后的款项支付至原告李某账户，均需要处理时间。因此，原告主张的上述利息损失应当扣除上述处理时间。参考被告基金公司主张的案涉基金实际终止、清算之日——2019 年 7 月 8 日，与原告实际收到案涉基金清盘后的余额时间——2019 年 7 月 23 日两者间的时间差，本院酌定应扣除的处理时间为 15 日。由于案涉基金合同约定的平仓在 T+5 日内完成，且 T+5 日为 2019 年 3 月 20 日，故在扣除处理时间后，被告基金公司应向原告支付上述利息损失的起算日应为 2019 年 4 月 4 日。因原告李某于 2019 年 7 月 23 日收到清盘余额 405980. 47 元，故 2019 年 4 月 4 日起至 2019 年 7 月 22 日的利息损失应以约定止损平仓时变现金额 807192. 81 元（0. 808×999001）为基数计算，之后的利息损失应以 401212. 34 元为基数进行计算。原告李某主张以中国人民银行同期同类存款基准利率计算上述利息，不违反相关法律规定，予以支持。

五、关于被告某银行应否对原告主张的被告基金公司应承担的损失承担连带赔偿责任的问题

本案中，案涉基金合同虽约定了被告某银行发现被告基金公司指令违反法律法规或案涉合同约定则不予执行，但是，该合同亦约定了被告基金公司的上述违约行为造成的损失由基金管理人——被告基金公司承担。因此，在原告李某向被告某银行主张违约责任的情况下，应当依案涉基金合同约定认定产生案涉损失的责任应由被告基金公司承担；被告某银行不承担相应责任。原告李某

要求被告某银行对其损失承担连带赔偿责任的主张，无合同依据，不予支持。

判决如下：

一、被告基金公司应于本判决生效后十日内赔偿原告李某本金损失401212.34元；

二、被告基金公司应于本判决生效后十日内赔偿原告李某本金损失利息（利息以中国人民银行同期同类存款基准利率为标准自2019年4月4日起计算至实际清偿之日止，其中2019年4月4日起至2019年7月22日的利息损失以807192.81元为基数计算，之后的利息损失以401212.34元为基数计算）；

三、驳回原告李某的其他诉讼请求。

基金公司不服一审判决，提起上诉。广东省深圳市中级人民法院经审理认为：上诉人基金公司的上诉请求，均缺乏依据，原审判决认定事实清楚，适用法律正确，依法予以维持。判决：

驳回上诉，维持原判。

【法官后语】

适当性义务是私募基金等卖方机构在向金融消费者推介、销售银行理财产品、保险投资产品、信托理财产品、券商集合理财计划、杠杆基金份额、期权及其他场外衍生品等高风险等级金融产品过程中，必须履行的了解客户、了解产品、将适当的产品销售给适合的金融消费者的义务。人民法院在审理涉高风险理财产品纠纷案件中，应当坚持“卖者尽责，买者自负”原则。因此，在买方主张未及时平仓的损失时，首先应对金融产品卖方机构是否尽了适当性义务进行审查。在审查中，应当根据主客观相一致的原则，并以“穿透式事实查明”作为审查原则。详言之，即以理性人的视角，以理性人能够理解的标准，并结合金融消费者的职业、投资经验、受教育程度等方面“量体裁衣”，让适当性义务的包容性特征与审判自由裁量权调整尺度同频共振，使判决能够产生引导卖方机构从理财产品的合规性、风险等级、止损率等方面针对金融消费者的具体情况全面审查之效果。如果金融产品卖方机构仅以金融消费者书面签字确认知悉可能的风险等内容主张履行了适当性义务的，则不应对其上述主张予以支持。本案中，被告基金公司出售的金融消费品的风险等级为R4，通过风险评估问卷等实质性地审查了原告的风险承受能力为C5，风险等级与承受能力相符，故被告基金公司在本案中已经履行了适当性义务。

在私募类投资品中，如商品期货、期权等高风险产品必然会产生巨大风险，因此，约定强制平仓线，并及时强制平仓是保障金融消费者权益、控制产品风险的重要手段。但是，由于高风险金融产品价格往往波动剧烈，在强制平仓时往往难以按约定的平仓价格精确履行平仓价格。因此，金融产品卖方机构如依约定平仓时，实际可得的基金净值是多少则是计算金融消费者损失的首要问题。对于按照何种标准计算强行平仓损失，我国法律法规目前没有相应规定，这就需要法官在判决时运用自由裁量权并结合案情。本案中，约定基金净值跌破平仓止损线后的T+5日内强行平仓，因此，被告在其中任意一日平仓均是案涉基金合同的约定所允许的，故以T+1至T+5日中的基金净值的平均值作为约定平仓时的实际可得的基金净值较为妥当。在此基础上，以上述净值与被告实际清盘日时的基金净值相减，即可计算出原告李某的实际损失。

此外，在计算金融消费者损失时，还需要考虑原告是否有减损义务。如果金融消费者对卖方机构未依约及时平仓知悉且有权主动赎回而未申请赎回的，应当结合金融消费者损失的过错程度，考虑其是否应承担未履行减损义务而产生的责任。本案中，原告李某虽然在被告基金公司实际平仓前有可能通过主动赎回而减少损失，但是，被告基金公司未将未及时平仓的情况通知原告，原告事实上因无法行使主动赎回权而无法主动减损，故被告应承担原告李某的上述全部损失。

编写人：深圳市罗湖区人民法院　耿利君　霍哲弘

41

私募资管产品管理人职责的认定

——张金某诉资产管理公司金融委托理财合同案

【案件基本信息】

1. 裁判书字号

上海市浦东新区人民法院（2019）沪 0115 民初 68308 号民事判决书

2. 案由：金融委托理财合同纠纷

3. 当事人

原告：张金某

被告：资产管理公司

【基本案情】

2016 年 8 月 31 日，原告与被告签订《某专项资产管理计划资产管理合同》（以下简称《云景资管计划合同》）。云景资管计划募集资金用于认购甲投资中心（有限合伙）（以下简称甲合伙）的有限合伙份额，甲合伙是专门为投资乙实业公司地产项目而设立的有限合伙企业。同日，作为资产委托人的原告向《云景资管计划合同》指定资金募集账户支付 130 万元。2016 年 9 月 2 日，《云景资管计划合同》依双方约定生效。2016 年 9 月 7 日，云景资管计划所募集资金 1.391 亿元被划付至甲合伙账户。其时，丙投资公司为甲合伙的普通合伙人，甲合伙持有乙实业公司 49%股权，甲合伙已经将其持有的该乙实业公司 49%股权质押给被告。《云景资管计划合同》约定，资产管理人的义务第 8 项为：“以资产管理人的名义，代表资产委托人利益行使诉讼权利或者实施其他法律行为”；风控措施第 2、3 项为：“（2）普通股合伙人流动性无条件差额补足义务；

丙投资公司承诺将以自有资金对资管计划中委托人的投资收益与业绩比较基准之间的差额部分进行补足；(3) 项目公司股权质押：甲合伙将其持有的项目公司（乙实业公司）49%的股权为丙投资公司的上述资金补足义务提供股权质押保证担保。”同时约定了云景资管计划管理人应披露的信息内容为“投资状况、投资表现、风险状况等信息”以及“发生本合同约定的、可能影响资产委托人利益的重大事项”依上述合同约定，《云景资管计划合同》应于2018年9月2日到期，但自2018年9月10日起，被告连续发布7份临时公告、5份季度报告及2018年年度报告，披露了该计划延期、涉案项目的进展等相关信息。2020年4月20日，被告对丙投资公司等提起诉讼。

【案件焦点】

1. 被告作为管理人是否已经全面履行了云景资管计划的信息披露义务；2. 被告作为管理人是否为委托人的最大利益有效履行了相关防范和控制风险的谨慎管理义务。

【法院裁判要旨】

上海市浦东新区人民法院经审理认为：原告张金某与被告资产管理公司签订的《云景资管计划合同》，是双方当事人的真实意思表示，依法成立并生效。被告作为针对特定投资者发行的云景资管计划资产的管理人，应为委托人利益履行诚实信用、勤勉尽责义务；原告作为委托人自担投资风险并获得收益。

关于第一项争议焦点，首先，双方并未要求云景资管计划管理人披露其所应当采取风控措施的具体内容。其次，风控措施应属于资产管理人为有效防范和控制风险而应当采取的相关法律行为，属于对资产管理合同义务的履行，一般不能直接增加委托人利益，若资产管理人未正确执行风控措施导致委托人产生利益损失的，委托人可以依法向资产管理人请求赔偿而予以填补，故被告应当采取的风控措施所涉文件的具体内容，不应属于双方上述约定的“可能影响资产委托人利益的重大事项”。最后，若资管计划合同约定的披露内容未涉及或低于法律法规要求披露的信息内容，应依据相关法律法规的规定予以披露；

目前尚无法律法规存在明确要求资产管理产品管理人披露原告主张内容的相关规定。因此，原告关于被告披露相关信息的诉请，法院不予支持。

关于第二项争议焦点，首先，在原告没有提供证据证明如对丙投资公司等行使诉权并采取诉讼保全措施，可以使得全体资管计划委托人获得更大利益的情形下，法院应尊重被告作为专业机构的判断和选择。其次，在本案诉讼期间，被告已经对丙投资公司提起诉讼，原告要求被告代表原告利益向丙投资公司提起诉讼的诉讼请求已经丧失事实基础；同时，被告亦陈述未对丙投资公司采取诉讼保全措施的理由，在原告没有提供相反证据予以证明的情形下，被告的上述解释，法院予以尊重。最后，乙实业公司即非《云景资管计划合同》的相对方，被告认为云景资管计划与中粮实业不存在直接的法律关系，法院亦予以尊重。因此，原告要求被告代表原告利益对丙投资公司、乙实业公司行使诉权并采取诉讼保全措施之诉讼请求，法院不予支持。

依照《中华人民共和国合同法》第六十条，《中华人民共和国信托法》第二条，《中华人民共和国证券投资基金法》第三条、第九条、第九十五条，《最高人民法院关于适用〈中华人民共和国民事诉讼法〉的解释》第九十条之规定，作出如下判决：

驳回原告张金某的全部诉讼请求。

判决后，双方当事人均未上诉，本判决现已生效。

【法官后语】

我国资产管理行业发展时间虽然相对较短，但发展速度却很快，而私募资产管理产品在资产管理中占有重要地位。本案的法律适用难点是，私募资产管理人是否全面履行了信息披露义务和采取风险管控措施的谨慎管理义务。

一、管理人的信息披露义务

资管产品管理人的信息披露义务贯穿于资管产品的发行、运作、清算各个环节。在运作阶段，资管产品管理人的信息披露义务是指私募资产管理人向投资者主动、真实、准确、完整、及时揭示资产管理产品的投资状况、突发风险、风险处置措施及结果以及可能影响资产委托人利益的重大事项等内容，便于投资者充分监督资管产品管理人的投资管理情况，分享资产管理产品财产收益，承担资产管理产品亏损或终止的有限责任。

管理人是否进行信息披露一般人均能识别，但对于某些内容是否属于应披露的内容应基于管理人的专业判断来决定。实践中，争议较大的为管理人必须披露的“可能影响资产委托人利益的重大事项”的判断。由于市场瞬息万变，法律、合同、行业惯例等均不可能完全涵盖资管产品运作中可能会产生的所有重大事项，对于资管产品运作中产生的事项是否应进行披露需要经过管理人的专业判断，确保信息披露的有效性。通常而言，管理人应从该事项的产生、可能引起的后果、对投资者的影响等方面综合判定；同时，管理人在披露该重大事项涉及的具体内容时，可以根据自身专业知识水平，自主判断是否披露该事项涉及文件的具体内容。若投资者与管理人之间就重大事项的定义产生分歧时，管理人应向投资者解释说明该事项是否属于重大事项的判断依据。

二、管理人的风险管控义务

与信息披露义务相同，私募资管产品管理人的风险管控义务亦贯穿私募资产管理产品从募集到合同终止的各个阶段。运作阶段的风险管理是指资管产品管理人应当遵守审慎经营规则，制定科学合理的投资策略和风险管理制度，有效防范和控制风险。因此，资管产品管理人往往会采取与相关方签订协议，办理产权登记、变更等措施避免风险的发生。在资产管理产品运作对象出现违约时，管理人不能仅发布该产品延期的公告就视为尽到自身责任，而应尽可能地与投资项目相对方主张权利，要求违约方提供增信措施、设立违约金条款、处理交易资产等方式，妥善处理与交易对手的纠纷，必要时采取诉讼、仲裁等方式，以维护全体委托人的最大利益。

三、结语

本案明确了私募资管产品管理人专业判断正当性审查的基本思路，管理人应依据资管计划合同全面履行谨慎管理义务，并如实向委托人披露其采取的措施。资管计划合同约定的内容未涉及或低于法律法规要求的，则管理人应依据相关法律法规的规定履行义务。若委托人对管理人根据自身专业能力做出的判断行为持有异议，管理人应对此作出合理解释说明。如果委托人坚持认为管理人采取的措施明显不当，则委托人应举证证明管理人的管理水平低于行业通常标准，或证明委托人提出的举措可以使得全体资管计划委托人获得更大利益。该案体现了法院尊重私募资管产品管理人在产品运作中基于自身能力作出的专业判断，避免投资者对管理人基于全体投资人最大利益而正常行使管理职责的不当干涉，有利于增强金融市场合理预期，规范和引导资产管理行业的有序发展。

编写人：上海金融法院　王鑫

上海市浦东新区人民法院　王朝辉

42

信息下发类弹窗中电子仲裁条款效力的认定标准

——黄园某诉交易公司委托理财合同案

【案件基本信息】

1. 裁判书字号

上海金融法院（2021）沪74民终1703号之一民事裁定书

2. 案由：委托理财合同纠纷

3. 当事人

原告（上诉人）：黄园某

被告（被上诉人）：交易公司

【基本案情】

黄园某诉称，2016年5月，交易公司授权其会员单位通过欺诈和虚假宣传，诱骗黄园某到其交易平台开户进行所谓的现货原油交易。自2016年5月5

日至2016年7月25日，黄园某因从事相关合约交易，多次出入金，出入金差额为665867.92元。2021年6月，黄园某向相关主管部门咨询得知，交易公司所组织开展的交易在交易机制上违反了强行法，损害了社会公共利益，其与会员单位恶意串通共同经营非法交易平台的行为不具备合法性，黄园某开户后所进行的全部交易均无法律效力，交易公司因组织从事非法交易而从黄园某处获得的交易资金应当依法全部赔偿。为此，黄园某诉至法院请求：1. 确认黄园某在交易公司的交易系统中的全部交易无效；2. 判令交易公司赔偿黄园某交易资金665867.92元。

【案件焦点】

黄园某与交易公司之间是否就涉案仲裁条款达成合意。

【法院裁判要旨】

上海市长宁区人民法院经审理认为：交易公司更新交易软件的时间是2016年6月29日，2016年6月29日之前的交易软件版本中没有约定仲裁的条款。黄园某自述其自2016年5月5日至2016年7月25日从事“长某油”“长某银”合约交易，入金18笔，出金4笔。在2016年6月29日后，黄园某通过交易公司的网上交易平台进行交易操作，进入交易软件进行交易时，系统均默认弹出《风险警示书》窗口。《风险警示书》第七条载明：“对于您与交易中心、会员单位（包括分支机构、工作人员）等其他相关主体之间一方或多方发生合同纠纷和其他财产权益纠纷的，您不可撤销地同意将该等争议提交上海仲裁委员会，依据该仲裁机构届时有效的仲裁规则在上海浦东新区进行仲裁。仲裁裁决是终局的，对各方均有约束力。”该警示书尾部载明：“若您对上述内容不理解或不接受的，请您务必停止交易操作！您继续操作并进行交易的，视为您已经完全理解并接受上述内容，并愿意受其约束。”《风险警示书》由交易公司提供，黄园某在交易系统进行交易操作，表明黄园某在完成每次交易时对系统弹出的《风险警示书》窗口点击了“同意”按钮，黄园某通过点击同意的方式就争议解决方式与交易公司达成一致意见，同意并接受《风险警示书》中仲裁条款的约束，故本案争议应遵循上述约定以仲裁方式解决。

上海市长宁区人民法院依照《中华人民共和国仲裁法》第五条、《中华人民共和国民事诉讼法》第一百二十四条第二项和《最高人民法院关于适用〈中华人民共和国民事诉讼法〉的解释》第二百零八条第三款之规定，作出如下裁定：

驳回黄园某的起诉。

黄园某不服一审裁定，提出上诉。上海金融法院经审理认为：从《风险警示书》尾部明确载明的文义看，投资者接受仲裁条款约束的前提条件是“继续操作并进行交易”，而非仅仅登录系统或点击“同意”按钮。根据本案查明的事实，该风险警示书系 2016 年 7 月 29 日交易系统更新后出现，而该日期后黄园某仅登录交易系统，并未进行任何实质交易。因此，黄园某的行为不符合《风险警示书》中关于达成仲裁合意的条件。退一步而言，从涉案仲裁条款的形式来看，即使双方对相关条款的理解不同，也应采取对投资者一方有利的解释。

而从投资者权益保护的角度来看，投资者从事理财投资过程中，随时登录交易系统并查看账户相关信息，系其必须进行的操作。涉案交易系统更新后，黄园某一旦登录，《风险警示书》即以默认弹窗方式出现。如果黄园某不点击按钮，后续操作就无法进行。因此，如果仅以黄园某登录系统的行为就认定其接受仲裁条款，显然将不当限制投资者随时关注其投资状况的合理行为，损害其合法权益。

上海金融法院依照《中华人民共和国民事诉讼法》第一百七十一条、《最高人民法院关于适用〈中华人民共和国民事诉讼法〉的解释》第三百三十二条之规定，作出如下裁定：

一、撤销上海市长宁区人民法院（2021）沪 0105 民初 18337 号民事裁定；

二、本案指令上海市长宁区人民法院审理。

【法官后语】

一、金融机构弹出电子仲裁条款系要约

信息下发类弹窗，通常指程序运行过程中出现用户决策的即时任务。其特征是当弹窗出现在用户的操作视野时，用户需要对该弹窗作出回应，所以该类弹窗是可交互的。当金融机构采用上述弹窗方式向投资者弹出电子仲裁条款时，该类弹窗往往出现在投资者所目及的显著位置，由此便于投资者作出相应选择。而上述弹窗出现的方式符合《中华人民共和国民法典》（以下简称《民法典》）第四百七十二条关于要约的规定："要约是希望与他人订立合同的意思表示，该意思表示应当符合下列条件：（一）内容具体确定；（二）表明经受要约人承诺，要约人即受该意思表示约束。"

二、投资者接受电子仲裁条款系承诺

在信息下发类弹窗的底部往往设计有选择项，投资者可以根据自身的需求，点击选择接受或者不接受，以此就弹窗中所载的电子仲裁条款向金融机构反馈意愿。如投资者选择接受，则投资者向金融机构反馈了同意的意愿即认可了金融机构要约的意思表示，符合《民法典》第四百七十九条关于承诺的规定："承诺是受要约人同意要约的意思表示。"反之，如投资者作出了不同意金融机构要约的意思表示，则不构成承诺。

三、电子仲裁条款宜认定有效格式条款

电子仲裁条款系金融机构为提高交易效率重复使用而预先拟定，并单方设计、制作、提供的条款，该类条款因未与投资者在订立时协商，属于格式条款。根据《民法典》第四百九十六条第二款的规定："采用格式条款订立合同的，提供格式条款的一方应当遵循公平原则确定当事人之间的权利和义务，并采取合理的方式提示对方注意免除或者减轻其责任等与对方有重大利害关系的条款，按照对方的要求，对该条款予以说明。提供格式条款的一方未履行提示或者说明义务，致使对方没有注意或者理解与其有重大利害关系的条款的，对方可以主张该条款不成为合同的内容。"一般而言，电子仲裁条款所约定的是相关纠纷发生后纠纷的主管问题，相关条款并未排除投资者的纠纷救济权，不宜认定该条款属于金融机构免除或减轻自身责任等对投资者有重大利害关系，故在投资者选择接受电子仲裁条款的情况下，亦不宜认定相关电子仲裁条款未成立。

同理，电子仲裁条款一般也不符合《民法典》第四百九十七条规定：“有下列情形之一的，该格式条款无效：（一）具有本法第一编第六章第三节和本法第五百零六条规定的无效情形；（二）提供格式条款一方不合理地免除或者减轻其责任、加重对方责任、限制对方主要权利；（三）提供格式条款一方排除对方主要权利。”因此，电子仲裁条款与金融机构通过官网公告修订合同格式条款的行为性质不同，前者赋予了投资者选择接受或不接受的权利，后者未赋予非提供格式条款一方任何选择权，系单方变更合同的行为，在后者情况下，金融机构未就相关条款向非提供格式条款一方履行提示说明义务，则相关格式条款无效。

四、未明确约定的事项非电子仲裁条款的有效内容

《中华人民共和国仲裁法》第四条规定：“当事人采用仲裁方式解决纠纷，应当双方自愿，达成仲裁协议……”第十八条规定：“仲裁协议对仲裁事项或者仲裁委员会没有约定或者约定不明确的，当事人可以补充协议；达不成补充协议的，仲裁协议无效。”故对仲裁事项的约定必须是自愿且明确的。如本案中，《风险警示书》仅约定“继续操作并进行交易”是投资者接受仲裁条款约束的前提，而未约定仅登录未交易的情况适用仲裁条款。因此，《风险警示书》虽体现了交易公司与投资者的合意，但投资者仅登录而未交易的情况，并非属于《风险警示书》明确约定的事项，该种情况不受涉案电子仲裁条款约束。

编写人：上海金融法院　余甬帆

43

基金管理人信义义务的认定

——某合伙企业诉某基金管理公司合同案

【案件基本信息】

1. 裁判书字号

广东省深圳市中级人民法院（2020）粤 03 民终 22461 号民事判决书

2. 案由：合同纠纷

3. 当事人

原告（上诉人）：某合伙企业

被告（上诉人）：某基金管理公司

【基本案情】

2017 年 7 月 10 日，某合伙企业作为资产委托人、某基金管理公司作为资产管理人签订了《某某创新红人 40 号资产管理计划资产管理合同》（以下简称红人 40 号资管合同），约定投资洛阳钼业非公开发行 A 股股票。同日，某合伙企业与某基金管理公司签订补充协议，约定资产委托人有权以书面形式将《报价意向函》发送至资产管理人，资产管理人应根据资产委托人发送的该函进行报价；资产管理计划有效期内，资产管理人应遵守国家有关法律法规、监管机构、证券交易所关于减持的规定，涉案资管计划减持的股票数量，应按照各资产委托人的投资比例进行分配；洛阳钼业股票解除锁定期后，在合法合规及符合资产管理人公平交易原则的前提下，资产委托人可自主选择减持方式，并根据可操作性选择减持时点和减持价格。资产委托人向资产管理人发送《减持授权单》，资产管理人收到后回复邮件确认，并根据《减持授权单》进行减持操作。2017年7月25日，某基金管理公司获配518835066股，以其管理的24个投资账户参与认购，包括1个公募基金和23个资管计划，限售期12个月。

2018年7月24日，某合伙企业员工向某基金管理公司发送了《减持操作指令》，要求某基金管理公司按照6元以上的减持价格减持384余万股。某基金管理公司于2018年7月24日以6.12元的均价卖出38400股，于2018年7月25日以6.05元的均价卖出76135股，于2018年7月26日以5.92元的均价卖出808400股，于2018年7月27日以5.79元的均价卖出134900股。

2018年7月24日至27日，除1只普通公募基金和红石45号资管计划外，其他22只公募专户资管计划四天减持均价为5.95元/股，数量占比为13.27%；涉案红人40号资管计划该四天减持均价为5.92元/股，数量占比为13.74%；该四天前述22只公募专户资管计划在6元以上卖出均价为6.14元，数量占比为3.8%；该四天涉案红人40号资管计划在6元以上卖出均价为6.07元，数量占比为2.5%。

某基金管理公司参与洛阳钼业定增计划共计约20亿元左右，其管理的23只洛阳钼业定增资管计划为相同基金管理团队，1只普通公募基金为另外的基金管理团队。

某合伙企业诉讼请求为：1. 某基金管理公司赔偿损失6536516.92元及利息损失；2. 某基金管理公司赔偿律师费256520元、证据固化费用2560元；3. 某基金管理公司承担全部诉讼费用。

【案件焦点】

某基金管理公司未及时按资产委托人某合伙企业2018年7月24日《减持操作指令》要求，卖出股票的行为是否构成违约或者违反基金管理人信义义务，如果构成应当如何承担赔偿责任。

【法院裁判要旨】

广东省深圳市福田区人民法院经审理认为：涉案资管合同和补充协议合法有效，某基金管理公司以低于6元每股减持的行为构成违约，某基金管理公司应赔偿损失90850元及律师费和证据固化费用。某合伙企业仅要求某基金管理公司按照6元以上的价格减持以及明确了减持的股数，并未要求某基金管理公司操作减持的具体时间和具体价格。某基金管理公司作为资产管理人，依据自身对涉案股票市场行情的判断进行分批减持，并未违反双方合同约定和2018年7月24日的操作指令。

广东省深圳市福田区人民法院依照《中华人民共和国合同法》第六十条的规定，作出如下判决：

一、某基金管理公司应于判决生效之日起十日内向某合伙企业赔偿损失90850元并支付利息损失；

二、某基金管理公司应于判决生效之日起十日内向某合伙企业支付律师费256520元、证据固化费用2560元；

三、驳回某合伙企业的其他诉讼请求。

某合伙企业、某基金管理公司均不服一审判决，提出上诉。

广东省深圳市中级人民法院经审理认为：本案是因履行公募基金特定客户资产管理合同发生纠纷，资产委托人诉公募基金管理人赔偿损失的案件。关于某基金管理公司未及时按资产委托人《减持操作指令》要求，卖出股票的行为是否构成违约或者违反基金管理人信义义务，以及是否应承担赔偿责任的问题，二审法院认为，首先判断是否为“通道业务”关键还是应看合同约定的权利义务。某合伙企业未举证证明双方还存在类似规避监管的“抽屉协议”，或者前期双方关于本案资管计划仅作“通道业务”进行的沟通记录。相反，《补充协议》第三条的约定，某基金管理公司在承诺减持“根据《减持授权单》进行”的同时，附有满足“公平交易原则”和市场“可操作性”要求的条件，而这恰恰是管理人履行主动管理职责的体现。其次，本案资管计划合同签订于《资管新规》实施之前，即使是“通道业务”，也并不影响合同效力。从管理人信义义务的角度，判断管理人是否违反管理职责或者背信，关键看不同产品类型下，投资人与管理人之间的信息优势、专业技能的悬殊程度，并由此产生的信赖强度。这种信赖产生的信义义务（勤勉义务）既有合同约定的成分也有法定义务的成分，总体上介于委托关系和信托关系之间，并基于受信赖程度而由高向低成正向相关关系。即使是“通道业务”，某基金管理公司也并非仅仅完全按照委托关系执行委托人的指令，而完全没有注意义务（忠实义务自不待言）。反之，即使是资产管理的信托计划产品，因为产品类别不同、投资人不同、结构不同，对管理人的信义义务（勤勉义务）特别是注意义务要求也不相同。类似本案这种单一资产委托人的资管计划，基于意见收集成本更低、可操作性更高以及收益权主体的唯一性等原因，管理人履行主动管理职责的能动性更弱，也更应该尊重委托人的投资决策。再次，本案某基金管理公司的减持操作未违规、未违约、未背信。即使是某合伙企业主张的“通道业务”，某基金管理公司作为公募基金管理人也享有特定的投资决策权，这更是履行一定的主动管理职责和信义义务（勤勉义务）的需要。即使合同没有约定，某基金管理公司作为资管计划管理人在执行委托人《减持操作指令》时也应受“公平交易原则”的约束。根据某基金管理公司提交的2018年7月24日至27日交易数据，其管理的除1只普通公募基金和2018年7月26日到期的资管计划外，涉案资管计划与其他22只公募专户基金四天减持比例和减持均价基本相当，符合“公平交易原则”。因此，二审法院最终认定某基金管理公司的减持操作，符合“公平交易原则”和可操作性要求，也不构成违约或违反管理人信义义务（勤勉义务），对一审判决予以纠正。

广东省深圳市中级人民法院依照《〈最高人民法院关于适用〈中华人民共和国民法典〉时间效力的若干规定》第一条第二款，《中华人民共和国合同法》第六十条、第六十二条、第一百二十五条，《中华人民共和国民事诉讼法》第一百七十条第一款第二项、第一百七十五条之规定，作出如下判决：

一、撤销广东省深圳市福田区人民法院（2020）粤0304民初25230号民事判决；

二、驳回上诉人某合伙企业的全部诉讼请求。

【法官后语】

近年来，随着我国经济发展，银行、信托、证券、基金等金融机构资管业务快速发展，尽管证监会等主管机构多次发布管理规定，但是金融实践及司法实务中仍时常出现对基金管理人是否违反信义义务认识的分歧，故深入探讨和分析基金管理人的信义义务的性质和特点，公平交易原则和可操作性原则在具体案件中如何适用，有助于明晰资产管理人的合同义务及法律责任，对裁判测试确立维护市场交易规则、促进商事（金融）领域健康发展具有积极的实践意义。

一、信义义务在资产管理领域的性质和内涵

（一）性质：是合同义务还是法定义务抑或两者的复合体

笔者认为，信义义务的本质是法定义务，也包括约定义务，是法定义务和约定义务的复合体。在法律和资管合同均规定对受信人负有信义义务时，如果法律法规规定的信义义务是强制性的、效力性的，则优先适用法律法规的义务规则；如果法律法规规定的信义义务是倡导性的，则优先适用合同约定的信义义务规则（尊重商事领域的意思自治）。

（二）核心内涵

信义义务作为开放的概念，内容丰富、抽象，通说认为其核心即忠实义务和注意义务。忠实义务包括遵守及履行委托人的指令、善意提供信义服务、不能擅自转委托、向委托人报告并披露相关信息、公平对待各个委托人等义务。注意义务要求基金管理人在作出经营决策时恪尽职守、审慎、勤勉尽责，并具有专业水平。

二、如何判断基金管理人是否适当履行信义义务在审判实务中的几点经验

（一）“通道业务”的鉴别及基金管理人基于信义义务发挥主动管理职责的个案体现

本案例中某合伙企业主张涉案资管计划的实质系相关规定实施前产生的特定时期的“通道业务”，某基金管理公司并不享有投资决策权，故其未按照指令的价格及时卖出案涉资管计划投资的股票构成违约。某合伙企业之所以这样主张，目的即是绕开双方约定的及法律规定的基金管理人信义义务，以取得优于其他委托人的交易便利及利益。

笔者认为，首先，业内俗称的“通道业务”更多地产生于与银行相关的业务领域，提供通道的机构往往仅提供必要的事务协助，收取固定的“通道费”，而不承担主动管理职责。本案例合同的约定和履行情况与前述业内俗称的“通道业务”并不完全相符。某基金管理公司作为公募基金与其他大型机构一起获得的洛阳钼业数十亿的定增项目，同时发起旗下公募基金和23只资管计划共同参与，并不是某合伙企业已经与洛阳钼业公司签订定增合同后，再寻找某基金管理公司提供通道。本案合同约定的管理费也是浮动的，某基金管理公司并非收取一次性的“通道费”。《补充协议》约定，某基金管理公司在承诺减持“根据《减持授权单》进行”的同时，附有满足“公平交易原则”和市场“可操作性”要求的条件，而这恰恰是管理人履行主动管理职责的体现。

其次，从管理人信义义务的角度，判断管理人是否违反管理职责或者背信，关键看不同产品类型下，投资人与管理人之间的信息优势、专业技能的悬殊程度，并由此产生的信赖强度。即使是“通道业务”，某基金管理公司也并非仅仅完全按照委托关系执行委托人的指令，而完全没有注意义务（忠实义务自不待言）。类似本案这种单一资产委托人的资管计划，基于意见收集成本更低、可操作性更高以及收益权主体的唯一性等原因，管理人履行主动管理职责的能动性更弱，也更应该尊重委托人的投资决策，也就是说主动管理责任与集合型资管计划产品有所不同。这种变量只能在个案中加以区别和测试找寻。

（二）遵循“公平交易原则”是基金管理人履行信义义务的重要体现

如前文所述，基金管理人公平对待各个委托人是其履行信义义务中忠实义务的必然要求。我国《证券投资基金管理公司公平交易制度指导意见》第二条第一款规定：“公司应严格遵守法律法规关于公平交易的相关规定，在投资管理活动中公平对待不同投资组合，严禁直接或者通过与第三方的交易安排在不同投资组合之间进行利益输送。”第四条规定：“公司应合理设置各类资产管理业务之间以及各类资产管理业务内部的组织结构，在保证各投资组合投资决策相对独立性的同时，确保其在获得投资信息、投资建议和实施投资决策方面享有公平的机会。”涉案《资管合同》及《补充协议》均约定减持定增股票应当符合“公平交易原则”，并明确约定某基金管理公司应公平对待所管理的不同资产，不得从事任何有损资产管理计划财产及其他当事人利益的活动。故实践中即使合同没有约定，作为资管计划管理人在执行委托人《减持操作指令》等指令时也应受“公平交易原则”的约束，才能避免利益输送，保证投资者的公平交易机会。

（三）交易的可操作性在判断基金管理人是否适当履行信义义务中不容忽视

理论上，股票价格推定是市场各种信息的综合反映，其涨跌受多重因素影响，特别是供求关系。某只股票存在大规模解禁通常构成重大利空。因此，机构投资者集中减持操作上需要考量市场的承接能力。除非市场或标的上市公司出现极端情况或事件，机构投资者减持需要相对较长的时间并在一定的价格区间进行，甚至达成某种默契才能顺利实施。案涉洛阳钼业股票在2018年7月24日定增解禁数十亿元，在利空的情况下，不能排除同时参与定增的其他基金公司也存在减持操作，而且某基金管理公司管理的参与该项目的资管计划较多，如果不考量市场承压能力，全部大额集中挂单卖出，可能对市场单一标的股票的投资者信心产生冲击或负面影响，极可能造成股价大幅下跌甚至无法成交的情况，甚至引起板块乃至整个市场的连锁反应，也不是监管和市场所倡导的行为。最终可能不仅更不利于委托人的利益，而且影响中小投资者的利益。故基于管理人信义义务（勤勉义务），在要求其履行主动管理职责和遵循“公平交易原则”的同时，也应赋予管理人合理的操作上的能动性，而不应对管理人过分严苛。否则，就不存在专业资产管理这一市场分工的必要和可能。管理人尊重和履行委托人建议的情况可以作为判断认定其是否违约或者背信的因素，但不应认为构成绝对的刚性约束。

编写人：广东省深圳市中级人民法院　吴静

六、信托纠纷

44

私募基金投资人知情权行使的困境及保护路径

——某银行公司诉某信托公司、某证券公司信托案

【案件基本信息】

1. 裁判书字号

北京金融法院（2021）京74民终69号民事裁定书

2. 案由：信托纠纷

3. 当事人

原告（上诉人）：某银行公司

被告（被上诉人）：某信托公司、某证券公司

【基本案情】

2017年6月9日，某银行公司与某信托公司签署了《某理财047号集合资金信托计划信托合同》（以下简称《047号信托合同》）等一系列信托文件；《047号信托合同》约定，某信托公司设立“某理财047号集合资金信托计划”，并聘请某证券公司为投资顾问。某银行公司认购信托计划5亿元的相应份额，认购日为2017年6月9日，拟定赎回日为2018年6月8日，信托计划投资范围为银行存款及证券公司/基金公司或者基金子公司设立的资产管理计划。

合同签署后，某银行公司依约向某信托公司支付了认购款项。2018 年 6 月 1 日，某银行公司向某信托公司发送了赎回申请表，2018 年 7 月 31 日，某信托公司向某银行公司支付了赎回款 490844179.57 元。后某银行公司认为某信托公司未按照信托文件的约定以及相关法律、法规、规章的规定，向某银行公司提供、披露信托计划设立、投资、管理、运营、处分的相关信息与文件，使得某银行公司作为信托计划的委托人无从了解信托计划的信息，某信托公司、某证券公司违反了合同约定以及相关法律、法规、规章的规定，侵害了某银行公司作为信托计划委托人的知情权。故起诉至北京市朝阳区人民法院。

【案件焦点】

委托人的知情权的边界如何界定。

【法院裁判要旨】

北京市朝阳区人民法院经审理认为：某银行公司与某信托公司签订的《047 号信托合同》及某银行公司、某信托公司与某证券公司签订的《补充协议》，均是各方当事人的真实意思表示，亦不违反法律、行政法规的强制性规定，应属合法有效，各方均应按照约定履行各自的义务。

《中华人民共和国信托法》第二十条规定，委托人有权了解其信托财产的管理运用、处分及收支情况，并有权要求受托人作出说明。委托人有权查阅、抄录或者复制与其信托财产有关的信托账目以及处理信托事务的其他文件。《信托公司集合资金信托计划管理办法》第三十四条规定，信托公司应当依照法律法规的规定和信托计划文件的约定按时披露信息，并保证所披露信息的真实性、准确性和完整性。第三十五条规定，受益人有权向信托公司查询与其信托财产相关的信息，信托公司应在不损害其他受益人合法权益的前提下，准确、及时、完整地提供相关信息，不得拒绝、推诿。上述规定均赋予了委托人、受益人知情权。

法律规定的委托人的查阅权的范围仅限于与其信托财产有关的信托账目以及处理信托事务的其他文件，但对于信托账目及其他文件的具体指向并未作出明确解释。委托人知情权的目的在于了解其信托财产的管理运用、处分及收支情况，具体到信托项目上主要体现为信托资金管理报告或处理信托事务的完整记录。

具体来讲，关于某银行公司要求某信托公司披露的文件与信息中的第 1、2、3、5、9、15、17 项，根据某信托公司提交的公证书可以看出，委托人或受益人在某信托公司网站登录注册以后可以查阅到相关管理报告、临时公告、基金净值等信息。虽然某银行公司表示在信托计划期间从未有人告知其通过该方式查阅，但是，某信托公司该披露方式符合《047 号信托合同》约定的披露方式，虽然没有证据证明某信托公司在整个信托计划期间曾提示某银行公司进行注册登录，但某银行公司作为合格投资者，其签署《047 号信托合同》时亦清楚地知道信息披露的多种方式，某银行公司也没有提交证据证明其在 2018 年 5 月之前就如何查阅相关资料向某信托公司提出过疑问；此外在本次诉讼过程中，某信托公司将所有该信息以公证书的形式作为证据提交，亦能满足某银行公司对此的知情权。故某银行公司要求某信托公司就此部分进行披露，本院不予支持。关于某银行公司要求某信托公司披露的文件与信息中的第 10 项，某信托公司提交的邮件显示其已向某银行公司进行了披露，故对某银行公司要求某信托公司就此部分进行披露，本院不予支持。

关于某银行公司要求某信托公司披露的文件与信息中的第 4 项，《047 号信托合同》中明确约定了某信托公司作为受托人对委托人、受益人以及处理信托事务的情况和资料负有依法保密的义务，但法律法规另有规定或因处理信托事务必须披露的除外。法律法规并未规定受托人在向委托人披露信息时可以披露其他委托人的资金募集及收益分配情况，对于其他委托人的资金募集及收益分配也不属于合同约定因处理信托事务必须披露的事项。因此某银行公司要求某信托公司披露其他投资人退出、赎回份额、净值情况等资料没有依据，不予支持。

关于某银行公司要求某信托公司披露的文件与信息中的第 6 项，《047 号信托合同》约定了信托计划投资于博时资本-金牛 1 号专项资产管理计划，后又签订《补充协议》，明确了信托计划投资于博时资本-金牛 2 号专项资产管理计划，此后的季度管理报告亦载明了持仓余额统计包括上述两个专项资产管理计划，并列明了成本和市值，由此，上述信息已能满足某银行公司对于投资明细的知情权，某银行公司要求某信托公司进一步披露投资明细等资料没有依据，不予支持。

关于某银行公司要求某信托公司披露的文件与信息中的第7、8、11、13项，本院认为，《某理财047号集合资金信托计划说明书》里对备查文件进行了明确，其中包括保管协议、法律意见书、资产管理计划合同、投资顾问协议、关于代理销售金融产品之框架协议以及代理推介协议、其他交易文件等，也明确了委托人可在受托人处查阅上述备查文件，但受托人有权拒绝其复印、拷贝的要求。故某银行公司有权要求某信托公司出示第7、8、11、13项文件。

关于某银行公司要求某信托公司披露的文件与信息中的第12、14项，本院认为，资管计划产品的投资明细、资产管理合同以及投资顾问发出的投资建议或指令并不在必须向投资人披露的范围，因此某银行公司要求提供该部分资料没有依据，本院不予支持。

关于某银行公司要求某信托公司披露的文件与信息中的第16、18项，因指向并不明确，某信托公司亦否认有其他要求必须向投资人披露的文件与信息，故某银行公司该部分诉讼请求，本院不予支持。

关于某银行公司主张的律师费，因双方对此并未作出约定，故本院对某银行公司要求某信托公司支付律师费的诉讼请求，不予支持。

因某证券公司并非信息披露义务主体，某银行公司要求某证券公司履行披露义务及支付律师费，没有依据，本院不予支持。

综上，依照《中华人民共和国合同法》第六十条、《中华人民共和国信托法》第二十条、《最高人民法院关于适用〈中华人民共和国民法典〉时间效力的若干规定》第一条第二款之规定，判决如下：

一、被告某信托有限公司于本判决生效之日起十日内置备信托计划保管协议、关于代理销售金融产品之框架协议及代理推介协议、2017年6月9日至2018年5月31日信托计划为投资资管计划作出的尽调报告、信托计划投资的资管计划的资产管理合同于办公场所供原告某商业银行股份有限公司查阅；

二、驳回原告某商业银行股份有限公司的其他诉讼请求。

某银行公司不服原审判决，提起上诉。后因某银行公司未按规定缴纳上诉费，北京金融法院经审理裁定：本案按自动撤回上诉处理。

【法官后语】

本案主要是对于信托投资中信息披露边界的一个认定。目前《中华人民共和国信托法》第二十条，《信托公司集合资金信托计划管理办法》第三十四条、第三十五条均对委托人、受益人的知情权，受托人的信息披露义务进行了规定，对于信托、私募基金等信息披露制度起到了一个提纲挈领的作用。2005年中国银监会《信托投资公司信息披露管理暂行办法》，对作为基金管理人的信托公司的信息披露的内容以及管理作出了相关规定。2016年中国基金业协会发布了《私募投资基金信息披露管理办法》，对基金募集、运作期间的信息披露及自律管理作出了相应规定。虽然以上规定赋予了管理人信息披露义务，也赋予了委托人、受益人知情权，但是对于信息披露指向的具体内容却并不清晰，这也导致在司法实践中，对于哪些内容是属于必须披露的信息、哪些是可以不必披露的信息并没有一个很好的界定。

一、我国私募基金投资人行使知情权的困境

首先，基于信息不对称理论，在私募基金运行中，基金管理人处于主导地位，往往掌握着基金的交易信息、投资走向等内容，而投资人对该类信息完全不了解或者了解甚少，往往只能通过管理人发布的季度报告或年度报告对基金的投资和收益进行了解，对基金的投资走向也没有决策权，只能被动地接受基金运作的结果。

其次，没有区分不同投资者的信息需求。私募基金投资严格了合格投资者准入制度，但是对于合格投资者的界定，往往以投资人的资产状况为依据，而往往忽视投资人获取信息的能力和风险承担能力。这就导致在信息披露过程中，并没有对作为信息披露对象的投资者进行区分，所有投资者采取的都是相同的标准，如机构投资者和个人投资者，在知情权的需求上必然是不同的，但实践中，并未对此作出区分。

最后，披露范围的不清晰导致投资人知情权诉讼陷入困境。法律规定的委托人的查阅权的范围仅限于与其信托财产有关的信托账目以及处理信托事务的其他文件，这些账目和文件具体指向的是什么，是基金的账目还是基金所投向的底层资产的账目，均没有一个明确的界定。这就使得在司法实践中，很多时候管理人以对相关内容进行披露会侵犯他人隐私与财产权益为由拒绝进行披露，而法官在审理该类案件中也会陷入两难的境地。

二、私募基金投资人知情权的保护路径

首先，对于知情权的行使，需要可以对机构投资者和个人投资者的知情权进行相应的区分。机构投资者往往是具备一定的经济实力、投资经验丰富、对资本市场熟悉的主体，相比个人投资者，机构投资者获取信息的能力也较强。因此，对于机构投资者在知情权的保护程度上相对于个人投资者来说要低。管理人对于机构投资者的信息披露符合法律规定和合同约定，披露的信息符合真实、准确、完整、及时的要求即可。同时对于机构投资人也赋予了更高的要求。如本案中，在投资过程中，作为投资人的某银行公司在被告知信息披露渠道后，整个过程中从未主动要求获取相关信息，明显没有尽到自己应尽的注意义务。而对于个人投资者，虽然形式上符合合格投资者要求，但实质上却没有足够的投资判断能力，因此对于这部分投资人的知情权要给予更高的保护程度。

其次，对于信息披露义务范围需要明确。《私募投资基金信息披露管理办法》明确规定，信息披露义务人、投资者及其他相关机构应当依法对所获取的私募基金非公开披露的全部信息、商业秘密、个人隐私等信息负有保密义务。基于此，管理人在实践中多以保护商业秘密、个人隐私等为由拒绝进行相关的信息披露。笔者认为，对于私募基金虽然要求有一定的保密性，但是保密的范围应当是有限的，信息披露的义务主体有向投资者提供相应信托财产信息的义务，在有限保密和投资者权益的制衡中，以合理的方式保障投资者的知情权。

最后，对投资人知情权的保护应建立在透明化的投资人保护机制上。私募基金的私密性不应成为弱化监管的理由，在强监管的态势下，必然要形成一个严格、透明的保护机制。一方面，应当建立透明化、穿透式的信息披露制度，降低信息披露的不对称性，保障投资人的知情权和监督权得以充分行使；另一方面，也应当强化对私募基金行业的监管，保证信息披露义务人所披露信息的准确性和真实性。

编写人：北京金融法院　李方

45

信托公司适当性义务履行的认定与裁判思路

——证券公司诉信托公司营业信托案

【案件基本信息】

1. 裁判书字号

北京金融法院（2021）京74民终430号民事判决书

2. 案由：营业信托纠纷

3. 当事人

原告（上诉人）：证券公司

被告（被上诉人）：信托公司

【基本案情】

2017年1月18日，证券公司（委托人、受益人）与信托公司（受托人）签署编号为2016中某集字第113号《信托贷款合同》。案涉《信托贷款合同》第7.1.7款约定的放款先决条件之一为：抵押物应满足相应的质量和价值标准。证券公司认为，信托公司发放贷款时，没有对抵押物的质量和价值进行审慎核查。抵押物是案涉2亿元信托贷款的唯一物保，信托公司发放贷款导致其至今无法查证抵押物品质，且完全无法处置抵押物。同时，为了保障信托贷款发放后信托财产的安全，案涉《信托贷款合同》《保证合同》等文件约定了信托公司负有的贷后管理和清收义务，但信托公司没有履行贷后管理和清收职责，没有审查宋河酒业等主体新增借款和对外担保等情况，相关保障措施亦没有落实，故请求法院判令解除信托合同并给予赔偿。一审法院经审理认为信托公司已履行受托义务，履行贷后管理职责。二审法院经审理维持一审判决。

【案件焦点】

信托公司是否履行了审慎核查义务和贷后管理职责。

【法院裁判要旨】

北京市东城区人民法院经审理认为：信托公司在案涉信托计划的设立及存续期内已经适当履行了受托人义务。信托公司贷款逾期并无过错；信托公司在贷款逾期后积极回收款项、增加担保措施，最大限度维护了委托人利益。虽然信托公司存在信息披露不及时、不准确等情形，但不构成合同目的不能实现的根本违约情形，故证券公司据此要求解除合同、赔偿损失的诉讼请求，没有事实和法律依据，该院不予支持，故依照《中华人民共和国合同法》第八条、第一百零七条，《中华人民共和国信托法》第八条第三款，《中华人民共和国民事诉讼法》第六十四条，《最高人民法院关于适用〈中华人民共和国民事诉讼法〉的解释》第九十条之规定，判决：

驳回证券公司的诉讼请求。

证券公司不服一审判决，提起上诉。北京金融法院经审理认为：

1. 关于如何平衡双方当事人的合同地位和权利义务。营业信托是高风险、高收益的商事行为，双方当事人均应依据《中华人民共和国信托法》《中华人民共和国合同法》等法律法规的规定，本着诚实信用的原则履行法定或约定义务。本案中，信托公司作为受托人，应当承担尽职调查、风险揭示和真实信息披露的义务，并应在信托合同有效成立后遵循为受益人最大利益处理信托事务的原则，承担诚实信用、有效管理的义务。同时，证券公司作为专业投资机构，相较于其他自然人投资者而言，具有投资资金量大、收集信息能力强、投资管理较为专业的特点，具备相当程度的审查合同、管控风险的专业能力，在其从事投资业务时，亦应开展相应风险调查评估程序，在全面了解投资项目及风向的基础上做出投资决策。因此，在判断信托公司在《信托合同》履行过程中是否构成根本违约时，亦应当考量本案中证券公司作为专业投资机构的具体情况，对双方当事人予以平等保护。

2. 关于证券公司主张信托公司发放贷款时，没有对抵押物的质量和价值进行审慎核查的上诉意见。根据案涉《信托贷款合同》的相关约定，放款先决条件之一为抵押物应满足相应的质量和价值标准，故信托公司构成根本违约，对此北京金融法院认为，是否构成根本违约，应当以信托公司的相关行为是否直接导致合同目的不能实现为判断标准。本案中，案涉合同对抵押物风险的承担作出明确约定，信托公司按照合同的约定将抵押物交由案外人华安保全公司提供保全服务，尽到了对抵押物的审慎管理义务。证券公司在签署案涉《信托贷款合同》时未对抵押物检验方式和估值提出异议，故在证券公司未提交相关证据证明抵押物的检验方式不完全符合约定直接导致其无法就抵押物实现抵押权的情况下，信托公司的瑕疵行为并不能被视为根本违约。鉴此，证券公司的该项上诉理由，缺乏事实和法律依据，北京金融法院不予采纳。

3. 关于证券公司主张信托公司没有履行贷后管理职责的上诉意见。信托公司作为受托人，应该严格按照法律规定及合同约定履行谨慎、诚实、信用、有效管理的管理义务。根据查明的事实，在信托公司发现宋河酒业等主体新增借款和对外担保等情况后，未能采取积极有效措施，在履行贷后管理职责方面亦存在不足。考虑到案涉信托贷款本金的75%已经收回，对于剩余的款项，目前抵押物仍在另案执行程序中，依据现有证据尚不足以认定款项无法收回，所以，证券公司主张信托公司没有履行贷后管理职责、构成合同目的不能实现的根本违约情形的上诉意见，北京金融法院亦不予支持。故根据《中华人民共和国民事诉讼法》第一百七十条第一款第一项之规定，判决如下：

驳回上诉，维持原判。

【法官后语】

本案的显著特点在于专业证券公司作为本案案涉信托的投资人以受托人未

充分履行适当性义务主张其构成违约，进而索取赔偿。适当性义务旨在于克服金融市场上的信息不对称问题、弥补金融消费者自身的知识和能力局限，缓解交易双方不对等的缔约地位，其核心原则在于“卖者尽责、买者自负”，在保障消费者健康有序的金融消费环境的同时也蕴含着对市场效率的追求。

一般意义上讲，受托人的适当性义务包括风险提示业务和信息披露义务。对风险提示义务，应当以足以起到提示说明效果的方式进行，同时根据产品、投资活动的风险和金融消费者的实际情况，综合理性人能够理解的客观标准和金融消费者能够理解的主观标准来确定。尽管本案《信托贷款合同》的编排、印刷、纸张未能产生对风险提示内容特别标注的效果，但考虑到本案投资人属于头部券商，相较于其他自然人投资者而言，具有投资资金量大、收集信息能力强、投资管理较为专业的特点，具备相当程度的审查合同、管控风险的专业能力，在其从事投资业务时，亦应开展相应风险调查评估程序，在全面了解投资项目及风向的基础上做出投资决策。此外，机构投资者并非强制要风险测评。对信息披露义务而言，信托公司负有如实披露的义务，但没有消除风险的义务。信托公司在签署案涉《信托贷款合同》时已将抵押物的检验方式和估值提前告知证券公司，证券公司未提出异议，故在其未提交相关证据证明抵押物的检验方式不完全符合约定直接导致其无法实现抵押权的情况下，法院对其上诉理由不予采信。

受托人在信托财产的管理运用及清算阶段，应“为受益人的最大利益处理信托事务”，在管理信托财产时“必须恪尽职守，履行诚实、信用、谨慎、有效管理的义务”。受托人管理信托财产时应当承担的这些义务，既包括信托合同约定的义务，也包括法定的义务，可统称为“信义义务”。信义义务又可分为忠实义务和勤勉谨慎义务两个方面。忠实义务强调的是当自身利益和第三方利益与信托受益人冲突时，受托人应当以受益人利益为先；勤勉谨慎义务强调的是受托人的积极性和专业性。本案中新增借款和对外担保事项信托公司已经向投资人进行披露，且目前尚未发生投资无法收回的情形，投资人亦无相反证据证明受托人在贷后管理等环节有不当履责之处，故对证券公司的诉讼请求不予支持。

对于机构投资者适当性义务的界定，应当全面理解义务内容和立法本意。《中国人民银行金融消费者权益保护实施办法》将金融消费者限定为购买、使用银行、支付机构提供金融产品或者服务的自然人，显然是对机构投资者提出了更高的注意要求，专业金融公司就更不应当有让信托机构刚兑兜底的错误心态。

编写人：北京金融法院　徐宇翔　李楠

46

信托公司制发的预期收益宣传不构成银行代销欺诈

——施林某诉某银行奉贤支行金融委托理财合同案

【案件基本信息】

1. 裁判书字号

上海金融法院（2021）沪74民终313号民事判决书

2. 案由：金融委托理财合同纠纷

3. 当事人

原告（上诉人）：施林某

被告（被上诉人）：某银行奉贤支行

【基本案情】

2010年11月17日，某银行奉贤支行对原告进行风险评估，评估显示原告属于有投资经验，评估结果为进取型。同日，原告与被告签订理财产品客户协议书，产品类型为非保本浮动高风险产品，认购金额为170.5万元。

同年11月30日，原告经被告的推荐购买其代销的案涉信托计划产品，原告在案涉信托文件中的《认购风险申明书》的委托人处签字确认。申明书载明，信托计划不承诺保本和最低收益等相关内容。同日，原告与信托公司签订案涉信托合同，认购金额为300万元。《信托合同》上的联系地址为银行地址，电话为银行工作人员电话。

同时，某银行奉贤支行出具《某银行业务声明书》（以下简称《声明书》），载明被告仅负责资金划转工作，不对该信托计划的收益或本金负责。

截至2017年12月，原告共计收到涉案信托产品的收益301万余元。

2018年10月，中国银行业监督管理委员会上海监管局（以下简称上海银监局）就原告举报事项作出答复，载明：没有证据证明银行人员存在承诺收益的问题。

案涉《基金简介》已列出基金发起人、管理人，建设银行均不包含其中。分配方式：预期收益“不低于20%的年化收益率”。第三部分“重要提示”中载明了风险提示。该简介右上角注有建设银行商标标识，简介上无任何公司或个人签章。

【案件焦点】

1. 被告在代售涉案信托产品过程中，是否尽到了适当性义务；2. 被告在上述过程中，是否存在欺诈行为。

【法院裁判要旨】

上海市奉贤区人民法院审理认为：原、被告之间形成信托产品代售法律关系。

对于第一个争议焦点，首先，被告已上线了个人客户风险评估项目，并启用相应的风险评估问卷，应视为已经建立了金融产品或服务的风险评估及管理制度。其次，对作为金融消费者的原告进行了风险测试。原告的评估结果与涉案信托产品的风险等级是相匹配的。至于原告提出上述评估问卷是被告针对原告投资的另一个理财产品所作的主张，法院认为，上述评估问卷确实是被告针对原告投资的另一个理财产品所作的，但被告可以以此作为原告的风险偏好，并以此推介涉案产品亦无不妥。再次，被告在多份文件中反复几次向原告告知产品的风险，不承诺保本和最低收益，并由原告签名确认。以原告高中文化水平以及理财经历，其对上述文件中的风险告知事项应是充分理解的。最后，原告提出的被告违反《银行与信托公司业务合作指引》（以下简称《银信合作指引》）第九条规定的主张。法院认为，本案应属于该指引第十六条规定的，信托公司委托银行代为推介信托计划的情形，并不适用该第九条的规定。

对于第二个争议焦点，法院认为，原告应提供相应的证据予以证明被告有欺诈的行为，原告虽提供了《基金简介》和预期收益宣传，但未提供证据证明上述文件是由被告交付给原告的。上海银监局作出的答复亦佐证。当然，信托合同上的联系地址和电话非原告的，在此方面，被告工作人员有一定过失，但不足以影响有一定投资经验、具有高中文化水平的原告作出自主判断。退一步而言，即便简介及预期收益是被告方或信托受托人发放，但综合被告行为，其无欺诈的意思表示和行为，反而多次提示风险。原告作为理性的合格投资者应自负投资风险。

综上，上海市奉贤区人民法院依照《最高人民法院关于适用〈中华人民共和国民事诉讼法〉的解释》第九十条之规定，作出如下判决：

驳回原告施林某的诉讼请求。

施林某不服一审判决，提起上诉。上海金融法院经审理认为：

第一，关于某银行奉贤支行是否尽到适当性义务。本案应适用当时有效的、规制银行代销信托产品的《银信合作指引》第十六条规定以及《信托公司集合资金信托计划管理办法》（以下简称《信托资金管理办法》）第十六条规定。结合上述规定，对本案某银行奉贤支行适当性义务的履行分析如下：

首先，关于“了解客户”的要求。原告购买案涉信托产品距先前的风险评估间隔仅十余日，无证据显示原告金融资产发生较大变化，其亦未主动要求重新评估，评估结果应为有效。

其次，关于“了解产品”的要求。本案某银行奉贤支行已提供了多份文件明确案涉信托产品不承诺保本和最低收益，且对利益分配、风险承担等进行了充分告知。结合施林某的文化水平及投资经历，其对于上述事项应具有足够的理解能力。且当时的法律法规并无录音录像要求，故某银行奉贤支行并不存在过错。

最后，关于“合理推荐、适当销售”的要求。本案中无证据证明施林某购买案涉信托产品超过其风险承受能力。故某银行奉贤支行向施林某推介其代销的案涉信托产品，并无不妥。

第二，关于某银行奉贤支行是否存在欺诈行为。法院认为，虽然该简介右上角有银行商标标识，但该简介上并无任何主体的签章，难以认定该简介是由被告制作或提供给施林某的。该简介已明确列出基金发起人、管理人，某银行均不包含其中，故被告不存在欺诈行为。结合上海银监局作出的调查结论，均说明施林某对所要投资的金融产品有足够的认识，在此基础上作出的投资决定应系其自主的行为。

综上，上海金融法院依照《中华人民共和国民事诉讼法》第一百七十条第一款第一项之规定，判决如下：

驳回上诉，维持原判。

【法官后语】

“卖者尽责、买者自负”是资产管理行业共识的原则，但“卖者尽责”不等于“卖者全责”，金融机构尽到风险等级评估、风险匹配、风险告知等适当性义务的情况下，培养金融消费者科学理性的金融投资理念和自主决策的责任自担意识，重塑“买者自负”理念才能构建一个公平理性的金融交易市场。本案在厘清理财产品性质的基础上，明确了商业银行在代销信托产品过程中的适当性义务以及商业银行代销欺诈的认定。

一、本案所涉理财产品的性质厘清

《银信合作指引》将银行与信托公司业务合作类型分为银信理财合作和银信其他合作。在银信其他合作中，银行与金融消费者所成立的基础法律关系依双方真实开展的法律行为而定，银行所履行的适当性义务亦有所不同，不宜一概而论。表一对商业银行各类产品中银行的角色定位以及适当性义务的阐述予以展现。需要注意的是，针对不同产品，金融机构在告知内容上有所不同，在银行代销信托产品的活动中，银行告知的重点是代销的真实情况以及发行机构和产品的基本情况，其中特别的是银行必须告知消费者银行不承担产品投资风险。

表一：各类理财产品中银行的角色定位及适当性义务

类别	定义	银行的角色	适当性义务的具体表述
商业银行理财产品	商业银行理财业务是指商业银行接受投资者委托，按照与投资者事先约定的投资策略、风险承担和收益分配方式，对受托的投资者财产进行投资和管理的金融服务。	产品发行者	《商业银行理财业务监督管理办法》（中国银行保险监督管理委员会令2018年第6号） 商业银行销售理财产品，应当加强投资者适当性管理，向投资者充分披露信息和揭示风险，不得宣传或承诺保本保收益，不得误导投资者购买与其风险承受能力不相匹配的理财产品。 商业银行理财产品宣传销售文本应当全面、如实、客观地反映理财产品的重要特性，充分披露理财产品类型、投资组合、估值方法、托管安排、风险和收费等重要信息，所使用的语言表述必须真实、准确和清晰。 ……
银信理财产品	银信理财合作，是指银行将理财计划项下的资金交付信托，由信托公司担任受托人并按照信托文件的约定进行管理、运用和处分的行为。	产品发行者、产品投资者	《银行与信托公司业务合作指引》（银监发〔2008〕83号） 银行开展银信理财合作，应当有清晰的战略规划，制定符合本行实际的合作战略并经董事会或理事会通过，同时遵守以下规定： …… （二）充分揭示理财计划风险，并对客户进行风险承受度测试； （三）理财计划推介中，应明示理财资金运用方式和信托财产管理方式； （四）未经严格测算并提供测算依据和测算方式，理财计划推介中不得使用“预期收益率”、“最高收益率”或意思相近的表述； （五）书面告知客户信托公司的基本情况，并在理财协议中载明其名称、住所等信息； （六）银行理财计划的产品风险和信托投资风险相适应； ……

续表

类别	定义	银行的角色	适当性义务的具体表述
银行代销信托产品	银行代销信托产品是指商业银行接受信托公司委托，在本行渠道（含营业网点和电子渠道），向客户推介、销售由合作机构依法发行的信托产品的代理业务活动。	产品推介者	《中国银监会关于规范商业银行代理销售业务的通知》（银监发〔2016〕24号） （二十四）商业银行应当使用合作机构提供的实物或电子形式的代销产品宣传资料和销售合同，全面、客观地揭示代销产品风险。国务院金融监督管理机构另有规定的除外。 代销产品宣传资料首页显著位置应当标明合作机构名称，并配备以下文字声明：“本产品由××机构（合作机构）发行与管理，代销机构不承担产品的投资、兑付和风险管理责任。” （二十五）商业银行应当对客户风险承受能力进行评估，确定客户风险承受能力评级，并只能向客户销售等于或低于其风险承受能力的代销产品。国务院金融监督管理机构另有规定的除外。风险承受能力评估依据应当包括但不限于客户年龄、财务状况、投资经验、投资目的、收益预期、风险偏好、流动性要求、风险认识和风险损失承受程度等。 （二十六）商业银行应当告知客户代销业务流程和收费标准，代销产品的发行机构、产品属性、主要风险和风险评级情况，以及商业银行与合作机构各自的责任和义务等信息。

二、商业银行在代销业务中所应承担的适当性义务

为了矫正专业金融机构与普通消费者之间不平衡的关系，法律对金融机构设置了适当性义务。但需要注意的是，适当性义务的引入不仅仅是为了保护消费者，也是为了分配交易风险、厘清主体责任，最终目的应是打造交易者各负其责的理性交易环境。

代销模式下，金融产品发行人与销售机构建立委托法律关系，销售机构接受发行人委托完成金融消费者适当性管理、协助金融消费者完成产品认购。根据《银信合作指引》第十六条的规定，代销机构的适当性义务主要是要求金融机构了解客户、了解产品并负担起合理推荐、适当销售的义务。代销机构告知

说明相关风险的标准是理性人能够理解的客观标准和金融消费者能够理解的主观标准。“客观+主观”结合意味着卖方机构不仅要完成形式上的“规定动作”，还应根据消费者本身的情况实质化、个性化地选择告知方式、告知内容等。

三、轻微瑕疵不影响消费者自主选择的不构成适当性义务的违反

根据《全国法院民商事审判工作会议纪要》的规定，保证消费者在充分知情下的自主选择权是卖方承担适当性义务最直接的目的。在此逻辑下，本案原告是否因被告工作人员的工作失误影响了其自主选择是判断的关键。若抛开影响自主选择权这一判断标准，将工作人员所有工作失误不加判别地认定为适当性义务的违反，显然是对相关机构及其工作人员的过度苛责。

四、预期收益率的宣传不构成代销欺诈

理财产品中的预期收益通常是指在不确定的条件下，对理财产品未来收益的预测，优先回报率是指产品收益优先满足该部分后在基金投资人和基金管理人中进行分配。因此预期收益与优先回报率的概念均与保底承诺、承诺收益存在本质性的区别，二者不可混同。法律法规对于“预期收益率”表述的规制在不同时期有较大不同（见表二）。2018年生效的《商业银行理财业务监督管理办法》文本中明确规定了不得宣传理财产品预期收益率，但上述规定并未将银行代销理财产品纳入规制范围。2021年生效的《理财公司理财产品销售管理暂行办法》第二十五条明确指出银行代销信托产品不得宣传理财产品收益率。本案推介行为发生在2010年，故基金简介中存在预期收益率的宣传并不违反当时的规定。

表二：关于规制预期收益率相关表述的规范性文件汇总

文件名称	生效时间	条文摘录
理财公司理财产品销售管理暂行办法	2021.6.27	第二十五条　理财产品销售机构及其销售人员从事理财产品销售业务活动，不得有下列情形：……（二）虚假宣传、片面或者不当宣传，夸大过往业绩，预测理财产品的投资业绩，或者出具、宣传理财产品预期收益率；……

续表

文件名称	生效时间	条文摘录
商业银行理财业务监督管理办法	2018.9.26	第二十六条第三款　商业银行发行理财产品，不得宣传理财产品预期收益率，在理财产品宣传销售文本中只能登载该理财产品或者本行同类理财产品的过往平均业绩和最好、最差业绩，并以醒目文字提醒投资者“理财产品过往业绩不代表其未来表现，不等于理财产品实际收益，投资须谨慎”。
中国银监会办公厅关于加强银行业金融机构内控管理有效防范柜面业务操作风险的通知	2015.6.5	八、加强代销业务管理。银行业金融机构总行应集中上收代销业务审批权限，对代销机构实行名单制管理，严禁分支机构超授权代销；在官方网站和营业场所公示本行代销的金融产品清单，以及产品发行方、预期收益、相关风险等重要信息。
银行与信托公司业务合作指引	2008.12.4	第九条　银行开展银信理财合作，应当有清晰的战略规划，制定符合本行实际的合作战略并经董事会或理事会通过，同时遵守以下规定：……（四）未经严格测算并提供测算依据和测算方式，理财计划推介中不得使用“预期收益率”、“最高收益率”或意思相近的表述；……

另外，本案所涉信托理财产品因涉及金额较大，其对于投资者的要求通常高于银行普通理财产品，消费者应当具备与之相对应的警觉性以及基本认知。原告有一定的投资经验，对“预期收益率”“优先回报率”均属不确定收益的表达方式应当有正确的理解和认知。况且，上海银监局已作出调查结论，即本案被告不存在欺诈行为。如无充足的相反证据予以支撑，人民法院的事实认定应当与作为专业机构的上海银监局认定的事实相协调。

编写人：上海市奉贤区人民法院　阮瑜斌　姚依哲　洪晓慧

七、保险纠纷

47

保险人并不当然享有代位机动车一方向非机动车一方主张机动车损失的权利

——中国某财产保险股份有限公司上海分公司诉张某保险人代位求偿权案

【案件基本信息】

1. 裁判书字号

上海金融法院（2021）沪 74 民终 933 号民事判决书

2. 案由：保险人代位求偿权纠纷

3. 当事人

原告（上诉人）：中国某财产保险股份有限公司上海分公司（以下简称某财险公司）

被告（被上诉人）：张某

【基本案情】

案外人吴某某所有的雷克萨斯牌车辆在某财险公司处投保机动车损失保险，保险期限为 2018 年 10 月 26 日起至 2019 年 10 月 26 日止，保险金额为 268192 元。2019 年 1 月 28 日上午 11：45，吴某某驾驶雷克萨斯牌车辆在上海市吴中路出桂林路以东约150米处向右转弯，与骑行电动自行车逆向行驶的张某发生碰撞，双方车辆均有不同程度损坏，张某腿部受轻微伤。经交警队认定，吴某某、张某在事故中负有同等责任。

事故发生后，吴某某就其机动车在上述事故中的损失在车辆损失险范围内向某财险公司索赔，某财险公司支付理赔款12090元。此后，某财险公司诉请张某支付其赔款共计6045元及逾期利息（以6045元为本金，按中国人民银行同期贷款利率自2019年3月9日起算至判决生效之日止）。

【案件焦点】

某财险公司能否代位作为机动车一方的吴某某向作为非机动车一方的张某，请求获赔吴某某的车辆损失。

【法院裁判要旨】

上海市徐汇区人民法院经审理认为：本案因交通事故引起，根据2009年《中华人民共和国侵权责任法》（以下简称《侵权责任法》）第四十八条的规定，机动车发生交通事故造成损害的，依照道路交通安全法的有关规定承担赔偿责任。而《中华人民共和国道路交通安全法》（以下简称《道路交通安全法》）第七十六条未规定对于机动车方的损失，非机动车方应当进行赔偿，非机动车一方并非该条规定的赔偿义务主体。在法律未明确规定非机动车一方对机动车的损失承担赔偿责任的前提下，结合本案实际情况，某财险公司不能通过行使代位求偿权向非机动车一方追偿财产损失。

上海市徐汇区人民法院依照《最高人民法院关于适用〈中华人民共和国民法典〉时间效力的若干规定》第一条第二款、《侵权责任法》第四十八条、《道路交通安全法》第七十六条之规定，作出如下判决：

驳回某财险公司的诉讼请求。

某财险公司不服一审判决，提出上诉。上海金融法院经审理认为：某财险公司对张某是否享有保险人代位求偿权，应以案涉交通事故中作为机动车一方的吴某某对作为非机动车一方张某的损害赔偿请求权成立为前提。而在吴某某与张某的交通事故中，非机动车一方是否应根据其过错向机动车一方承担赔偿责任，《道路交通安全法》并未作出明确规定，在具体法律适用中，应当充分考量《侵权责任法》及《道路交通安全法》对于交通事故民事赔偿的相关规定，遵循上述法律确立的立法目的和原则，综合衡量各种因素，公平合理地确定民事赔偿责任。本案中，从双方行为与导致损害发生的原因力来看，非机动车一方造成机动车一方损失的因果关系更小、原因力更弱。从当事人的过错来看，由于机动车所有人或驾驶人是该高速运输工具便利利益的拥有者及“高速危险”结果的控制者，故应是该侵害发生的行为主体及责任主体。结合本案的事故原因、保险情况等，尽管交警队认定吴某某与张某负事故同等责任，但在张某不存在主观故意等的情况下，不宜支持吴某某向张某的损害赔偿请求权。本案中，某财险公司作为对分散风险具有社会保障功能的主体，亦不能据此对非机动车一方行使保险人代位求偿权。

上海金融法院依照《中华人民共和国民事诉讼法》第一百七十条第一款第一项之规定，作出如下判决：

驳回上诉，维持原判。

【法官后语】

本案以公平原则理解并适用法律，倡导在道路交通事故中动态保护相对弱势方的权利，有助于促使机动车驾驶人尽高度谨慎的驾驶注意义务，保证机动车这种危险的高速运输工具得到有效控制，从而预防和减少交通事故的发生，同时本案判决亦尽量避免出现非机动车一方得不到赔偿或倒赔机动车一方的极端情况，防止机动车一方与非机动车一方之间的利益严重失衡。

一、保险人代位求偿权纠纷的法律适用

保险人代位求偿权，是指在损害填补保险中，保险人赔偿被保险人的损失后所取得的，原由被保险人享有的，依法向负有民事赔偿责任的第三者请求赔偿的权利。该项权利不仅具有减少保险人理赔损失的功能，而且能够避免侵权人在被保险人获得保险金的情况下逃脱责任。上述功能亦是保险人代位求偿权产生、发展的原因所在。为此，《中华人民共和国保险法》（以下简称《保险法》）第六十条第一款规定应运而生，该条在确立上述功能的同时，又明确了保险人代位求偿权、请求权法定转让的属性，即在保险人向被保险人理赔保险金后，该请求权依法转让给保险人，不因被保险人意志而阻却。

此外，保险人在依法取得被保险人的相应请求权后，其代位求偿权的范围并非无限，《保险法》第六十一条第一款对此予以明确限制，即保险人行使代位求偿权的范围，以被保险人对第三者的损害赔偿请求权为前提，且请求的范围不超过保险人的赔偿金额范围。由此，保险人行使机动车一方向非机动车一方请求赔偿权利的前提之一，即为非机动车一方负有赔偿机动车一方车损的责任。另，保险人代位求偿的金额不应大于其已赔付的金额。

二、机动车交通事故责任纠纷的法律适用

根据《中华人民共和国民法典》（以下简称《民法典》）第一千一百六十五条第一款、第一千二百零八条规定及特别法优于一般法的法律适用原则，《道路交通安全法》对该类案件有特别规定的，应该优先适用特别规定，反之则适用《民法典》中侵权责任编的一般规定。但是需要特别强调的是，基于上述法律规定价值取向的一致性，并不能因为适用了《民法典》中侵权责任编的规定，就当然地认为其法律后果一定有悖于适用《道路交通安全法》的相关规定。具体理由如下：

第一，从《道路交通安全法》第七十六条的立法目的来看，在机动车一方与非机动车一方发生交通事故时，对交通事故中处于相对弱势地位的非机动车一方予以倾斜保护。该倾斜保护的逻辑基础在于，因为机动车一方的危险性远高于非机动车一方，机动车一方在控制危险、避免和降低危险的能力上也远胜于非机动一车方，故非机动车一方一般不承担损害赔偿责任。但在实践中，机动车一方与非机动车一方在交通事故中孰弱孰强，其实是一个动态的过程，并不能绝对，因此根据《道路交通安全法》第七十六条的立法目的，一般情况下，非机动车一方不负有民事赔偿责任，但也应具体问题具体分析，如在非机动车一方存在故意等情况下，应适用《民法典》第一千一百六十五条第一款规定。

第二，从《道路交通安全法》第七十六条的立法技术来看，《道路交通安全法》自2003年通过以来，历经三次修正，故该条未明确规定非机动车一方的民事赔偿责任，显然并非因疏忽遗漏而存在法律漏洞，反倒是立法者基于现实情况的复杂性考虑，并不明确非机动车一方是否负有向机动车一方的民事赔偿责任，以便于司法者结合具体案情进行具体分析判断，从而使立法更有弹性。

第三，从根据公平原则适用《道路交通安全法》第七十六条的角度来看，因为公平原则不仅是民法的一项基本原则，也是民事法律的解释和适用原则，因此，在该类案件的法律适用中，也应该根据案件的具体情况，结合特别法优于一般法的法律适用原则、《民法典》侵权责任编中关于侵权责任一般规定的适用。

编写人：上海金融法院　余甬帆

48

保证保险代位求偿时，保险人主张以代偿款为基数计付违约金的不应获得支持

——某财产保险股份有限公司成都中心支公司诉李映某保证保险合同案

【案件基本信息】

1. 裁判书字号

四川省高级人民法院（2021）川民申7365号民事裁定书

2. 案由：保证保险合同纠纷

3. 当事人

原告（被上诉人、再审被申请人）：某财产保险股份有限公司成都中心支公司

被告（上诉人、再审申请人）：李映某

【基本案情】

一、借款合同情况。2017年7月10日，某银行股份有限公司成都玉双路

支行（以下简称某银行）（贷款人）与李映某（借款人）签订《个人贷款合同（无担保条款）》。主要约定：1. 某银行向李映某发放案涉借款 70000 元，借期 36 个月；2. 贷款年利率按照中国人民银行公布的同期基准利率 4.75%上浮 40%执行，罚息利率为贷款执行利率基础上上浮 50%；二、保证保险业务情况。2017 年 7 月 6 日，李映某在某财产保险股份有限公司成都中心支公司投保《某个人贷款保证保险保险单》（以下简称《保险单》）。主要约定：某个人贷款保证保险金额为 83230 元，保险期间自贷款发放之日起至约定的清偿全部贷款本息之日止；每月保险费 1134 元，保险费率为月利率 1.620%。特别约定：1. 投保人拖欠任何一期的应偿而未偿还贷款达到 80 天，保险人将依据保险合同约定向被保险人进行赔偿；2. 保险人按照保险合同约定向被保险人赔偿相关款项后，投保人需向保险人归还全部赔偿款项和应付而未付保费。从保险人赔偿当日开始超过 30 天，投保人仍未向保险人归还全部赔偿款项，则视为投保人违约。投保人需以尚欠全部款项为基数，从保险人赔偿当日开始计算，按每日千分之一，向保险人缴纳违约金。3. 李映某于 2019 年 6 月开始逾期还款，某财产保险股份有限公司成都中心支公司于 2019 年 8 月 29 日向某银行代偿 29504.69 元。李映某仅支付保险费用至 2019 年 6 月 9 日。

【案件焦点】

保险人代偿后，是否有权依照保险合同约定，向借款人（投保人）主张以代偿款为基数按日利率千分之一计算的违约金

【法院裁判要旨】

四川自由贸易试验区人民法院经审理认为：李映某向某财产保险股份有限公司成都中心支公司投保个人贷款保证保险，在其未按约偿还某银行借款而某财产保险股份有限公司成都中心支公司依约承担保险赔偿责任后，某财产保险股份有限公司成都中心支公司有权依法向其主张代偿款及欠付保费。对于违约金，其主张符合保险合同约定，应予以支持，但日千分之一的约定计算标准过高，法院酌定按照年利率 24%的标准予以调整。

四川自由贸易试验区人民法院依照《中华人民共和国合同法》第一百零七条、《中华人民共和国保险法》第十条、《中华人民共和国民事诉讼法》第六十四条第一款之规定，判决：李映某向某财产保险股份有限公司成都中心支公司支付保险代偿（理赔）款、保险费，并以前述代偿（理赔）款、保险费之和为基数，从代偿之日起至付清时止按年利率24%计付违约金。

李映某不服一审判决，提出上诉。四川省成都市中级人民法院经审理认为：根据案涉保证保险合同约定，从保险人代偿当日开始超过30天，投保人仍未向保险人归还全部赔偿款项，则视为投保人违约，投保人需以尚欠全部款项为基数，从保险人赔偿当日起按每日千分之一，向保险人缴纳违约金。《中华人民共和国保险法》第六十条第一款规定："因第三者对保险标的的损害而造成保险事故的，保险人自向被保险人赔偿保险金之日起，在赔偿金额范围内代位行使被保险人对第三者请求赔偿的权利。"该条规定将代位求偿权的金额限定为保险人向被保险人赔偿的保险金额。保证保险合同约定投保人向保险人支付逾期违约金，变相突破保险法规定的代位求偿的法定限额，不应受到法律保护。故对某财产保险股份有限公司成都中心支公司主张违约金的诉请不予支持。

四川省成都市中级人民法院依照《中华人民共和国民事诉讼法》第一百七十条第一款第二项之规定，判决：

一、撤销原判；

二、李映某于本判决生效之日起十日内，向某财产保险股份有限公司成都中心支公司支付保险理赔款29504.69元、保险费3999.71元；

三、驳回某财产保险股份有限公司成都中心支公司其他诉讼请求。

李映某不服，提出再审。四川省高级人民法院经审理后裁定：驳回再审申请。

【法官后语】

保险法第六十条第一款规定："因第三者对保险标的的损害而造成保险事故的，保险人自向被保险人赔偿保险金之日起，在赔偿金额范围内代位行使被保险人对第三者请求赔偿的权利。"保险代位求偿权的制度设计，虽具有防止被保险人获得双重利益的目的，但同样也不允许保险人借此获得额外利益。因此，保险法第六十条将代位求偿权的金额限定为保险人向被保险人赔偿的保险金额。在保证保险合同中，保险事故是因借款人逾期向被保险人即贷款人归还借款而造成的，投保人与被保险人为不同主体，保险人有权向投保人行使代位求偿权，但是，其代位求偿的范围仍在法定限额内。保证保险合同约定投保人向保险人支付逾期违约金或滞纳金，实质上是变相突破保险法规定的代位求偿的法定限额，不应受到法律保护。

保险实质上是一种特殊商品，保险商品的价格为保费，保险公司在考虑风险损失率的基础上通过精算厘定保险费率，须满足合理性、公平性和充足性原则，一方面要使所收取的保费足以支付保险金的赔偿并有合理预期利润，另一方面不能因保险费率过高而使保险人获得超额利润。保险公司从事保险业务获取经营利润的来源在于保费而非投保人的违约金。案涉的保证保险合同按每月贷款金额的1.62%（折合年利率19.44%）收取保费，说明保险公司在制订保证保险合同费率时，已充分考虑少数合同保险事故发生后的代偿风险。如果保险人既在每个合同中收取保费，又在发生代偿的合同中收取逾期违约金，将产生保险人额外获益的情况。

畅通融资渠道、有效降低融资成本，是引领、促进经济社会健康发展的重要举措，人民法院在金融审判中应充分发挥司法引导功能。贷款保证保险是近年来银行与保险公司协作的新模式。贷款人不需要提供抵押或担保，只需要按照贷款金额的一定比例缴纳保费，就能获得较低利率的贷款。通过保证保险可以使银行打消放贷顾虑，帮助投保人获得银行贷款。但是，投保人为保证保险支出的费用，构成其融资成本的一部分。法院依职权审查保证保险合同，排除投保人和保险人在违约金上的意思自治，既符合保证保险作为保险合同的性质，又能从总体上有效降低借款人的融资成本，同时对规范保险公司经营活动也能起到积极作用。

具体案件处理中，法院在否定违约金的同时，可引导保险人请求债务人支付按保险赔偿金支出时一年期贷款市场报价利率（LPR）计息的保险金占用损失，这样不违反保险人追偿法定性的原则，也能平衡双方当事人利益。

编写人：四川省成都市中级人民法院　张俊　崔艺捷

八、票据纠纷

49

汇票承兑人作出履行承诺对其行使无对价抗辩权的影响

——贷款公司诉客车公司票据利益返还请求权案

【案件基本信息】

1. 裁判书字号

广西壮族自治区高级人民法院（2021）桂民终第70号民事判决书

2. 案由：票据利益返还请求权纠纷

3. 当事人

原告（被上诉人）：贷款公司

被告（上诉人）：客车公司

【基本案情】

2014年3月14日，客车公司向贸易公司出具一张金额为4000万元的商业承兑汇票，付款人为客车公司，到期日为2014年9月9日。同日，贷款公司向客车公司查询该汇票，客车公司出具《商业承兑汇票查询查复书》称：该汇票系其签发承兑；票据为真票；票据记载事项真实有效；该票据无他查、挂失、冻结、止付或公示催告；其与收款人具有真实的贸易背景，且交易行为已履行完毕，无任何纠纷，并保证在汇票到期日付款。

2014年3月19日，贷款公司与科技公司签订《借款合同》，约定其借给科技公司4000万元，借款期间自2014年3月20日至2015年3月19日，按月结息。甲公司、乙公司为前述借款分别提供保证担保和抵押担保。贸易公司以案涉汇票出质，为前述借款提供质押担保。贸易公司对案涉汇票背书后，交付给贷款公司。

2014年3月20日，贷款公司给付科技公司借款4000万元。科技公司自同年6月21日开始，未能按期支付利息。同年9月15日，案涉汇票的付款人开户行中国银行股份有限公司桂林分行营业部向贷款公司委托的收款方渤海银行天津保税区支行发出《退票说明》，载明“汇票存在问题：该付款单位在我行余额不足”。

2015年6月25日，天津市第二中级人民法院（以下简称天津二中院）受理贷款公司诉科技公司等企业借贷纠纷一案。贷款公司在该案中诉请科技公司归还4000万元借款及相应利息；甲公司、乙公司承担连带还款责任；贸易公司、客车公司在汇票金额和同期利息的总额内承担给付责任。天津二中院于2015年12月23日对该案作出（2015）二中保民初字第47号民事判决，判令科技公司、甲公司、贸易公司承担相关还款责任。2017年3月27日，天津二中院以未发现被执行人有可供执行的财产为由，裁定前述民事判决终结执行。

【案件焦点】

1. 案涉汇票是否为有效的商业承兑汇票；2. 贷款公司行使票据权利是否超过票据权利时效期间；3. 客车公司应否向贷款公司返还票据利益及利息。

【法院裁判要旨】

广西壮族自治区桂林市中级人民法院（以下简称桂林中院）经审理认为：案涉汇票为有效商业承兑汇票，贷款公司在汇票到期后行使付款请求权但未能实现。遂判决：客车公司向贷款公司支付商业承兑汇票金额4000万元及利息（自2014年9月9日起至实际清偿之日止，按中国人民银行一年期贷款基准利率计算）。

客车公司不服一审判决，提出上诉。广西壮族自治区高级人民法院经审理认为：

关于焦点一，案涉汇票欠缺出票人签章，应为无效票据。

关于焦点二，案涉汇票到期日为 2014 年 9 月 9 日，其票据权利时效于（2015）二中保民初字第 47 号案受理之日即 2015 年 6 月 25 日发生中断。贷款公司于 2016 年 9 月 7 日向桂林中院提起诉讼，经开庭审理后撤诉，其第二次起诉主张权利的意思表示已送达至客车公司，故汇票权利时效于 2016 年 9 月 7 日再次中断，并于桂林中院作出准许撤诉裁定之日即 2017 年 4 月 19 日重新起算，至 2019 年 4 月 19 日届满。贷款公司于 2020 年 4 月 13 日向桂林中院邮寄本案起诉状，此时已过票据权利时效。

关于焦点三，贷款公司丧失票据权利，转而主张民事权利依法有据。案涉汇票权利时效经两次中断后，其届满日为 2019 年 4 月 19 日。贷款公司于 2020 年 4 月 13 日向桂林中院邮寄本案起诉状，并未超过诉讼时效。贷款公司陈述票据未获兑付的事实并出示未兑付的票据，已完成举证责任。客车公司否认其在签发票据时获有利益，客车公司与贸易公司不是真实交易关系，并提交关于其的审核报告等证据，但该审核报告所依据的资料为客车公司单方提供，且客车公司向贷款公司出具《商业承兑汇票查询查复书》，确认客车公司与贸易公司具有真实贸易关系且交易完毕，并保证在汇票到期日付款，即客车公司对贷款公司享有的本案债权已作出履行承诺。因此，无论客车公司与贸易公司之间是否存在真实交易关系，客车公司均应当按其承诺向贷款公司清偿债权。一审法院对本案法律关系认定有误，但实体判决结果正确。

据此判决：驳回上诉，维持原判。

【法官后语】

商事活动的复杂多样性决定了票据背后的真实交易与背书情况可能并非严格一致，由此衍生商业承兑汇票的信用问题，致其流动性和融资便利性有所不足。本案例一方面从诚实信用的角度解读承兑人履行承诺对其行使票据抗辩权的约束表现，为实现商业汇票安全、快捷交易提供司法解决路径的可能性。另一方面，现行立法尚未对票据利益返还请求权纠纷的诉讼时效期间起算点作出明确指引，本案例根据公平原则以及时效制度的立法目的，对票据权利时效届满至承兑人拒付期间的诉讼时效利益归属问题作出司法价值判断，以期对禁止权利滥用、维护交易秩序有所裨益。

关于票据法律关系界定。票据类诉讼案件分为票据权利纠纷和非票据权利纠纷两大类，准确厘定票据法律关系是票据纠纷案件的审理前提。本案中，持票人原主张其享有票据权利，一审法院亦按照汇票追索权纠纷进行审理。二审法院经审查发现，案涉汇票记载事项欠缺，持票人行使票据权利时已超过票据权利时效，且持票人在一审庭审时变更诉请，主张其依据《中华人民共和国票据法》（以下简称《票据法》）第十八条的规定享有民事权利，故本案属于非票据权利纠纷，案由应为票据利益返还请求权纠纷。

关于承兑人履行承诺对其行使无对价抗辩权的影响。票据利益返还请求权是基于票据法的特别规定而产生的权利，其立法本意是通过补偿丧失票据权利人的损失来谋求票据当事人之间的利益平衡，具有普通民事债权的属性。行使票据利益返还请求权的构成要件之一是出票人或者承兑人享有与未支付票据金额相当的利益，其源于《票据法》第十条的规定，是票据流通必须遵循的重要原则，也是等价有偿原则在票据法上的具体体现。据此，出票人或者承兑人享有无对价抗辩权，可以与没有支付相应对价的票据持有人进行对抗。本案例的特殊之处在于，持票人取得涉案票据时尽到了合理审查义务，出票人暨承兑人通过《商业承兑汇票查询查复书》向持票人保证其基于真实交易出票，并作出汇票到期日付款的履行承诺。此情形下，再允许承兑人在诉讼中反言，乃至行使无对价票据抗辩权，显然违背了诚实信用原则，不利于商事信用约束机制的建立。

关于票据利益返还请求权纠纷的诉讼时效期间起算点。根据《票据法》第十七条的规定，票据权利人应当知晓行使票据权利的期间。由此，权利人在相应期间内未行使票据权利的，则应知道自己已取得票据利益返还请求权，且权利已经受损。二审法院就诉讼时效起算问题询问双方当事人的意见，其均表示应从案涉汇票被承兑人拒付之日起计算，此观点意味着权利人可选择票据权利消灭后的任意时点主张权利，即使是持票人因怠于主张权利等自身过失行为导致票据权利灭失，这显然与诉讼时效制度是为了督促当事人行使权利、维护正常稳定交易秩序的立法目的相悖，也与公平原则相冲突，因而二审判决未予采纳，最终认定票据利益返还请求权的诉讼时效的起点应为票据权利时效届满次日。

编写人：广西壮族自治区高级人民法院　宿薇

50

承兑人公告承诺但未实际解决到期票据兑付问题亦未出具拒付证明是否属于拒绝兑付

——建机公司诉建材经营部等票据追索权案

【案件基本信息】

1. 裁判书字号

江苏省泰州市中级人民法院（2021）苏 12 民终 2062 号民事判决书

2. 案由：票据追索权纠纷

3. 当事人

原告（被上诉人）：建机公司

被告（上诉人）：建材经营部

被告：机械公司、薛某

【基本案情】

2018 年 2 月 6 日，建机公司与薛某签订买卖合同一份，约定薛某向建机公司购买混凝土泵车一台，价格为 215 万元。2018 年 3 月 7 日，建机公司向薛某交付了合同约定的泵车。

2018 年 3 月 2 日，建材经营部经薛某指示，将电子银行承兑汇票背书转让给建机公司用以支付买卖合同项下货款。该汇票金额为 500000 元，出票人为储运公司，收票人为化工公司，付款到期日为 2019 年 2 月 7 日，承兑人财务公司承诺到期无条件付款。建机公司于 2018 年 3 月 2 日出具收据，载明交款单位建材经营部，收款方式“电子银行承兑”，人民币 500000 元，收款事由为“代薛某付 52M 泵车款”。

2018 年 3 月 22 日，建机公司将案涉汇票背书转让给科技公司，被退回，同年 4 月 24 日，建机公司背书转让给科技公司，被退回。2018 年 5 月 18 日，建机公司将案涉汇票背书给重工公司。重工公司将该汇票背书转让后，又经过后手的多次背书转让，于 2019 年 1 月 11 日由物资公司背书退回重工公司。2019 年 1 月 28 日，重工公司将汇票背书退回给建机公司。

2019 年 2 月 7 日即案涉汇票到期日，建机公司通过电子银行网上系统申请兑付，票据状态显示为提示付款待签收。承兑人财务公司至今未向建机公司付款。

另，2018 年 11 月 17 日，财务公司发布《关于票据兑付事项第一次公告》，“一、宝塔石化集团有限公司、财务公司将在地方政府和监管部门的监督指导下，积极稳妥解决财务公司到期票据兑付问题。二、宝塔石化集团有限公司、财务公司将积极筹集兑付资金，依法制定兑付原则和可行的兑付方案，并适时公布……”

2019 年 7 月 10 日，建机公司将三被告诉至法院，法院予以立案，案号为（2019）苏 1282 民初 4951 号。案件审理中，建机公司申请撤回该案，法院于 2020 年 2 月 24 日作出裁定准许其撤诉。后建机公司又向该院申请重新立案，该院于 2020 年 3 月 25 日予以受理，即为本案。

【案件焦点】

1. 承兑人是否存在拒绝兑付的情形；2. 建机公司能否行使追索权；3. 建材经营部应否承担给付责任。

【法院裁判要旨】

江苏省靖江市人民法院经审理认为：薛某向建机公司购买混凝土泵车，并指示建材经营部以电子银行承兑汇票背书转让给建机公司的方式支付货款50万元，根据票据法的规定，案涉票据法定必要记载事项完备且背书连续，建机公司为合法持票人，依法享有票据权利。本案票据于2019年2月7日到期，根据票据法的规定，定日付款的汇票，持票人应自到期日起十日内向承兑人提示付款；持票人提示付款的，付款人必须在当日足额付款。案涉票据状态为提示付款待签收，故最迟至2019年2月17日承兑人未付款实际为拒绝付款，持票人即建机公司可以对背书人、出票人以及汇票的其他债务人行使追索权。建材经营部系受薛某指示以背书转让案涉汇票的方式代为向建机公司支付货款，建材经营部虽与建机公司无直接的交易或债权债务关系，但根据票据的无因性原则，票据的基础关系独立于票据关系，票据基础关系（包括票据原因关系）的效力不影响票据关系的效力，票据的债务人不能以此对持票人进行抗辩。故建机公司向其前手机械公司、建材经营部行使追索权符合票据法规定的行使追索权的法定条件，其在案涉票据到期未收到款项，依法享有追索权。

关于建机公司向本案票据前手主张追索权是否超过追索期限。建机公司于案涉汇票到期日即2019年2月7日之后十日内向承兑人提示付款，承兑人拒付之后，又于六个月内提起诉讼，靖江市人民法院于2019年7月10日予以立案，该案追索权的时效应当于该日中断。后案件审理中，建机公司申请对该案撤诉，法院于2020年2月24日作出裁定予以准许，故本案追索权时效应当于该日重新起算。后建机公司向法院申请重新立案，法院于2020年3月25日予以受理，即为本案。因此，建机公司向前手机械公司、建材经营部主张追索权未超过六个月追索期限。

关于建机公司要求薛某对案涉票面金额承担连带清偿责任的主张，因薛某与建机公司之间系买卖合同法律关系，而非案涉票据票面记载的当事人，不符合票据法规定的可行使追索权的对象，建机公司主张的请求权基础为票据追索权，现建机公司要求薛某对案涉票据的清偿承担连带责任，缺乏事实和法律依据，依法不予支持。

综上，江苏省靖江市人民法院依照《中华人民共和国票据法》第十七条、第三十一条、第五十三条、第五十四条、第六十一条、第六十三条、第七十条，《最高人民法院关于审理票据案件若干问题的规定》第二十二条、第七十四条，《中华人民共和国民事诉讼法》第一百四十四条之规定，作出如下判决：

一、机械公司、建材经营部于判决生效之日起十日内支付建机公司50万元及利息（利息分档计算为：自2019年2月8日起至2019年8月19日按人民银行同期同档次贷款利率计算，自2019年8月20日起至款项付清之日止按同期全国银行间同业拆借中心公布的贷款市场报价利率计算）；

二、驳回建机公司对薛某的诉讼请求。

建材经营部不服一审判决，提出上诉。江苏省泰州市中级人民法院经审理同意一审法院裁判意见，依照《中华人民共和国民事诉讼法》第一百七十条第一款第一项之规定，判决：

驳回上诉，维持原判。

【法官后语】

本案中引起争议的事实主要在于2018年11月17日财务公司发布的《关于票据兑付事项第一次公告》中，对到期汇票兑付问题承诺积极着手解决，积极制定兑付原则和可行的兑付方案并适时公布的相关表述。经类案检索发现，对于这份公告的作用各地法院观点存在不同，多份判决书提及了该份公告，有的法院认为该份公告能够证明财务公司不存在拒绝兑付情形，其正在积极着手解决到期汇票承兑的问题，持票人通过电子银行承兑系统提示付款，仅显示提示付款待签收，而并非拒绝兑付，持票人主张对前手背书人进行票据追索，但未能出示票据付款人拒绝付款的合法证明，不符合票据法规定的形式要件，故判决票据持有人不能行使票据追索权。

根据《中华人民共和国票据法》第四十一条第一款“付款人对向其提示承兑的汇票，应当自收到提示承兑的汇票之日起三日内承兑或者拒绝承兑”，第六十二条“持票人行使追索权时，应当提供被拒绝承兑或者被拒绝付款的有关证明。持票人提示承兑或者提示付款被拒绝的，承兑人或者付款人必须出具拒绝证明，或者出具退票理由书。未出具拒绝证明或者退票理由书的，应当承担由此产生的民事责任”和第六十三条“持票人因承兑人或者付款人死亡、逃匿或者其他原因，不能取得拒绝证明的，可以依法取得其他有关证明”的规定，在通常情况下承兑人拒绝兑付应当出具相应的拒绝证明，通过电子银行汇票系统提示承兑的通常会显示拒绝承兑或付款。本案中财务公司作为承兑人，承诺汇票到期无条件付款，票据到期后，持票人于2019年2月7日即案涉汇票到期日通过电子银行网上系统申请兑付，依法履行了提示兑付的义务，但票据状态一直显示为提示付款待签收。承兑人财务公司虽一直未按照票据法的规定向建机公司出具拒绝证明或者出具退票理由书，但其在建机公司提示付款时通过在电子商业汇票系统中长时间怠于签收的方法，达到拖延或者不予付款的目的，其本质属于变相拒绝付款，故案涉电子银行承兑汇票实际上处于拒绝付款状态。财务公司所发布的公告，虽表示将积极稳妥地解决财务公司到期票据兑付问题，但一直未能提出可供解决的方案，该公告亦写明其存在“造成持有宝塔票据的客户不能如期兑付”的问题，其作为付款义务人向所有持票人以发布公告的方式作出的意思表示，表明其客观上已经存在拒绝付款的事实，该公告一经发布即对所有持票人发生效力，故该公告可以认定为拒付证明。原告行使追索权的条件已经成就。根据《中华人民共和国票据法》第六十一条第一款规定，汇票到期被拒绝付款的，持票人可以对背书人、出票人以及汇票的其他债务人行使追索权。故建机公司依法取得票据权利，可以依法行使票据追索权。汇票的出票人、背书人、承兑人和保证人对持票人承担连带责任，且建机公司可以不按汇票债务人的先后顺序，向其中任何一人、数人或者全体行使追索权。本案中，建机公司要求建材经营部承担给付责任，符合法律规定。

综上，在审查票据追索权案件过程中，法官应当在查明案件事实的基础上，结合相关事实对持票人是否享有追索权进行认定，而不能机械适用法条，仅根据是否取得拒绝证明简单认定持票人是否享有追索权。在实际票据往来中，一些承兑人发生财务问题时，并不会按照法律规定出具相应的拒付证明，票据法本身也规定了未出具拒绝证明或者退票理由书的，应当承担由此产生的民事责任，立法时已经对可能存在不出具拒付证明的情形进行了规定。审理中更应避免地方保护主义，为避免当地企业因票据追索受损而认定持票人不享有追索权，会影响票据的流通性，导致企业在经济往来中对承兑汇票最终能否兑付持怀疑态度，不敢收取票据，继而对票据的流通造成负面影响，不利于承兑汇票在经济往来中发挥其应有的作用。

编写人：江苏省靖江市人民法院　尤莉

51

电子商业承兑汇票“视为拒付”的判断

——甲公司诉乙公司、丙公司票据追索权案

【案件基本信息】

1. 裁判书字号

江苏省连云港经济技术开发区人民法院（2020）苏0791民初1660号民事判决书

2. 案由：票据追索权纠纷

3. 当事人

原告：甲公司

被告：乙公司、丙公司

【基本案情】

2017年11月30日，被告丙公司向被告乙公司背书转让电子银行承兑汇票一张。2017年11月30日，被告丙公司将该电子银行承兑汇票背书转让给原告。该票据连续背书，最后的持票人为案外人材料公司。该张电子银行承兑汇

票出票人为商贸公司，出票日期为2017年11月16日，汇票到期日期为2018年11月16日，收票人为技术公司，承兑人为财务公司，承兑人承兑：汇票予以承兑，到期无条件付款。2018年11月17日，财务公司发布关于票据兑付事项公告，载明：财务公司董事局主席孙某、财务公司董事长孙某等人因涉嫌刑事犯罪被公安机关采取强制措施，石化公司、财务公司将积极稳妥地解决财务公司到期票据兑付问题，将积极筹措兑付资金，制订可行的兑付方案，并适时公告，票据持有人无须到现场申报登记。

案涉电子承兑汇票到期后，最后持票人于2019年5月10日向其上手发起了追索清偿。后经多次、连续追索。2020年9月27日，原告向案外人科技公司支付了涉案票据款项50万元及该诉讼费等。2020年12月22日，原告在电子银行承兑系统上向被告乙公司发起了追索清偿并向被告乙公司邮寄了追索函等材料。被告乙公司向被告丙公司邮寄了案涉票据追索函等材料。被告丙公司于2020年12月22日收到被告乙公司追索函后，被告丙公司向其上手邮寄了承兑汇票追索沟通函。

【案件焦点】

电子商业承兑汇票持票人向承兑人提示付款后，承兑人未签收，亦未作出拒付应答或出具拒付证明，使得票据长期处于“提示付款待签收”状态，能否“视为拒付”。

【法院裁判要旨】

江苏省连云港经济技术开发区人民法院经审理认为：汇票到期被拒绝付款的，持票人可以对背书人、出票人以及汇票的其他债务人行使追索权。汇票的出票人、背书人、承兑人和保证人对持票人承担连带责任。持票人可以不按照汇票债务人的先后顺序，对其中任何一人、数人或者全体行使追索权。被追索人清偿债务后，与持票人享有同一权利。本案中，案涉汇票到期后，最后持票人向其上手发起了追索清偿，案外人向原告发起了追索清偿，虽均显“非拒付追索”，但结合关联案件生效民事判决书相关事实，承兑人财务公司治理和财务状况陷入严重危机，其无能力承兑、付款，导致汇票长期处于待付款状态，本院对案涉票据属于汇票到期拒绝承兑的情形予以确认。原告于2020年9月27日向案外人进行了清偿，因而其依法享有持票人的权利，可行使追索权。原告向其后手清偿完毕之后，作为持票人可向汇票债务人的一人、数人或者全体行使追索权。被告乙公司、被告丙公司均系原告票据前手，本院对原告要求二被告共同承担支付承兑汇票票据金额50万元的诉讼请求予以支持。关于原告主张利息的诉讼请求，因原告于2020年9月27日向案外人支付了承兑汇票票据金额50万元，对原告要求二被告从2020年9月27日起至清偿之日止以50万元为基数计付利息的请求，本院予以支持。

江苏省连云港经济技术开发区人民法院依照《中华人民共和国票据法》第六十一条、第六十八条，《中华人民共和国民事诉讼法》第六十四条第一款之规定，判决：

被告乙公司、丙公司于本判决生效之日起十日内支付原告甲公司50万元及利息（利息从2020年9月27日起至支付本金完毕之日止以50万元为基数按同期全国银行同业拆借中心公布的贷款市场报价利率计算）。

判决后，双方当事人均未上诉，本判决现已生效。

【法官后语】

电子商业承兑汇票的追索可分为拒付追索和非拒付追索。拒付追索是指电子商业汇票到期后被拒绝付款，持票人请求前手付款的行为。非拒付追索是指存在下列情形之一，持票人请求前手付款的行为：承兑人被依法宣告破产的；承兑人因违法被责令终止业务活动的。

电子商业承兑汇票追索权行使具有一定的特殊性。根据《电子商业汇票业务管理办法》第五条的规定，电子商业汇票的出票、承兑、背书、保证、提示付款和追索等业务，必须通过电子商业汇票（ECDS）系统办理。当电子商业承兑汇票到期，持票人应在提示付款期内通过ECDS系统向承兑人请求付款。电子商业承兑汇票到期，持票人在提示付款期内提示付款的，承兑人应在收到提示付款请求的当日至迟次日付款或拒绝付款。承兑人账户余额在该日电子商业汇票系统营业截止时不足以支付票款的，则视同承兑人拒绝付款。实践中，当发生承兑人账户余额不足支付票款时，付款机构却不愿意代承兑人作出拒付应答，造成电子商票长期处于“提示付款待签收”的状态。这种情况可否视为“到期拒付”。2016 年中国人民银行发布的《票据交易管理办法》中出现了“视为拒绝付款”的概念，该办法第五十六条第三款规定，承兑人或者承兑人开户行在提示付款当日未做出应答的，视为拒绝付款，票据市场基础设施提供拒绝付款证明并通知持票人。《最高人民法院关于审理票据纠纷案件若干问题的规定》第七十条第二款规定：“承兑人自己作出并发布的表明其没有支付票款能力的公告，可以认定为拒绝证明。”

案涉电子商业汇票于 2018 年 12 月 16 日到期，最后持票人已在法律规定的期限内通过电子商业汇票系统向承兑人财务公司提示付款，但其长期未签收、未应答，票据状态长期处于“提示付款待签收”，同时承兑人发布的相关公告，也表明其没有支付票据能力，应当视为到期不能兑付的情形。值得注意的是，在本案关联案件中，其他法院的裁判均显示为“非拒付追索”。非拒付追索主要有两种情形，即承兑人被依法宣告破产；承兑人因违法被责令终止业务活动，显然案涉承兑人不属于被宣告破产的情形。承兑人因公司治理和财务状况陷入严重危机，其无能力承兑、付款，但并未被责令终止业务活动，也不属于因违法被责令终止业务活动的情形。

编写人：江苏省连云港经济技术开发区人民法院　魏兵　薛子裔

52

额外利益证明责任分配

——电缆公司诉北京设备公司票据利益返还请求权案

【案件基本信息】

1. 裁判书字号

北京市第一中级人民法院（2021）京01民终1874号民事判决书

2. 案由：票据利益返还请求权纠纷

3. 当事人

原告（上诉人）：电缆公司

被告（被上诉人）：北京设备公司

【基本案情】

北京市昌平区人民法院经公开审理查明：北京设备公司提交的《说明》，《说明》载明的出具人为电缆公司、接收人为保定设备公司，内容为：今有两张承兑汇票，信息如下：票号：2102100009818201709111××××5805，金额55万元，到期日2018年3月10日，票号：2102100009818201709271××××1472，金额20万元，到期日2018年4月27日。因前期支付的到期商业承兑75万元托收未到，现经沟通保定设备公司支付电缆公司商业承兑200万元，票号分别为：2103333327011201804041××××8950、2103333327011201804041××××9090，电缆公司收到200万商票后，前期未到账商票引起的损失我公司不予追究法律责任。《说明》落款处加盖了电缆公司公章，但该证据为复印件。电缆公司的质证意见为：因北京设备公司不能提供证据原件，因此对该份证据的真实性不认可；电缆公司确实收到了《说明》中载明的金额合计200万元的承兑汇票两张，但电缆公司与保定设备公司存在长期业务往来，保定设备公司仍欠电缆公司货款。本院认为，无法与原件核对的复制件不能单独作为认定案件事实的依据，本案中，北京设备公司主张电缆公司放弃对涉案票据的权利，仅提供《说明》作为证据，且该证据为复制件，故本院认定仅凭该证据无法证明北京设备公司主张的待证事实。

根据当事人提供的证据及当庭陈述，本院认定其他事实如下：2017年9月11日，北京设备公司作为出票人及承兑人开具票据号码为2102100009818201709111××××5805的电子商业承兑汇票，记载收款人为保定设备公司，出票日为2017年9月11日，汇票到期日为2018年3月10日，票面金额为55万元。2017年9月11日，保定设备公司将该汇票背书转让给电缆公司。票据当前状态为提示付款已拒付。

关于北京设备公司向保定设备公司出具承兑汇票的原因行为，北京设备公司称，因北京设备公司与保定设备公司存在关联关系，北京设备公司出具该承兑汇票系代为付款，北京设备公司与保定设备公司之间不存在直接的债权债务关系。电缆公司表示对于北京设备公司出具该承兑汇票的原因行为不知情。

【案件焦点】

票据利益返还请求权是否成立。

【法院裁判要旨】

北京市昌平区人民法院经审理认为：本案系票据利益返还请求权纠纷，《中华人民共和国票据法》第十八条规定，持票人因超过票据权利时效或者因票据记载事项欠缺而丧失票据权利的，仍享有民事权利，可以请求出票人或者承兑人返还其与未支付的票据金额相当的利益。票据利益返还请求权是票据法规定的非票据权利，系基于衡平观念，为票据法所特别规定之请求权。票据法之所以规定利益返还请求权，主要是因为票据债务人的责任相比于一般债务人更重，为此立法对票据权利设有短期消灭时效，持票人稍有不慎就有丧失权利而遭受损失的可能；另外，原来的票据债务人因不再承担义务而有可能获得额外的利益，这对双方当事人来说，显然有失公平。为平衡票据当事人的利益，票据法设计了利益返还请求权这项特殊制度，给持票人以最后的补救机会。基于相关法律规定及立法理念，法院认为，票据利益返还请求权成立的要件有三：一是票据上的权利曾经有效存在；二是票据权利因时效超过或欠缺保全手续而丧失；三是出票人或承兑人因此而获得额外利益。这里所谓额外利益，是指承兑人或出票人因出具承兑汇票而获得的对价利益，并非指承兑人或出票人因付款义务免除而获得的利益，如果承兑人或出票人出具承兑汇票但并未获得对价，虽然其付款义务免除，但并未因此而获得额外利益，亦不会造成利益失衡，持票人无权主张票据利益返还请求权。本案中，电缆公司并未举证证明北京设备公司获得了额外利益，故判决：

对于电缆公司的诉讼请求不予支持。

电缆公司不服一审判决，提起上诉。北京市第一中级人民法院同意一审法院裁判意见。

【法官后语】

票据法上的利益返还请求权主要是指在时效以及权利保全欠缺等场合，导致权利人票据权利丧失或者无法行使时，票据法所特别赋予原票据权利人得向因此而获得利益的票据义务人主张返还该利益的权利。虽然大陆法系多数国家和地区在其票据法中对利益返还请求权有相对明确的规定，但是在实践中，人们对利益返还请求权制度的理解和执行仍然有不少的争议。利益返还请求权是根据平衡的观念所确立的，我国票据利益返还请求权制度的基本定位为补救制度而非惩罚制度。基于相关法律规定及立法理念，笔者认为，票据利益返还请求权成立的要件有三：一是票据上的权利曾经有效存在；二是票据权利因时效超过或欠缺保全手续而丧失；三是出票人或承兑人因此而获得额外利益。这里所谓的额外利益，是指承兑人或出票人因出具承兑汇票而获得的对价利益，并非指承兑人或出票人因付款义务免除而获得的利益，如果承兑人或出票人出具承兑汇票但并未获得对价，虽然其付款义务免除，但并未因此而获得额外利益，亦不会造成利益失衡，持票人无权主张票据利益返还请求权。沿此思路，持票人必须对票据权利曾经存在、票据权利因时效期届满或手续欠缺而丧失、票据义务人获得额外利益三个要件事实承担证明责任。

本案例主要探讨持票人承担出票人或承兑人获得额外利益证明责任的承担问题，因持票人怠于履行权益，其承担额外利益的证明责任，体现了证明责任分配的公平性。证明责任是民事证据制度的核心，证明责任分配是民事证据制度核心中的核心。因票据具有流通性，在持票人与出票人或承兑人之间存在一个或数个直接前手的情形下，出票人或承兑人与直接后手之间存在着债权债务关系的相对性，持票人只因票据流通性而持有票据，而承担出票人或承兑人获得额外利益的证明责任难度大。但考虑到持票人在票据流通过程中是最活跃的关系主体，持票人权利是票据权利主导权利，若持票人怠于行使和保全权利，法律赋予其返还请求权的救济性权利，故持票人应承担因怠于行权而带来的承担额外利益证明责任的义务，有助于平衡证明责任分配的公平性。结合到本案例，电缆公司并未举证证明北京设备公司获得了额外利益，电缆公司的证明责任未完成。当事人对自己提出的诉讼请求所依据的事实或者反驳对方诉讼请求所依据的事实，应当提供证据加以证明，除法律另有规定的除外，当事人未能提供证据或者证据不足以证明其事实主张的，由负有举证证明责任的当事人承担不利的后果。综上所述，因电缆公司不能完成其应承担的额外利益举证证明责任，故对电缆公司的诉讼请求不予支持。

编写人：北京市昌平区人民法院　王筠韬　曹成旭

53

票据到期日前提示付款未撤回的，发生汇票到期日提示付款的效力

——建材经营部诉置业公司等票据追索权案

【案件基本信息】

1. 裁判书字号

江苏省无锡市惠山区人民法院（2021）苏0206民初5962号民事判决书

2. 案由：票据追索权纠纷

3. 当事人

原告：建材经营部

被告：置业公司、建筑公司、混凝土公司

【基本案情】

2021年1月29日，置业公司出具8张电子商业承兑汇票。该8张票据均载明：票据金额为50万元，汇票到期日为2021年7月28日，出票人、承兑人为置业公司，收款人为建筑公司。经查询电子商业汇票系统，上述8张票据背书情况均依次为建筑公司、混凝土公司、建材经营部。2021年7月27日，建材经营部通过电子商业汇票系统提示付款，上述8张票据状态为提示付款待签收。截至2021年11月22日，建材经营部未撤回提示付款申请，也未重新提交提示付款申请。诉讼中，建材经营部陈述其与混凝土公司存在买卖合同关系，混凝土公司因支付货款向建材经营部背书转让案涉票据。

【案件焦点】

持票人在票据到期日前提示付款是否发生提示付款之效力。

【法院裁判要旨】

江苏省无锡市惠山区人民法院经审理认为：持票人在票据到期日前提示付款的，承兑人可付款或拒绝付款，或于到期日付款。承兑人拒绝付款或未予应答的，持票人可待票据到期后再次提示付款。本案中，建材经营部于2021年7月27日提示付款，早于汇票到期日2021年7月28日，属于在票据到期日前提示付款。但建材经营部其间并未撤回付款请求，置业公司也未作拒绝付款的操作，故建材经营部于汇票到期日前的提示付款行为持续至汇票到期日，已发生汇票到期日提示付款的效力。现案涉8张票据长期处于"提示付款待签收"状态，属于实质上的拒绝兑付，故建材经营部作为持票人有权向出票人、背书人、承兑人进行追索，追索范围包括被拒付的汇票金额及汇票到期日起至清偿日止的利息损失。建材经营部要求置业公司、建筑公司、混凝土公司连带支付票据款400万元及逾期付款利息损失（以400万元为基数，自2021年7月29日起至实际给付之日止，按照全国银行间同业拆借中心公布的贷款市场报价利率计算），合法有据，本院予以支持。

江苏省无锡市惠山区人民法院依照《中华人民共和国票据法》第十七条、第五十三条、第六十一条、第七十条，《电子商业汇票业务管理办法》第五十九条，《中华人民共和国民事诉讼法》第一百四十四条之规定，作出如下判决：

置业公司、建筑公司、混凝土公司于本判决生效之日起10日内向建材经营部连带清偿票据款400万元及逾期付款利息损失（以400万元为基数，自2021年7月29日起至实际给付之日止，按照全国银行间同业拆借中心公布的贷款市场报价利率计算）。

判决后，双方当事人均未上诉，本判决现已生效。

【法官后语】

本案系票据追索权纠纷，争议焦点主要为持票人在票据到期日前提示付款是否发生提示付款的效力。关于提示付款的时间，《中华人民共和国票据法》

第五十三条作出了规定：见票即付的汇票，自出票日起一个月内向付款人提示付款。定日付款、出票后定期付款或者见票后定期付款的汇票，自到期日起十日内向承兑人提示付款。中国人民银行《电子商业汇票业务管理办法》同样对电子商业汇票的提示付款时间作出了规定：持票人应在提示付款期内向承兑人提示付款。提示付款期自票据到期日起10日内，最后一日遇法定节假日、大额支付系统非营业日、电子商业汇票系统非营业日顺延。

案涉8张电子商业汇票均为定日付款票据，由上述规定可知，持票人理应在汇票到期日起十日内通过电子商业汇票系统向承兑人请求付款。实践中常遇情形为持票人因遗失票据或疏忽大意导致超过提示付款期请求付款，票据法及电票管理办法对此情形下持票人的权利进行了明确规定，即承兑人仍承担付款责任，但持票人行使追索权的对象受限（仅能向出票人、承兑人追索）。而本案中所涉及的提前提示付款的效力及相应后果，在现有法律条款中则未见规定。因电子商业汇票的特殊性，电子商业汇票的各当事人均依托电票系统，以数据电文方式开展出票、承兑、保证、提示付款和追索等业务，有别于传统纸质票据。持票人在电票系统中点击提示付款后，相应指令直接到达承兑人的电票系统并持续储存于电票系统，故持票人的提示付款行为实际上具有持续性。本案中，原告建材经营部虽于票据到期日前提示付款，但承兑人始终未作拒绝付款操作，建材经营部也未撤回其申请，其在到期日前提示付款的行为持续至汇票到期日，故与在汇票到期日起10日内提示付款产生了同等效力。但如在汇票到期日前承兑人进行了拒绝付款操作，而持票人未及时在电票系统重新发起提示付款操作的话，则又将衍变为超过提示付款期提示付款。

鉴于票据行为具有无因性和要式性，票据行为需满足法定形式和条件。持票人在提示付款时应注意汇票到期日，在法定期限内及时操作，避免因不满足相应的形式或条件而导致相应丧失票据权利。

编写人：江苏省无锡市惠山区人民法院　浦湖焉

54

合法持票人向不具有法定贴现资质的当事人进行“贴现”的，该行为应当认定无效

——机械公司诉安装服务部票据案

【案件基本信息】

1. 裁判书字号

河北省邢台市中级人民法院（2021）冀05民终3381号民事判决书

2. 案由：票据纠纷

3. 当事人

原告（被上诉人）：机械公司

被告（上诉人）：安装服务部

【基本案情】

2020年12月28日，原告向被告背书转让、出票日期为2020年8月21日、出票人为甲公司、收款人为乙公司、承兑人为交通银行股份有限公司山东省分行营业部、票面金额为30万元的电子银行承兑汇票一张。双方约定被告收取原告票面金额0.5%的手续费。被告收到该电子银行承兑汇票后，通过其工作人员向原告支付票据款173622元，剩余124878元票据款未付。

被告辩称：（1）不认识原告，30万元承兑款是别人放到被告这里的。（2）先前给付的款也不是被告给的。别人欠被告的钱抵账的，债务和被告没有关系。账目是被告经营者前妻及某某在被告单位做业务员的时候向东风液压件厂供货，原告法定代表人是东风液压件厂的总经理。及某某给了被告经营者一张30万元的承兑用于偿还被告经营者之前的所欠的12万元，剩余的18万元被

告经营者已转给了及某某。

【案件焦点】

合法持票人向不具有法定贴现资质的当事人进行“贴现”的，其行为的法律效力及双方的法律责任。

【法院裁判要旨】

河北省宁晋县人民法院经审理认为：票据贴现属于国家特许经营业务，合法持票人向不具有法定贴现资质的当事人进行“贴现”的，该行为应当认定无效，贴现款和票据应当相互返还。

根据《中华人民共和国票据法》第十条的规定，票据的签发、取得和转让，应当遵循诚实信用的原则，具有真实的交易关系和债权债务关系。票据的取得，必须给付对价，即应当给付票据双方当事人认可的相对应的代价。

本案中，原告因资金周转需要，向被告背书转让金额为30万元的银行电子承兑汇票一张。双方约定被告收取原告票面金额0.5%手续费。双方之间不存在基础交易关系，被告亦不具有法定的贴现资质，被告向原告支付贴现款，违反了票据贴现属于国家特许经营业务的强制性规定，故该贴现行为应认定无效，贴现款和票据应相互返还。

当事人不能返还票据的，原合法持票人可以拒绝返还贴现款。依照《中华人民共和国票据法》第一百零六条的规定，依照本法规定承担赔偿责任以外的其他违反本法规定的行为，给他人造成损失的，应当依法承担民事责任。

原告向被告背书转让电子银行承兑汇票，但被告已将该票据转让他人，致该票据无法返还原告，由此给原告造成直接损失124878元，被告应对此承担赔偿责任。

关于原、被告与证人及某某之间的债权债务纠纷，属另一法律关系，可另行解决。

河北省宁晋县人民法院依照《中华人民共和国票据法》第一百零六条之规定，判决如下：

被告安装服务部于判决生效之日起五日内给付原告机械公司票据损失124878元。

安装服务部不服一审判决，提出上诉。河北省邢台市中级人民法院经审理认为：安装服务部的上诉请求不能成立，一审判决认定事实清楚，适用法律正确。河北省邢台市中级人民法院依照《中华人民共和国民事诉讼法》第一百七十条第一款第一项之规定，判决如下：

驳回上诉，维持原判。

【法官后语】

票据是常见的金融证券，发挥着承兑、支付、结算、融资、信用等功能。由于金融贷款、金融机构票据贴现等官方正规融资方式手续烦琐、审核严格、授信额度有限，不少中小企业选择通过民间票据贴现这一低门槛的方式融资。不可否认，民间票据贴现对中小微企业融资、民间金融市场发展有着重要作用。

长期以来，票据法理论界和实务界对民间票据贴现行为是否有效一直没有定论。《全国法院民商事审判工作会议纪要》的出台，明确民间票据贴现行为应当认定为无效，贴现款和票据均应当相互返还，其中第一百零一条第一款规定，票据贴现属于国家特许经营业务，合法持票人向不具有法定贴现资质的当事人进行“贴现”的，该行为应当认定无效，贴现款和票据应当相互返还。当事人不能返还票据的，原合法持票人可以拒绝返还贴现款。人民法院在民商事案件审理过程中，发现不具有法定资质的当事人以“贴现”为业的，因该行为涉嫌犯罪，应当将有关材料移送公安机关。民商事案件的审理必须以相关刑事案件的审理结果为依据，应当中止诉讼，待刑事案件审结后，再恢复案件的审理。案件的基本事实无须以相关刑事案件的审理结果为依据的，人民法院应当继续审理。

理论界认为从国家社会经济的客观现状来看，民间票据贴现行为在促进民间金融蓬勃发展、提升民间金融市场资金流动性等方面发挥了重要作用，民间票据贴现的产生和发展有其合理性和必然性。但是，民间票据贴现市场存在的乱象也亟待解决，这给民间票据贴现之治理提出了难题。

在绝对安全主义的影响下，我国金融市场的开放速度较为缓慢，有权机关对民间金融的发展持有保守谨慎的态度，这在民间借贷、资金拆借等领域更为明显，监管机构对民间借贷和企业资金拆借经历了完全禁止到逐步放开的态度变化。而《全国法院民商事审判工作会议纪要》对民间票据贴现行为的无效认定则是司法机关对民间金融保守态度的另一表现。

笔者认为，诚然客观经济中存在的中小微企业存在巨大的融资需求、票据强大的融资功能、金融机构票据贴现存在诸多阻碍等条件促进了民间票据贴现的行为盛行。但结合中国特色社会主义市场经济性质和金融秩序的要求，维护我国的金融体系的稳定健康发展，在对民间票据贴现没有相应的管理体系和制度约束的条件下，否认民间票据贴现的合法性，有利于促进合法的票据贴现行为迅速发展，有利于保护我国的金融秩序，有利于维护市场经济的稳定。

编写人：河北省宁晋县人民法院　牛康路

55

已过解付期的承兑汇票，背书失误不能阻却持票人行使票据利益返还请求权

——商贸公司、李淑某诉某银行淮北分行、卓某票据利益返还请求权案

【案件基本信息】

1. 裁判书字号

安徽省淮北市杜集区人民法院（2021）皖 0602 民初 860 号民事判决书

2. 案由：票据利益返还请求权纠纷

3. 当事人

原告：商贸公司、李淑某

被告：某银行淮北分行、卓某

【基本案情】

商贸公司（持票人）与案外人内配公司存在业务往来，商贸公司通过背书转让的方式从某原内配集团股份有限公司取得并持有应由某银行淮北分行承兑付款的一张银行承兑汇票，票据记载：汇票号码××、出票日期为 2016 年 2 月 1 日、出票人 A 公司、付款行某银行淮北分行清算中心、出票金额 5 万元、到期日期 2016 年 8 月 1 日。商贸公司就该票据要求某银行淮北分行承兑付款，但该行向商贸公司出具退票理由书，以汇票已超过解付期为由拒绝付款。

上述汇票在背书转让过程中出现背书失误：2016 年 3 月 20 日，背书人建材公司向某银行淮北分行出具证明，内容为：汇票号码为××的银行承兑汇票，由于我公司财务人员工作疏忽，在背书转让过程中，造成法人章重复加盖，不规范，我单位承诺此银承背书有效，由此引起的一切经济纠纷及法律责任由我公司承担，望贵行到期给予解付；2016 年 7 月 22 日，背书人光电公司向某银行淮北分行出具证明，内容为：票号为××的银行承兑汇票，由于财务人员工作疏忽，被背书人名称书写错误有涂改，正确应为“内配公司”，由此引起的经济纠纷由我公司承担，请贵行予以解付为盼。

2021 年 6 月 7 日，商贸公司向某银行淮北分行出具证明，内容：汇票号码为××的银行承兑汇票，因我公司财务人员疏忽，该票据未能在到期日前及时托收，导致该票据长时间过期未托收，由此引起的一切经济纠纷，由我公司承担全部责任等。

2021 年 6 月 11 日，某银行淮北分行出具退票理由书，内容为：工商银行于 2021 年 6 月 8 日用银行承兑汇票（号码××），向我行办理的委托收款，因存在票已过解付期原因，现予以退票，请完善手续后再办理托收。

某银行淮北分行认可：1. 案涉银行承兑汇票已验票，该票据票面记载信息与本行留存信息一致；2. 本行目前享有与未支付票据金额相当的利益，具备付款条件。

【案件焦点】

1. 商贸公司要求某银行淮北分行承兑付款的依据；2. 承兑汇票已过解付期，持票人能否行使票据返还利益请求权；3. 承兑汇票背书失误，是否导致汇票权利丧失。

【法院裁判要旨】

安徽省淮北市杜集区人民法院经审理认为：持票人因超过票据权利时效或者因票据记载事项欠缺而丧失票据权利的，仍享有民事权利，可以请求出票人或者承兑人返还其与未支付的票据金额相当的利益。本案中，付款行某银行淮北分行应向承兑人商贸公司返还与未支付的票据金额相当的利益，理由如下：1. 商贸公司与案外人内配公司已履行基础关系下的合同义务；2. 某银行淮北分行业已验票，确认该汇票记载的票面信息与本行留存的信息一致，且未对该汇票上的权利曾经有效存在过提出异议，之所以退票系因票已过解付期；3. 某银行淮北分行认可本行目前享有与未支付票据金额相当的利益。综上，商贸公司因超过票据权利时效要求某银行淮北分行返还票据利益 5 万元，符合法律规定，予以支持。商贸公司自愿承担本案诉讼费用，是其在法律规定的范围内处分自己的民事权利，不违反法律规定，应予以确认。法院判决：

某银行股份有限公司淮北分行于本判决生效之日起 15 日内返还商贸公司票据利益 5 万元。

判决后，双方当事人均未上诉，本判决现已生效。

【法官后语】

票据纠纷，是指基于票据关系或法定的票据派生关系产生的民事纠纷。《最高人民法院关于审理票据纠纷案件若干问题的规定》第一条规定，因行使票据权利或票据法上的非票据权利而引起的纠纷，人民法院应当受理。票据利益返还请求权性质上不属于票据权利，而是一种票据法上的非票据权利，其与票据权利的性质是不同的，持票人行使票据利益返还请求权的时效适用民法上有关一般债权的时效规定。当事人因超过票据权利时效而丧失票据权利，但仍享有民事权利，旨在为弥补持票人损失、谋求票据当事人利益平衡，提供专门权利保障。票据利益返还请求权纠纷中，持票人与出票人或承兑人之间争议较大，出票人或承兑对持票人是否享有票据权利往往持否定态度，法院应准确把握票据利益返还请求权裁判标准，公正、高效地审理此类纠纷，保护票据当事人的合法权益，维护金融秩序和金融安全。

一、票据已过解付期，是持票人行使票据利益返还请求权的要件之一

票据利益返还请求权，是指因票据时效已过或者保全手续欠缺而导致丧失票据权利，持票人请求出票人或承兑人返还其所受利益的权利。持票人有效行使票据利益返还请求权的前提有二：一是持票人因超过票据权利时效或者因票据记载事项欠缺而丧失票据权利；二是出票人或者承兑人享有与未支付票据金额相当的利益。票据已过解付期，是付款行依据票据到期日确定承兑期，持票人在票据到期后要求出票人或承兑人进行承兑，出票人或承兑人有权拒绝承兑，持票人丧失票据权利。正因如此，票据已过解付期成为持票人启动票据利益返还请求权的前提，持票人行使该权利具备法定要件。本案中，持票人商贸公司与案外人内配公司已履行基础关系下的合同义务，已取得票据利益，但因案涉支票已过解付期，被承兑人予以退票，符合票据利益返还请求权的构成要件。

二、票据时效和诉讼时效不同

持票人因超过票据权利时效而丧失票据权利的，仍享有民事权利，这是为平衡票据当事人的利益，票据法专门赋予持票人的救济权利，它是一种票据法上特别规定的权利，具有普通民事债权的属性。票据法第十七条规定票据时效为除斥期间，系票据权利丧失的期间规定，与普通民事诉讼时效不同。除斥期间是不变期间，其后果是实体权利的消灭；而诉讼时效期间可以延长、中止与中断，其法律后果是胜诉权的丧失，但并未丧失实体权利。除斥期间的起算点是票据到期日，而诉讼时效的起算点是知道或者应当知道权利被侵害之日。本案诉讼时效的起算点应当为汇票被拒绝承兑之日起三年，即自2021年6月11

日某银行淮北分行出具退票理由书之日起三年。持票人商贸公司系在诉讼时效内提起诉讼，其行使票据利益返还请求权具有正当性。

三、承兑汇票背书失误，应遵循背书人的真实意思表示，不能仅依据形式审查，认定涂改造成票据权利丧失

以背书转让的汇票，背书应当连续。持票人以背书的连续，证明其汇票权利。背书连续，是指在票据转让中，转让汇票的背书人与受让汇票的被背书人在汇票上的签章依次前后衔接。持票人所持汇票出现背书失误，如背书人将被背书人名称填写错误，进行涂改，并不能直接造成票据权利丧失，应审查持票人前手在承兑汇票上的背书时的真实意思表示。以背书转让的汇票，后手应当对其直接前手背书的真实性负责。案涉承兑汇票虽出现被背书人名称错误并涂改、背书人加章重复等情形，但背书人均出具证明，对前手的真实性无异议，形成背书的连续性，持票人合法取得汇票，具有票据权利。庭审中，承兑人某银行淮北分行认可：1. 案涉银行承兑汇票已验票，该票据票面记载信息与本行留存信息一致；2. 本行目前享有与未支付票据金额相当的利益，具备付款条件。故，本案最终判决某银行淮北分行于本判决生效之日起15日内返还商贸公司票据利益5万元。

编写人：安徽省淮北市杜集区人民法院　王波

56

票据关系发生在直接债权债务当事人之间时，票据债权与原因债权的行使顺序应如何确定

——某机械公司诉某电子公司买卖合同案

【案件基本信息】

1. 裁判书字号

江苏省无锡市锡山区人民法院（2021）苏0205民初2577号民事判决书

2. 案由：买卖合同纠纷

3. 当事人

原告：某机械公司

被告：某电子公司

【基本案情】

2017年，某机械公司与某电子公司发生买卖合同关系，由某电子公司向某机械公司购买两台切割机，金额共计11万元。某机械公司按约交付了切割机并开具了全部增值税发票，某电子公司于2017年3月7日通过网银转账付款3万元，又于2017年11月向某机械公司背书转让电子商业承兑汇票一份（出票人：某电池公司，票据金额：78400元），亦作为货款支付给某机械公司。此后，某机械公司将该票据背书转让给某五金商行。2018年7月3日，该电子商业承兑汇票因支票出票人账户余额不足而被付款行退票，某五金商行遂通知某机械公司处理，某机械公司于2019年4月支付某五金商行票款78400元。审理过程中，某机械公司明确向某电子公司主张合同价款74800元，不选择票据追索的权利。

【案件焦点】

债务人以电子承兑汇票形式向债权人支付货款，该汇票提示付款被拒付后，债权人能否按照基础的买卖合同关系向债务人主张债权。

【法院裁判要旨】

江苏省无锡市锡山区人民法院经审理认为：买受人为支付价金而向出卖人出具承兑汇票，此时出卖人享有两种债权，即原因债权（合同价金请求权）和票据债权（票据上的付款请求权）。本案中，某电子公司为支付合同对价向某机械公司交付电子商业承兑汇票，某机械公司作为出卖人即享有原因债权和票据债权两种债权，因双方并未明确约定交付票据后原因债权即消灭，因此不能直接以票据的交付来认定合同权利义务消灭。某电子公司辩称其已通过背书转让电子商业承兑汇票的形式完成了货款的支付无事实和法律依据，本院不予采纳。根据票据性质和功能，债权人应当先行使票据债权，如不能得到满足，可再行使原因债权。本案中，案涉票据已被付款行退票，故某机械公司行使票据债权已无法获得相应对价，某五金商行出具的证明书亦可予以佐证，故某机械公司可再行使原因债权，即要求某电子公司支付对应的合同价款 78400 元。当然，某机械公司在票据付款请求权得不到实现后可继续行使票据追索的权利，但其有权进行选择，现某机械公司明确要求行使合同价款请求权来实现债权，于法无悖，应予以支持。某电子公司辩称本案为票据纠纷，某机械公司应通过票据诉讼解决的意见不予采纳。另，某电子公司除网银转账 3 万元及交付案涉票据外，尚欠某机械公司货款 1600 元至今未付，故某机械公司在本案中一并主张该 1600 元亦无不妥。综上，某机械公司要求某电子公司支付货款 8 万元于法有据，应予以支持。

依照《中华人民共和国合同法》第一百零九条、第一百五十九条，《最高人民法院关于适用〈中华人民共和国民法典〉时间效力的若干规定》第一条第二款之规定，判决如下：

某电子公司于本判决生效之日起 10 日内向某机械公司支付货款 80000 元。

判决后，双方当事人均未上诉，本判决现已生效。

【法官后语】

票据作为一种便捷高效的流通证券，已越来越多地在商事交易中作为支付工具使用，但基于票据尤其是商业承兑汇票的特性，存在直接债权债务关系的当事人之间用商业承兑作为结算工具时亦存在一定的风险，持票人提示付款但遭付款行拒付从而无法取得票据对价即是常见的一种风险。本案中，某电子公司为清偿买卖合同项下债务而向某机械公司转让电子承兑汇票，但该汇票提示付款遭拒付，此时某机械公司是仅能依据票据关系向某电子公司主张票据权利，还是能够在主张票据债权或原因债权中予以选择，是本案处理的难点，现行立法对此没有明确规定，司法实践中亦存在不同观点。本案对该情形下票据债权和原因债权的行使顺序作出了认定。

一、“票据关系”与“票据原因关系”

“票据关系”是指基于票据当事人的票据行为而发生的票据上的权利义务关系。票据行为包含出票、背书、承兑、付款、保证等，随之产生出票关系、背书关系、承兑关系、付款关系、保证关系等票据法律关系。“票据基础关系”是指当事人实施票据行为、发生票据关系的民法上的债权债务关系，亦是票据关系产生的基础。票据基础关系包括票据原因关系、票据预约关系和票据资金关系。其中“票据原因关系”是票据当事人之间收受票据、发生票据法律关系的理由，即当事人间基于买卖、租赁合同等产生的付款义务系引发票据关系的原因关系。原因关系先已存在，票据关系发生后，对原因关系有何影响？如本案中，票据原因关系为某机械公司与某电子公司的买卖合同关系，某电子公司以向某机械公司背书转让承兑汇票的方式履行合同项下的付款义务而产生了相应的票据关系。

二、“票据债权”与“原因债权”的行使顺序应如何确定

某电子公司为支付货款而向某机械公司转让承兑汇票后，某机械公司同时享有两种债权，即原因债权（合同上的价金请求权）和票据债权（票据上的付款请求权），在发生票据被拒绝兑付且债务人某电子公司拒绝付款时，债权人能够基于何种法律关系主张何种权利？笔者认为，当原因债权与票据债权并存

时，两种权利如何行使应根据当事人有无约定区分为两类情形进行处理：

第一，当事人有明确约定时依当事人约定。基于意思自治原则，当事人间可约定权利行使的顺序。司法实践中，人民法院亦应首先审查当事人有无对票据转让后原因债权和票据债权的行使顺序进行明确约定，并根据当事人约定确定权利行使顺序，如各方明确约定交付票据后原因债权即消灭，债权人则只能主张票据权利而无权再主张原因债权。

第二，当事人无约定或约定不明时，两种债权应如何行使，司法实践中有三种观点：（1）票据债权成立后，原因债权就消灭，因而债权人只能行使票据债权，不能行使原因债权；（2）两种债权并存，债权人可以任意行使一种债权，待一种债权得到清偿后，另一种债权消灭；（3）两种债权并存，债权人应先行使票据债权，如票据债权无法得到清偿，可再行使原因债权。

当事人未约定两种权利的行使顺序在司法实践中最为常见，亦是审判实务的难点，此时无法判断当事人给付票据的真实意思是代物清偿、担保债权实现抑或其他。根据法律规定并结合交易习惯，笔者认为此时债权人应先行使票据债权，债权得以实现后，原因债权消灭；债权无法实现时，可以再行使原因债权。理由如下：（1）从法律规定来说，《中华人民共和国票据法》第二十六条规定，出票人签发汇票后，即承担保证该汇票承兑和付款的责任。法律并未规定票据关系成立即影响或消灭原因关系。（2）从交易习惯来说，当事人之所以发出票据，其本意就是让债权人先凭票据取款，目的是清偿原因关系中的债务，除非当事人另有约定，否则不能推定是对原因关系既存的债权债务的替代。（3）从票据性质来说，票据本身是一种支付工具和结算工具。鼓励交易和票据流通，增进和扩展信用交易的原则决定了如果推定票据债权替代或消灭了原因债权，那么当事人在交易支付方式选择上必然排斥票据的使用，票据的功能就无法发挥。

编写人：江苏省无锡市锡山区人民法院　吕纯阳　刘琳

57

期后背书票据的权利限制

——恒某公司诉与某银行厦门分行票据利益返还请求权案

【案件基本信息】

1. 裁判书字号

福建省厦门市中级人民法院（2021）闽 02 民终 4385 号民事判决书

2. 案由：票据利益返还请求权

3. 当事人

原告（上诉人）：恒某公司

被告（被上诉人）：某银行厦门分行

【基本案情】

恒某公司持有银行承兑汇票一张，出票人为福建正某集团有限公司，收款人为某德（泉州）贸易有限公司，承兑人为某银行厦门分行，出票金额为 100000 元，汇票到期日为 2008 年 11 月 28 日。

该汇票出票后经由甲公司、乙公司、新某公司连续背书，最终由恒某公司受让。前述背书均未记载日期。恒某公司委托中国银行股份有限公司高邮支行收款，某银行厦门分行于 2021 年 2 月 3 日出具退票理由书，退票原因为其他。

另查明，新某公司与范某某经销合同纠纷一案，江苏省扬州市中级人民法院于 2012 年 3 月 6 日作出（2010）扬商初字第 0043 号民事判决。新某公司、范某某均不服上述判决向江苏省高级人民法院提起上诉。2014 年 6 月 6 日，江苏省高级人民法院作出（2012）苏商终字第 0089 号民事判决，一、维持江苏省扬州市中级人民法院（2010）扬商初字第 0043 号民事判决第一项即新某公司与范某某于2006年7月16日订立的编号为2006-7-18的《普药销售责任书》及以后的会议纪要终止履行、第四项即驳回新某公司本诉的其他诉讼请求、第五项即驳回范某某反诉的其他诉讼请求。二、变更江苏省扬州市中级人民法院（2010）扬商初字第0043号民事判决第二项“范某某于判决生效后10日内向新某公司支付货款7568490.83元；新某公司对范某某回笼上述货款负有协助义务”为“范某某于判决生效后10日内向新某公司支付货款7562747.92元；新某公司对范某某回笼上述货款负有协助义务”。三、变更江苏省扬州市中级人民法院（2010）扬商初字第0043号民事判决第三项“新某公司于判决生效后10日内付给范某某2135267.42元”为“新某公司于判决生效后10日内付给范某某2312785.35，范某某按约向新某公司交付相应票据”。该判决为终审判决。

2018年5月7日，江苏省扬州市中级人民法院作出（2015）扬执字第00222号执行裁定书，驳回新某公司关于执行依据为（2012）苏商终字第0089号民事判决书的执行申请。2018年12月10日，江苏省高级人民法院作出（2018）苏执复151号执行裁定：一、驳回范某某的复议申请；二、撤销江苏省扬州市中级人民法院于2018年5月7日作出的（2015）扬执字第00222号执行裁定。本裁定为终审裁定。

2019年12月20日，江苏省扬州市中级人民法院恢复对（2015）扬执字第00222号案件的执行，执行案号为（2019）苏10执恢48号。2020年11月5日，江苏省扬州市中级人民法院谈话笔录记载：“对汇票问题，我们法院的意见也是尽可能变现，但是恒某公司收下汇票不代表收到了钱，对汇票变现以后，按照实际到账金额，计算执行到位的标的额。现将汇票交给恒某公司，你们先去银行对接兑现的前期工作，然后联系我们，我们可在法律规定的范围内进行协助。戚：好的，收到汇票10张。”谈话笔录中，恒某公司委托代理人为戚某某。

2021年1月5日，恒某公司收到江苏省扬州市中级人民法院送达的（2019）苏10执恢48号经销合同纠纷范某某提交的汇票十张，其中包含编号为

00463657的汇票。

又查明，2008年11月19日，乙公司变更企业名称为新某公司。2020年4月13日，新某公司变更企业名称为恒某公司。

【案件焦点】

恒某公司享有的票据利益返还请求权是否超过诉讼时效。

【法院裁判要旨】

福建省厦门市思明区人民法院经审理认为：持票人因超过票据权利时效或者因票据记载事项欠缺而丧失票据权利的，仍享有民事权利，可以请求出票人或者承兑人返还其与未支付的票据金额相当的利益，是为票据利益返还请求权，该请求权受民法有关诉讼时效规则的约束。本案中，案涉银行承兑汇票的到期日为2008年11月28日，票据权利时效至票据到期日起二年即2010年11月28日。票据权利时效届满后，案涉票据持有人享有票据利益返还请求权且诉讼时效适用民法通则诉讼时效期间为二年的规定，自知道或者应当知道权利被侵害之日起算。案涉银行承兑汇票明确记载到期日，票据持有人应当知悉其享有的票据利益在票据权利期限内即2010年11月28日不行使而消灭，故应从2010年11月28日起算诉讼时效。恒某公司未能举证证明该诉讼时效发生中止或中断之情形，案涉票据利益返还请求的诉讼时效至2012年11月28日届满。诉讼时效届满后，持票人享有的票据利益返还请求权已丧失胜诉权，恒某公司经背书取得案涉银行承兑汇票的行为，不具有使原已期限届满的诉讼时效重新起算的效力。恒某公司认为从银行拒绝承兑之日起算诉讼时效的意见，于法无据，法院不予采纳。因此，恒某公司享有的票据利益返还请求权已超过诉讼时效，其请求某银行厦门分行返还票据利益的诉讼请求，缺乏事实与法律依据，法院不予支持。

据此，依照《中华人民共和国民事诉讼法》第六十四条第一款之规定，判决如下：

驳回恒某公司的诉讼请求。

恒某公司因不服一审判决，提起上诉。

福建省厦门市中级人民法院经审理认为：《中华人民共和国票据法》第十七条规定，“持票人对票据的出票人和承兑人的权利，自票据到期日起二年。见票即付的汇票、本票，自出票日起二年”。第十八条规定：“持票人因超过票据权利时效或者因票据记载事项欠缺而丧失票据权利的，仍享有民事权利，可以请求出票人或者承兑人返还其与未支付的票据金额相当的利益。”案涉银行承兑汇票的到期日为2008年11月28日，票据权利时效至票据到期日起二年即2010年11月28日。票据权利时效届满后，案涉票据持有人享有票据利益返还请求权，该请求权为民事权利，应受到关于民事权利诉讼时效规则的限制。讼争票据权利时效到期日为2010年11月28日，应适用当时的民法通则诉讼时效期间为二年的规定。票据利益返还请求权所涉及的法律关系是票据法律关系中的一种，应当遵循票据交易行为的一般规律。票据行为系现代商业行为的产物，应当遵循高效、守信、快捷、安全的原则，票据受让人、持有人如发现票据超过票据期限或存在瑕疵的，应当拒绝受让或通过及时向前手追偿等行为维护自己的合法权益，而非不断进行转让流通，因此对于票据利益返还请求权的诉讼时效应当从票据权利到期日之次日起算，而非从持票人被承兑人拒绝承兑之日起计算，如果从持票人被承兑人拒绝承兑之日起计算，超过票据期限或存在瑕疵的票据就会在市场上长期流通，造成票据利益返还请求权的诉讼时效起算日处于不确定状态，不利于维护法律秩序和交易安全，与诉讼时效的立法目的相悖，也与票据行为应当遵循的高效、守信、快捷、安全原则相悖。故一审判决关于讼争票据利益返还请求的诉讼时效至2012年11月28日届满，恒某公司请求某银行厦门分行返还票据利益的诉讼请求，缺乏事实与法律依据，不予支持的认定并无不当，予以维持。

综上所述，恒某公司的上诉请求不能成立，应予驳回；一审判决认定事实清楚，适用法律正确，应予维持。依照《中华人民共和国票据法》第十七条、第十八条，《中华人民共和国民事诉讼法》第一百七十条第一款第一项之规定，判决如下：

驳回上诉，维持原判。

【法官后语】

本案争议的票据为记载票据到期日的“银行承兑汇票”，票据到期日为2008年11月28日。恒某公司于2021年背书取得该汇票时，已超过提示付款期限，属于典型的期后背书行为①。

我国立法关于期后背书的规定，仅在《中华人民共和国票据法》第三十六条和《最高人民法院关于审理票据纠纷案件若干问题的规定》（以下简称《票据纠纷规定》）第五十七条中作出一般性规定。票据法第三十六条规定，汇票被拒绝承兑、被拒绝付款或者超过付款提示期限的，不得背书转让；背书转让的，背书人应当承担汇票责任。《票据纠纷规定》第五十七条②仅复述了票据法第三十六条规定。从法律条文的文义上看，使用了“不得”背书转让的字样，即禁止期后背书行为；但同时对期后背书的法律效果，又作出了由“背书人承担票据责任”的规定。期后背书行为是否当然无效，持票人是否取得该票据上的权利，持票人取得相应权利是否受限等，留下了许多法律适用的空间。

我国商事立法多参考和借鉴国外立法经验，比较法研究亦是司法准确理解和适用票据法第三十六条立法本意的有效方法。从域外立法例看，一些共通之处在于认可票据的期后背书，期后背书行为本身不会因此无效。期后背书的不同之处主要在于对期后背书法律效力的限制有所不同。一种是英美票据法规定被背书人取得的权利不得优于前手，此时持票人取得的仍为票据权利，具有一般背书所具有的权利转让、权利担保、权利证明的效力；而另一种则是直接规定取得权利仅为一般债权，仅具有一般债权转让的效力。③

讼争银行承兑汇票上的票据权利，因未在票据法第十七条规定的票据权利时效——票据到期日起二年即2010年11月28日内行使而消灭。根据票据法第

---

① 票据期后背书指票据在被拒绝承兑、被拒绝付款或超过付款提示期限所为的背书。

② 《票据纠纷规定》第五十七条依照票据法第三十六条的规定，票据被拒绝承兑、被拒绝付款或者超过提示付款期限，票据持有人背书转让的，背书人应当承担票据责任。

③ 汪世虎：《票据法律制度比较研究》，法律出版社2003年版，第351页。

十八条的规定，因超过票据权利时效而丧失票据权利的，仍享有请求出票人或者承兑人返还其与未支付的票据金额相当的权益的民事权利，即票据利益返还请求权。票据利益返还请求权作为债权请求权的一种，受诉讼时效的约束，出票人或者承兑人得以诉讼时效抗辩拒绝返还票据利益。

本案中，讼争汇票的票据利益返还请求权，自票据权利丧失之日即2010年11月28日起算诉讼时效，适用当时的民法通则诉讼时效期间二年的规定，于2012年11月28日诉讼时效届满。2021年，恒某公司期后背书取得的讼争汇票所享有的票据利益返还请求权即已罹于诉讼时效。适用英美票据法“被背书人取得的权利不得优于前手”的规定，恒某公司取得该票据上的权利受该票据之有瑕疵的制约，当然罹于诉讼时效；若适用“取得权利仅为一般债权”的规定，作为一种普通债权，背书即为转让或授予他人行使权利，当然不享有超过原权利的效果。无论哪种立法例，期后背书行为均不具有使原已期限届满的诉讼时效重新起算的效力。

且从法律后果上看，如果认可罹于诉讼时效的票据利益返还请求权得因背书而复效，诚如二审法院所述，超过票据期限或存在瑕疵的票据就会在市场上长期流通，造成票据利益返还请求权的诉讼时效起算日处于不确定状态，不利于维护法律秩序和交易安全，与诉讼时效的立法目的、票据行为应当遵循的高效、守信、快捷、安全原则相悖。

综上，持票人通过期后背书取得票据上的权利不得优于前手，应继受该票据上的权利之瑕疵。已超过诉讼时效的票据利益返还请求权，出票人或者承兑人可拒绝返还票据利益。

编写人：福建省厦门市思明区人民法院　黄素梅

九、其他

58

保理人向应收账款债务人附条件返还已给付应收账款的性质及效力认定

——融资租赁公司诉建设公司等保理合同案

【案件基本信息】

1. 裁判书字号

上海市浦东新区人民法院（2021）沪0115民初18203号民事判决书

2. 案由：保理合同纠纷

3. 当事人

原告：融资租赁公司

被告：建设公司、路桥公司、混凝土公司、刘某某

第三人：房地产公司

【基本案情】

2019年9月18日，融资租赁公司与建设公司签订《有追索权保理合同》，约定融资租赁公司向建设公司支付2100万元的应收账款受让款，作为融资租赁公司受让建设公司与房地产公司基础合同项下应收账款的对价，合同约定保理融资利息、违约金的计算方式，并于当日就该转让业务办理登记。同日双方签

订《服务合同》，约定建设公司就保理合同项下应收账款回收事宜向融资租赁公司提供代收管理服务。后，双方共同向房地产公司发出《应收账款转让通知书》，房地产公司出具回执。

同日，路桥公司、混凝土公司、刘某某同意为建设公司在上述保理合同项下相应义务提供连带责任担保。2019 年 9 月 25 日，融资租赁公司按约支付保理融资款。2020 年 4 月 20 日，融资租赁公司与各被告签署《有追索权保理合同补充协议》，约定了保理合同的展期期间利息计算方式及调整后的每期回收款支付时间和金额。同日，融资租赁公司和建设公司共同向房地产公司发送《通知书》，房地产公司出具回执。

2020 年 11 月 6 日，融资租赁公司与房地产公司签订《划款协议》，约定：房地产公司同意于该协议生效后向融资租赁公司划款 1588 万元；若房地产公司基于配合政府维护社会稳定，须以基础合同项下对建设公司已届或未届付款期的应付款（含质保金）用于支付建设公司的农民工工资或其他应付款，导致房地产公司产生质保金缺口的，融资租赁公司同意房地产公司保留要求保理人退还部分划转款的权利，具体方式由双方另行确定。同日，房地产公司向原告划款 1588 万元。

2021 年 1 月 18 日，建设公司向房地产公司出具《委托付款协议书》，委托房地产公司支付 10490469 元至《农工工资表》所列人员银行账户并表示房地产公司支付该款项即视为建设公司已收到相应金额的工程款。房地产公司依照《农工工资表》支付民工工资 10253169 元后，导致基础合同项下质保金产生缺口，故向融资租赁公司致函要求退还 600 万元支付（划转）款。2021 年 6 月 1 日，融资租赁公司向房地产公司划款 600 万元。

2021 年 9 月 22 日，浙江省义乌市人民法院裁定受理对建设公司的破产清算申请。

原告融资租赁公司请求判令：1. 建设公司向融资租赁公司支付回购款 9254488.64 元及相应的违约金；2. 建设公司向融资租赁公司支付律师费、财产保全担保费；3. 路桥公司、混凝土公司、刘某某对建设公司前述第 1、2 项付款义务承担连带清偿责任。四被告共同辩称：上述款项已由房地产公司归还，对于融资租赁公司退回的600万元，各被告不需要承担任何责任。

【案件焦点】

建设公司是否应对融资租赁公司退还房地产公司的600万元划转款承担回购责任。

【法院裁判要旨】

上海市浦东新区人民法院经审理认为：案涉《有追索权保理合同》《有追索权保理合同补充协议》系各方当事人的真实意思表示，约定了回购款的计算公式及各期回收款金额。融资租赁公司对回购款计算方式的主张具有相应的合同依据，应予认可。融资租赁公司与房地产公司在《划款协议》中明确约定了退还划转款的情形，此系融资租赁公司与房地产公司间就应收账款履行方式所作的特别约定，融资租赁公司并未作出免除债务的意思表示，且上述约定在考量履行应收账款给付义务的同时，兼顾了对民工群体基本权益及工程质量安全的保障，缔约目的正当、约定内容合理，应属合法有效。因此，四被告提出的上述约定系融资租赁公司放弃600万元债权的辩称意见，缺乏相应的事实依据，不予采纳。综上，建设公司尚未支付的回收款为6870776.39元。融资租赁公司计算违约金的基数不尽合理，法院依法调整为以未付回收款金额为基数并重新核定违约金金额。三保证人应依约对建设公司的上述债务承担连带清偿责任。

上海市浦东新区人民法院作出判决：

一、确认融资租赁公司对建设公司享有回收款6870776.39元、截至2021年9月21日的违约金1086292.18元以及律师费损失100000元的债权；

二、路桥公司、混凝土公司、刘某某应对建设公司欠付融资租赁公司的回收款6870776.39元、截至2021年9月21日的违约金1086292.18元以及律师费损失100000元承担连带清偿责任（如果融资租赁公司在破产程序中获得清偿的，则应予相应扣除）；

三、驳回融资租赁公司的其余诉讼请求。

判决后，双方当事人均未上诉，本判决现已生效。

【法官后语】

本案中，保理人与应收账款债务人约定：若应收账款债务人基于配合政府维护社会稳定，须以基础合同项下对应收账款债权人已届或未届付款期的应付款（含质保金）用于支付应收账款债权人的农民工工资或其他应付款，导致应收账款债务人产生质保金缺口的，保理人同意应收账款债务人保留要求保理人退还部分划转款的权利。后，应收账款债务人根据应收账款债权人的委托向其民工支付了工资，确已发生了上述约定事由。保理人在收到应收账款债务人致函后，依约定向其退还了600万元。本案的争议焦点为：针对该600万元，应收账款债务人是否已完成对保理人的清偿并导致债的消灭？厘清该问题的关键在于明确上述保理人附条件返还应收账款债务人已给付应收账款的性质及效力。

关于保理人附条件返还应收账款债务人已给付应收账款的法律性质，实践中尚有不同认识，主要存在"债务免除""债务清偿""附解除条件的债务清偿""债务履行方式（内容）变更"等不同观点。我们认为，对上述行为法律性质的认定需要依据双方的真实意思表示并结合缔约目的综合加以判断。本案中，根据《划款协议》以及相关事实，双方缔约时的真实目的系考虑到应收账款债务人代为发放应收账款债权人民工工资会引发质保金的缺口，故一旦出现约定事由，则由保理人向应收账款债务人退还部分已给付应收账款。基于上述特别约定，保理人与应收账款债务人间实际并未就"应收账款给付即等同于清偿"达成合意。一般认为，债权受让人承受让与债权的一切法律地位，包括由该债权所发生的结果债权。由于应收账款已经由应收账款债权人转让给保理人，在转让通知送达应收账款债务人后，保理人作为债权受让人可以与应收账款债务人就应收账款的给付内容、方式等履行行为进行重新约定，故将上述行为解释为"对应收账款债务履行方式（内容）的变更"更符合各方的真实意思表示。进一步而言，保理人同意退还部分应收账款以弥补因应收账款债务人代为支付应收账款债权人民工工资款而导致质保金的不足，但保理人并没有放弃就返还部分的款项向应收账款债务人再行主张的权利；同时，基于应收账款已然转让，应收账款清偿义务的清偿对象应为保理人而并非应收账款债权人，即使应收账款债务人系代应收账款债权人支付其民工工资，也不能据此认定相应的应收账款已向保理人进行了清偿。综上，案涉应收账款债务并未因清偿而消灭。

保理人附条件返还应收账款债务人已给付应收账款的法律性质需结合各方的真实意思表示予以判断，而其效力的认定则需在民事法律行为效力认定的规则下予以衡量，特别要审查保理人与应收账款债务人间的约定是否违反法律、行政法规的强制性规定以及是否违背公序良俗。本案中，保理人作为应收账款债权的受让方与应收账款债务人就应收账款的履行方式进行了重新安排，上述对应收账款履行方式的约定，并未违反法律、行政法规的强制性规定，对应收账款债权人亦未创设义务、增加不利，故上述约定应属合法有效。同时，该约定之目的为：一方面由应收账款债务人以工程款垫付应收账款债权人的民工工资，另一方面尽可能使工程质保金不产生缺口。民工工资的按时给付事关对该部分群体的基本生活保障及生存权益保护；质保金因用于工程项目出现质量缺陷时的维保事宜，关系到工程质量安全及业主利益。双方对应收账款给付方式的上述安排，在考量履行应收账款给付义务的同时，兼顾了对民工群体基本权益及相关工程质量安全的保障，具有缔约目的正当性、缔约内容的合理性，亦彰显了文明、和谐的社会主义核心价值观，应当予以认可。据此，本案保理人就返还应收账款债务人的款项，有权要求应收账款债权人依约继续承担相应的回购责任，其相关诉讼请求应予支持。

编写人：上海市浦东新区人民法院　顾天翔　周亚杰

59

承包人并非只有在债权数额确定时才能行使优先受偿权

——蒋某某诉建设公司破产债权确认案

【案件基本信息】

1. 裁判书字号

四川省广安市中级人民法院（2022）川16民终165号民事判决书

2. 案由：破产债权确认纠纷

3. 当事人

原告（被上诉人）：蒋某某

被告（上诉人）：建设公司

第三人：实业公司

【基本案情】

2013年7月29日，实业公司与建设公司签订《工程承包合同》，约定由建设公司承包实业公司发包的某处钢结构厂房的施工。该工程于2014年6月24日竣工验收合格。2018年8月，实业公司进入重整程序，后于2020年7月宣告破产。其间，2018年10月10日，建设公司向实业公司管理人申报债权，申报债权本金28839194元、利息23589637元，主张有优先权的债权金额52426131元；且其在债权申报时说明案涉工程实际交付时间为2014年7月。管理人审查债权后，认定建设公司债权金额为13410830.10元，债权性质为优先债权。

2020年10月16日，李某某、蒋某某以建设公司为被告，向本院提起债权异议之诉，本院另案受理。管理人在诉讼过程中委托四川某工程造价咨询公司对建设公司完成的案涉工程进行造价清算。四川某工程造价咨询公司于2021年

3 月 24 日出具《工程造价清算书》，认定建设公司完成的案涉工程造价金额为 26741578.65 元。因在该案受理前，管理人并未对建设公司申报的债权金额及性质予以确定，故本院以李某某、蒋某某提起债权异议之诉不符合起诉条件为由，裁定驳回其起诉。

2021 年 8 月 13 日，蒋某某又对管理人审查认定的建设公司债权提出异议，认为建设公司债权不属于优先债权。诉讼中，建设公司未提供证据证明其在向管理人申报债权前有向实业公司主张过工程价款优先受偿权的事实。

【案件焦点】

案涉建设公司的债权是否属于优先债权？

【法院裁判要旨】

四川省广安市前锋区人民法院经审理认为：在针对案涉工程向管理人申报债权前，建设公司一直未与实业公司形成有效结算。但一直未办理结算，并非能得出发包方应付工程价款日期不能确定的结论。根据《工程承包合同》的约定，实业公司应在接收案涉工程后 56 天内办清结算。办清结算，除另有特别约定之外，即意味着发包方应向承包方支付工程价款。根据建设公司在申报债权时自认的工程交付时间，实业公司最晚应于 2014 年 9 月 25 日与对方办清结算，亦即自 2014 年 9 月 26 日起，其便对建设公司负有工程款支付义务。案涉工程的工程价款优先受偿权也应从 2014 年 9 月 26 日起算，建设公司最晚应于 2015 年 3 月 26 日前向实业公司主张建设工程优先受偿权。但建设公司并未提供依据证明其在该期间段内向实业公司主张了该权利，故其该项权利已经消灭。根据建设公司的逻辑，工程竣工验收并交付后未结算，建设工程优先受偿权便一直存续。但工程竣工验收并交付后，发包人与承包人一直未办理结算，在承包人怠于主张权利的前提下，其工程债权可能会因超过诉讼时效而丧失实体上胜诉的权利。此时，其债权存续都成问题，何谈实现优先受偿。且承包人一直不主张优先受偿权，将妨碍其他债权人的债权实现，亦不符合民法上的公平原则。故工程未结算并不能得出建设工程优先受偿权便一直存续的结论。建设公司未在法律规定的除斥期间内主张建设工程价款优先受偿权，该项权利已经消灭，不能再在破产分配中主张优先受偿。

综上，四川省广安市前锋区人民法院依照《中华人民共和国企业破产法》第五十八条第三款、《最高人民法院关于适用〈中华人民共和国民法典〉时间效力的若干规定》第一条第二款、《最高人民法院关于适用〈中华人民共和国民事诉讼法〉的解释》第九十条之规定，判决如下：

确认被告建设公司对第三人实业公司享有的13410830.10元债权为普通债权。

建设公司不服一审判决，提出上诉。四川省广安市中级人民法院经审理认为：一审判决认定事实清楚，适用法律正确，应予维持。判决如下：

驳回上诉，维持原判。

【法官后语】

实践中，为了妥善解决建筑行业中较常出现的建设施工合同纠纷，更好地保护承包人和广大建筑工人的利益，我国原合同法第二百八十六条首次确定了建设工程价款优先受偿权。《最高人民法院关于审理建设工程施工合同纠纷案件适用法律问题的解释（二）》（现已失效）中将起算点变为应当给付建设工程价款之日。这一对起算点的变更非常具有进步性，能很大程度上避免之前起算点的弊端，弥补其不足，现已被民法典第八百零七条所取代，同时最高人民法院出台了《最高人民法院关于审理建设工程施工合同纠纷案件适用法律问题的解释（一）》将优先受偿权的行使期限作了重新规定，延长为18个月。虽然立法上关于该制度的规定在不断进步、不断创新，但就司法实践中出现的具体情况来看，该规定仍然不够具体明确，不能满足现实需要，存在较大争议，主要体现为建设工程价款优先受偿权的起算时间的规定较为模糊、当事人约定了付款时间但工程价款未达成一致。实践中，大量的工程纠纷因工程结算无法达成一致而产生。在这种情况下，如何确定行使优先受偿权的起算时间在实践中有不同理解。

虽然生效的裁判文书确定了承包人的债权数额，但债权确定之日并不等同于承包人可行使权利之时。在司法实践中，承包人通过申请法院拍卖工程实现优先受偿权的途径有两种：一种是由法院或仲裁机构确认承包人享有优先受偿权后，承包人向法院申请执行；另一种是准用实现担保物权的程序直接申请法院拍卖。① 对于工程价款未确定的情形，当事人应当采取第一种行使方式。也就是说，承包人并非只有在债权数额确定时才能行使优先受偿权。特别是在发包人拖延结算的情况下，承包人当然可以以提起诉讼或仲裁的方式寻求救济。

因此，承包人主张优先受偿权并不以发包人欠付工程款数额的确定为前提，将确认债权数额的裁判文书的生效之日作为优先受偿权行使期限的起算日，也并无必要。本案中，建设公司认为工程竣工验收并交付后未结算，建设工程优先受偿权便一直存续的观点，显然不符合民法上的公平原则，损害其他债权人的合法权益。建设公司在工程竣工验收并交付后未在法律规定的除斥期间内主张建设工程价款优先受偿权，该项权利已经消灭，不能再在破产分配中主张优先受偿。

编写人：四川省广安市前锋区人民法院　王晓

60

信息型操纵市场行为与投资者损失的因果关系及投资损失的认定可以参照适用虚假陈述若干规定

——杨绍某诉阙文某等证券案

【案件基本信息】

1. 裁判书字号

四川省高级人民法院（2020）川民终1532号民事判决书

① 从学理上看，前者属于司法保护主义，后者属于司法保护下的自救主义。参见曹士兵：《我国〈物权法〉关于抵押权实现的规定》，载《法律适用》2008年第1期。

2. 案由：证券纠纷

3. 当事人

原告（被上诉人）：杨绍某

被告（上诉人）：阙文某、资产管理公司、谢家某

【基本案情】

阙文某为某医疗公司第一大股东，谢家某为资产管理公司员工。某医疗公司为深圳证券交易所上市公司。

2017 年 5 月 12 日，中国证监会作出（2017）20 号结案通知书，认为某医疗公司信息披露违法行为轻微，决定对某医疗公司不予处罚。

2017 年 8 月 10 日，中国证监会作出（2017）80 号行政处罚决定书，认为阙文某与资产管理公司、谢家某合谋，利用阙文某作为某医疗公司控股股东及实际控制人具有的信息优势，借“市值管理”名义，行操纵股价之实。中国证监会决定：一、没收资产管理公司违法所得 4858 万元，并处以 9716 万元罚款；二、对谢家某给予警告，并处以 60 万元罚款；三、没收阙文某违法所得 3041068 元，并处以 3041068 元罚款。

资产管理公司、谢家某不服，向中国证监会申请行政复议，中国证监会作出（2017）167 号行政复议决定书、（2017）168 号行政复议决定书，维持（2017）80 号行政处罚决定书对资产管理公司、谢家某的处罚。

资产管理公司、谢家某对中国证监会（2017）80 号行政处罚决定书和（2017）167 号行政复议决定书、（2017）168 号行政复议决定书不服，向北京市第一中级人民法院提起行政诉讼。北京市第一中级人民法院审理后作出（2018）京 01 行初 77 号行政判决书、（2018）京 01 行初 119 号行政判决书，判决驳回资产管理公司、谢家某的诉讼请求。

资产管理公司、谢家某不服北京市第一中级人民法院的一审判决，向北京市高级人民法院提起上诉。北京市高级人民法院作出（2019）京行终 2311 号行政判决书、（2019）京行终 2328 行政判决书，判决驳回上诉，维持原判。

杨绍某于 2013 年 5 月 24 日至 7 月 4 日多次买卖某医疗公司股票，截至 7

月4日，杨绍某的股票账户持有某医疗公司股票51200股，按先进先出原则处理后加权平均计算出的买入均价为19.84元。杨绍某于2013年7月5日将其持有的某医疗公司股票51200股全部卖出，成交均价为19.73元。

【案件焦点】

1. 阙文某、资产管理公司、谢家某是否存在操纵某医疗公司股价的违法行为；2. 杨绍某是否存在损失；3. 杨绍某的损失与阙文某、资产管理公司、谢家某的操纵行为之间是否具有因果关系。

【法院裁判要旨】

四川省成都市中级人民法院经审理认为：根据《中华人民共和国证券法》（以下简称《证券法》）第七十七条第二款的规定：“操纵证券市场行为给投资者造成损失的，行为人应当依法承担赔偿责任。”承担操纵证券市场民事赔偿责任需要同时满足以下三个要件：一是存在操纵证券市场的违法行为；二是投资者投资了被操纵的证券并遭受了投资损失；三是操纵市场的行为和损失之间存在因果关系。

关于要件一，已经生效的北京市第一中级人民法院（2018）京01行初77号行政判决书、（2018）京01行初119号行政判决书对阙文某、资产管理公司、谢家某操纵某医疗公司股价之违法行为已作认定。

关于要件二，杨绍某在操纵期间多次买卖某医疗公司股票，投资差额损失5632元［（19.84元-19.73元）×51200］。

关于要件三，参照《最高人民法院关于审理证券市场因虚假陈述引发的民事赔偿案件的若干规定》第十八条，投资人具有以下情形的，应当认定操纵证券市场行为与投资者的损害结果之间存在因果关系：（1）投资人所投资的是与操纵行为直接关联的证券；（2）投资人在操纵行为实施期间买入该证券；（3）投资人在操纵行为结束以后，因卖出该证券发生亏损，或者因持续持有该证券而产生亏损。本案中，杨绍某在阙文某、资产管理公司、谢家某操纵某医疗公司股价期间买入某医疗公司股票，并在操纵期间结束后卖出某医疗公司股票而产生亏损，杨绍某的损失与阙文某、资产管理公司、谢家某的操纵行为显然具有因果关系。

根据双方的作用和获益情况，四川省成都市中级人民法院酌定阙文某承担40%的责任，资产管理公司承担60%的责任，谢家某的行为是执行资产管理公司工作任务的行为，不承担责任。

四川省成都市中级人民法院依照《中华人民共和国侵权责任法》、《中华人民共和国证券法》第七十七条之规定，作出如下判决：

一、阙文某于判决生效之日起十日内赔偿杨绍某造成的经济损失2252.80元；资产管理公司于判决生效之日起十日内赔偿杨绍某造成的经济损失3379.20元。阙文某、资产管理公司对前述赔偿责任相互承担连带清偿责任，阙文某、资产管理公司实际承担的赔偿数额超出自己应赔偿数额的，有权向对方追偿；

二、驳回杨绍某的其他诉讼请求。

阙文某、资产管理公司、谢家某不服一审判决，提起上诉。四川省高级人民法院判决：

驳回上诉，维持原判。

【法官后语】

2005年修订的《中华人民共和国证券法》第七十七条首次对操纵市场的民事赔偿责任作出了原则性规定，最高人民法院在2007年的全国民商事审判工作会议上指出：关于内幕交易和操纵市场案件，人民法院应当参照虚假陈述司法解释前置程序的规定来确定案件的受理，并根据关于管辖的规定来确定案件的管辖，审理内幕交易和操纵市场民事赔偿案件是一项全新的工作，最高人民法院将在广泛调研的基础上制定相关司法解释。但最高人民法院至今尚未出台关于操作市场民事责任的司法解释。

操纵市场是一种典型的证券欺诈行为，属于特殊侵权行为。在尚未出台操纵市场民事责任司法解释的背景下，操纵市场行为引发的民事赔偿案件的审理主要依据《中华人民共和国证券法》《中华人民共和国民法典》侵权责任编相关规定，但若要求投资者就操纵市场行为起诉索赔时按照侵权责任一般规定的因果关系要件承担举证责任，则难度极大。笔者认为，信息型操纵通过控制信息披露，诱导投资者误判上市公司价值，与虚假陈述行为的本质相同，因而信息型操纵证券市场行为与投资者之间的因果关系可以参照《最高人民法院关于审理证券市场因虚假陈述引发的民事赔偿案件的若干规定》来认定。但操纵市场行为类型多样且具有复杂性、复合性等特征，如在交易型操纵市场中，投资者只能观察到上市公司股价和成交量的变化，或者集合竞价阶段买盘/卖盘的大额申报等现象而不能知悉发生变化的具体原因，且股价、成交量的变化往往在极短时间内迅速发生又迅速消散，相较于直接对外披露信息的信息型操纵市场而言，交易型操纵市场对于投资者投资决策的影响难以准确判断，与虚假陈述行为也不具有类似性，难以参照《最高人民法院关于审理证券市场因虚假陈述引发的民事赔偿案件的若干规定》进行认定。此外，行为人市场影响力大小、发布信息的具体内容均存在较强的个案特殊性，相较直接控制上市公司发布公告进行股价操纵的行为有较大区别，能否参照《最高人民法院关于审理证券市场因虚假陈述引发的民事赔偿案件的若干规定》审理，也不可一概而论，需要进一步全面论证和研究。

此外，就本案而言，还有两点值得说明：一是关于投资者损失的认定。操纵市场民事赔偿的损失计算目前没有具体规定，本案参照《最高人民法院关于审理证券市场因虚假陈述引发的民事赔偿案件的若干规定》采用的投资差额损失计算法，较好地遵循了损失填平原则，且一定程度上无须考虑影响证券价格的市场因素对投资者损失的影响。二是关于赔偿责任承担主体的认定，根据《中华人民共和国证券法》的规定，对操纵市场的单位实行双罚制，因此，中国证监会分别对资产管理公司、谢家某进行了处罚。但在民事责任承担中，谢家某履行职务的行为后果由资产管理公司承担。

在“操纵市场民事责任”这一宏观命题下，仍有许多问题亟待司法解释的出台和司法实践的续造来推动明确。本案对操纵市场民事赔偿案件审理的积极探索，对保护投资者合法权益、维护证券市场秩序产生了积极影响，得到社会广泛关注，同时为该类案件的审理积累了审判经验。

编写人：四川省成都市中级人民法院　陈迪

61

个人破产清算程序中豁免财产范围的确定标准

——呼某某申请破产清算案

【案件基本信息】

1. 裁判书字号

广东省深圳市中级人民法院（2021）粤03破417号（个11）民事裁定书

2. 案由：申请破产清算

3. 当事人

申请人：呼某某

【基本案情】

呼某某于2014年至2016年投资经营某文化公司，该公司经营场所与某超市同处于某大厦。2016年年底，受某超市有限公司破产清算影响，某文化公司不得不关闭，导致呼某某负债480余万元。2018年，呼某某卖掉唯一住房，将260万元卖房款全部用于偿还债务，之后坚持还债，仍欠100多万元未能清偿。

2021年6月9日，呼某某向深圳市中级人民法院提出个人破产申请。深圳市中级人民法院经审查，于9月2日裁定受理呼某某个人破产清算申请一案，并指定某律师事务所担任破产管理人。

管理人接受指定后，对呼某某破产事实和财产进行调查后发现，呼某某当前每月劳务收入约5000元。呼某某的财产包括呼某某为其女儿购买的两份保险价值5万元、某文化公司60%股权、少量现金等。债务方面，共有7位债权人，申报债权总额为 924146.87 元，债权性质均为普通债权。

2021 年 10 月 18 日，深圳市中级人民法院组织召开第一次债权人会议，债权人审核并表决通过《呼某某财产报告》《呼某某豁免财产清单》和《呼某某破产案债权表》。《呼某某豁免财产清单》主要由两部分构成：一是生活、工作和学习的必需品。债务人申请豁免的必需品为家具、家电、手机等学习、生活用品，价值约 3950 元。二是每月收入在扣除应缴纳的社会保险费后保留以下必要生活支出，具体包括：（1）母亲赡养费支出每月 487.50 元；（2）女儿抚养费支出每月 1100 元；（3）呼某某每月生活费支出 2200 元（该金额按照深圳市最低工资标准每月 2200 元计算确定）。

【案件焦点】

1. 如何确定豁免财产的范围，既能保障债务人的基本生活需求，又能获得债权人的认可；2. 债务人是否符合宣告个人破产的条件。

【法院裁判要旨】

广东省深圳市中级人民法院经审理认为：首要问题是确定债务人豁免财产的范围。深圳市中级人民法院召集债权人会议，就呼某某的豁免财产清单进行了充分地讨论与协商。考虑到呼某某作为一个单亲妈妈，上有老人要赡养下有女儿要抚养的情况。因此，在豁免财产清单中的每月支出中列明了老人的赡养费、女儿的抚养费，同时，依据当地最低工资标准确定了债务人的个人必要支出费用。本案所确定的豁免财产的范围和标准，经债权人会议表决，全体债权人均无异议，债务人本人亦无异议。

另外，针对呼某某是否符合宣告破产条件的问题，深圳市中级人民法院经审查发现，呼某某因生产经营损失导致负债，资产不足以清偿全部债务的事实清楚、证据确凿。结合呼某某在整个破产程序中，遵守个人破产条例规定的诚实信用原则、如实陈述个人破产原因和经过的表现。深圳市中级人民法院认为呼某某符合宣告破产条件，遂于 2021 年 11 月 8 日依法裁定宣告债务人呼某某破产。自此，呼某某进入为期三年的免责考察期。管理人或者深圳市破产事务管理署发现呼某某有违反《深圳经济特区个人破产条例》义务严重情形的，可以申请法院决定延长免责考察期。考察期届满后，呼某某可以依照条例规定申请免除其未清偿的债务。法院将根据深圳市破产事务管理署以及管理人的监督报告，结合债权人的异议情况，全面回溯债务人在免责考察期的表现，未发现债务人有破产欺诈行为或者情形的，将裁定免除债务人未清偿的债务。

广东省深圳市中级人民法院裁定如下：

一、认可《破产财产分配方案》；

二、终结呼某某个人破产清算程序。

【法官后语】

破产清算作为个人破产制度中的兜底性程序，是个人破产制度的基石，也是三种程序中最为严格、要求最高、救济力度最大的程序。本案的全面开展实现了真正意义上对个人破产制度的激活，也使得本案债务人成为我国第一位真正意义上的“破产人”。本案中形成的工作思路也为后续个人破产审理提供了宝贵的实践经验。

一是建立面谈辅导机制，严防申请人滥用破产程序。办理破产一方面要及时清理债务，另一方面要防止破产欺诈，特别是防止债务人滥用破产制度进行逃废债。在个人破产办理中，建立申请破产前的面谈辅导机制显得非常迫切。本案中，深圳市中级人民法院破产法官对债务人呼某某进行一对一面谈辅导，具体了解到呼某某的破产原因和事情经过，受到某超市破产的影响以及整个教培行业的变化，让呼某某无法恢复经营能力。并释明破产程序的后果和法律责任，让债务人清晰了解整个个人破产程序和获得救济的成本。经过面谈，深圳破产法庭加强了对当事人不正当财产处分和财产安排行为的高效识别、及时处理，不断总结破产原因审查规则，明确了程序启动条件。

二是强调如实陈述义务，以“帝王条款”防范逃废债行为。诚实信用原则作为民事领域的“帝王条款”，贯穿于整个破产程序中，债务人陈述的破产事实及其申报的破产信息，是法院判断其是否符合宣告破产条件的重要依据，故秉持诚实信用原则是债务人在破产程序全过程都应遵守的基本准则。如果债务人有虚假陈述、提供虚假证据等妨碍破产程序的行为，应承担相应的法律后果。本案中，针对呼某某的债务情况和财产情况，债务人进入破产程序后严格履行诚信义务，如实申报个人债权债务信息，积极配合管理人出具《债务人财产状况调查报告》《呼某某豁免财产清单》和《呼某某破产案债权表》，与债权人形成了良好的协商互动氛围，最终推动债权人大会的一致表决通过。这充分说明诚实信用原则在破产程序中发挥的作用，也为今后案件审理中适用该原则提供了实践范本。

三是确定豁免制度的范围标准，体现破产制度的价值权衡。如何平衡债务人生活需求和债权人的合法权益，是个人破产案件审理的重中之重。破产案件的豁免财产涉及债务人和债权人的双方利益，合理准确地确定债务人豁免财产范围有助于兼顾双方的利益，推进破产程序的顺利进行。本案中，呼某某将每月抚养费支出由3200元调整为1100元。最终形成的《呼某某豁免财产清单》，债权人会议经表决，一致同意该豁免财产清单。另外，本案依据当地最低工资标准确定豁免财产，为确定豁免财产数额提供了客观的标准和依据，在满足债务人及其所扶养人基本生活需要的同时，保障了债权人的合法利益，才能得到债权人的理解和支持。

从法律效果来看，呼某某案的成功办理确定豁免制度的范围标准为个人破产制度实践发展积累了具有参考价值的示范案例，为全国范围内个人破产立法探索提供了有益的实践经验。从社会和经济效果来看，该案在个案层面向社会公众清晰展示了个人破产制度在防范债务人恶意破产、逃避债务方面深思熟虑的规则设计，传导了现代社会“鼓励创新、宽容失败、支持重生”的法律温度，彰显了让“诚实但不幸”的债务人获得经济重生机会的个人破产制度理念。

编写人：广东省深圳市中级人民法院　曹启选

ISBN 978-7-5216-3283-5

9 787521 632835 >

图书在版编目（CIP）数据

中国法院2023年度案例．金融纠纷／国家法官学院，最高人民法院司法案例研究院编．—北京：中国法制出版社，2023.5

ISBN 978-7-5216-3283-5

Ⅰ.①中… Ⅱ.①国…②最… Ⅲ.①金融-经济纠纷-案例-汇编-中国 Ⅳ.①D920.5

中国国家版本馆CIP数据核字（2023）第026373号

策划编辑：李小草　韩璐玮（hanluwei666@163.com）

责任编辑：韩璐玮　　　　封面设计：李宁

中国法院2023年度案例．金融纠纷

ZHONGGUO FAYUAN 2023 NIANDU ANLI. JINRONG JIUFEN

编者/国家法官学院，最高人民法院司法案例研究院

经销/新华书店

印刷/三河市紫恒印装有限公司

开本/730毫米×1030毫米　16开　　　　印张/18.5　字数/232千

版次/2023年5月第1版　　　　2023年5月第1次印刷

中国法制出版社出版

书号ISBN 978-7-5216-3283-5　　　　定价：78.00元

北京市西城区西便门西里甲16号西便门办公区

邮政编码100053　　　　传真：010-63141600

网址：http://www.zgfzs.com　　　　**编辑部电话：010-63141833**

市场营销部电话：010-63141612　　　　**印务部电话：010-63141606**

（如有印装质量问题，请与本社印务部联系。）